计算机技术在教育教学中的应用探索

刘小艮 ◎ 著

吉林出版集团股份有限公司

图书在版编目（CIP）数据

计算机技术在教育教学中的应用探索 / 刘小艮著
. — 长春：吉林出版集团股份有限公司，2023.10
ISBN 978-7-5731-4412-6

Ⅰ.①计… Ⅱ.①刘… Ⅲ.①计算机辅助教学—研究 Ⅳ.①G434

中国国家版本馆CIP数据核字（2023）第208557号

计算机技术在教育教学中的应用探索
JISUANJI JISHU ZAI JIAOYU JIAOXUE ZHONG DE YINGYONG TANSUO

著　　者	刘小艮
责任编辑	滕　林
封面设计	林　吉
开　　本	787mm×1092mm　　1/16
字　　数	320千
印　　张	18.25
版　　次	2023年10月第1版
印　　次	2024年1月第1次印刷

出版发行　吉林出版集团股份有限公司
电　　话　总编办：010-63109269
　　　　　发行部：010-63109269
印　　刷　廊坊市广阳区九洲印刷厂

ISBN 978-7-5731-4412-6　　　　　　　　　　定价：78.00元
版权所有　侵权必究

前　言

现代科学技术的迅猛发展，计算机技术在各行各业的广泛应用，极大地影响着高校计算机教学的不断进步，并促使教师们更新教学内容，使用更先进的教学设备。据调查，各行各业的用人单位都需要既懂得专业知识，又熟悉计算机应用技术的复合型人才，这就凸显了各类院校在教学中应用计算机技术的重要性。因此，掌握计算机基础知识和提高对其的应用能力成了大学生知识和能力结构的重要组成部分。

计算机网络化教学的实践性很强，实践又是实施素质教育、培养学生科学精神和创新能力的重要场所。所以采用计算机网络进行教学的方法，可以使学生明白，电脑不过是受人控制的机器而已，电脑的操作也是非常简单的。这样，他们就很自然地走近了电脑。实践教学既是课堂教学、理论教学的重要组成部分，又是培养学生的实践能力、综合素质、创新精神的关键所在。许多知识和技能是要靠学生自己动手，在实践中获取的。计算机教学活动中的实践是学生认知的重要环节。只有多上机动手实践，才能激发学生对掌握计算机知识产生兴趣，才能使学生成为既懂得理论又能实际操作的复合型人才，才能充分发挥学生的能动性，让学生在人机互动中获取知识。我们的目标是使学生"成为获得知识的最高主人，而不是消极的知识接受者"，因此要加强教学的实践环节。指导学生针对学习任务，按照实验步骤，主动对一些流行的软件和一些常用的工具进行有效操作，充分发挥其主观能动性，从而提高学习的质量和效率。在学习过程中，应该注重学生之间的相互交流和相互学习，可让学生对自己的作业进行讲解，也可邀请其他同学一起讨论并提出改进方法，促使封闭学习向开放学习的转换。

计算机技术与各学科结合日趋紧密，这对高校的计算机教学提出新的要求，现代计算机已成为教育的工具而不是教育的目的，计算机不仅能呈现单纯的文字、数字等字符教学信息，而且还能输出动画、视频、图像和声音，能非常容易做到教学信息的图、文、声并茂，这种多维立体的教育信息传播，增强了在教学中的真实感和表现力。如在上一堂生物课时，可以用幻灯片形式——它包含着丰富的实例图片和能表达出来的有关教学的所有内容，来达到教学意图，通过这种直观的、立体的、生动的讲解，来调动学生积极地参与，起到良好的教学效果及对学生心理产生正面效应的作用。再如，上政治课的时候，如果都是单纯的教师"一言堂"式的说教，根本达不到教学目的的要求，学生对抽象的理论及难以触及的情景不理解甚至产生厌烦情绪，如果运用计算机的视频给学生播放一些短片或教育片，将抽象的道理具体化，就会起到预期的作用。

目 录

第一章 计算机网络技术的理论研究 ··· 1
第一节 计算机网络技术的发展 ··· 1
第二节 计算机网络技术发展模式 ·· 4
第三节 人工智能与计算机网络技术 ·· 8
第四节 计算机网络技术的广泛应用 ··· 13
第五节 计算机网络技术与区域经济发展 ····································· 18

第二章 计算机网络技术创新研究 ·· 22
第一节 计算机技术的创新过程探讨 ··· 22
第二节 通信技术与计算机技术创新 ··· 26
第三节 计算机平面网络中的图像处理技术 ··································· 30
第四节 计算机网络安全储存中云计算技术 ··································· 32

第三章 计算机软件课程设计 ·· 38
第一节 计算机软件课程设计创新研究 ······································· 38
第二节 高职计算机软件课程设计 ··· 65
第三节 计算机软件的应用研究 ··· 75

第四章 计算机软件课程教学 ·· 89
第一节 高校计算机软件课程的认知教学观 ··································· 89
第二节 计算机软件课程教学的创新研究 ····································· 98
第三节 计算机软件课程的实践教学研究 ···································· 130

第五章 网络教学软件的开发 ··· 140
第一节 网络教学视角软件开发的人才培养 ·································· 140
第二节 医学院校网络教学软件开发与设计 ·································· 145
第三节 基于 UML 网络教学软件的设计 ····································· 149

    第四节　互联网经济下网络课堂教学的软件开发……………153
    第五节　社会化网络软件开发的文科计算机教学设计…………156
第六章　计算机远程教育模式……………………………………163
    第一节　计算机实验室远程控制模式……………………………163
    第二节　远程教育直播课堂的教学模式…………………………170
    第三节　计算机远程教育翻转学习模式…………………………176
    第四节　计算机远程教育微课程教学模式………………………184
    第五节　教育计算机网络课程远程实验模式……………………192
    第六节　计算机应用基础远程互动教学模式……………………197
    第七节　远程开放教育计算机课程实践教学模式………………203
第七章　计算机远程教育考试……………………………………210
    第一节　远程教育考试的改革……………………………………210
    第二节　远程教育考试模式………………………………………215
    第三节　远程教育考试评价………………………………………222
    第四节　远程教育考试文化建设…………………………………229
    第五节　远程教育考试方式………………………………………235
    第六节　远程教育考试管理的宏观控制…………………………242
第八章　计算机技术在教学中的应用……………………………247
    第一节　计算机虚拟仿真技术在教学中的应用…………………247
    第二节　人工智能在计算机辅助教学中的应用…………………251
    第三节　计算机仿真技术在教学中的应用………………………256
    第四节　计算机仿真技术在电子技术教学中的应用……………261
    第五节　计算机语音处理技术在教学中的应用…………………265
第九章　计算机技术在教学中的具体应用研究…………………270
    第一节　计算机技术在高校人力资源管理教学中的应用………270
    第二节　计算机互联网技术在高校英语教学中的应用…………276
    第三节　计算机技术在高等数学教学中的应用…………………281
参考文献……………………………………………………………285

第一章 计算机网络技术的理论研究

第一节 计算机网络技术的发展

计算机网络的应用已经成为人们精神世界必不可少的一部分,它不仅改变了人们的生活和工作方式,更对社会的整体发展有很大的推动作用。在目前的网络技术与通信技术快速发展的形势之下,社会各个领域都逐步开始应用计算机和信息化等网络技术。

计算机是 20 世纪人类最伟大的发明之一,它的产生标志着人类开始迈向一个崭新的信息社会,新的信息产业正以强劲的势头迅速崛起。随着现代科学技术的不断发展,计算机网络技术成为发展的热门技术,是推动一个国家科学发展的重要方面。

一、计算机网络技术的概念及分类

计算机网络技术的概念:计算机网络主要是由一些通用的、可编程的硬件互连而成的,而这些硬件并非专门用来实现某一特定目的(例如,传送数据或视频信号),是通信技术与计算机技术相结合的产物,通过网络通信技术与管理软件间的有效融合，使计算机操作系统中的信息、资源能实现传递与共享的一种技术。

计算机网络技术的分类：按网络的作用范围可划分为：①局域网（LAN），是现阶段使用范围最广的一种计算机网络技术。局域网一般用微型计算机或工作站通过高速通信路线相连（速率通常在10Mbit/s以上），但地理上则局限在较小的范围（如1km左右）。②城域网（MAN），可以为一个或几个单位所拥有，但也可以是一种公用设施，用于将多个局域网进行互连。它的作用范围一般是一个城市，可跨越几个街区甚至整个城市，其作用距离为5~50km。③广域网（WAN），是互联网的核心部分，其任务是通过长距离（例如，跨越不同的国家）运送主机所发送的数据。其作用范围大，通常从几十至几千千米，因而有时也被称为远程网。

按网络的使用者可划分为：①公用网（public network），主要是指电信公司（国有或私有）出资建造的大型网络，也可以被称为公众网。②专用网（private network），主要是指某个部门为满足本单位的特殊业务工作的需要而建造的网络。

二、计算机网络技术的发展现状

21世纪已进入计算机网络时代，计算机网络成了计算机行业较重要的一部分。由于局域网技术发展成熟，出现了一系列光纤和高速网络技术、多媒体网络、智能网络，其发展为以Internet为突出代表的互联网。随着通信和计算机技术的紧密结合和同步发展，我国的计算机网络技术也在迅速地飞跃发展中，因此计算机网络技术充分实现了资源共享。人们可以不受限制随时随地地访问和查询网络上的所有资源，极大地提高了平时的工作效率，促进了工作生活自动化和简单化发展。现阶段发展中，计算机网络管理技术从网络管理范畴来看主要可分为四类：第一是对网络的管理，即针对交换机、路由器等主干网络进行管理；第二是对接入设备的管理，即对内部PC、服务器、交换机等进行管理；第三是对行为的管理，即针对用户的使用进行管理；第四是对资产的管理，即统计IT软硬件的信息等。

三、计算机网络技术的前景分析

计算机网络技术大体的发展前景可概括为以下三方面：①发展应开放化和集成化。科学技术的发展使得人们对计算机网络技术的要求不断提升，在目前的发展背景下，还应实现集成多种媒体应用以及服务的功能，这样才能确保功能和服务的多元化。②发展应高速化和移动化。快节奏的社会发展步伐使人们对网络传输的速度要求越来越高，因而无线网络发展非常重要，为实现上网的便捷性，打破地域环境的限制，则实现网络的高速化和移动化发展是很关键的。③发展应人性化和自动化。计算机网络技术应满足人们在生活和工作中的需求，在今后发展中以人性化为主，促使其应用更加简洁高效。

随着当今社会的发展和计算机网络水平的不断提高，计算机网络技术的应用逐步增加，而现在计算机网络技术的发展也进入一个关键性时期，随着用户对网络技术需要越来越高，网络安全问题也开始得到人们的重视，与此同时人们也开始担心网络的同一性问题，所以在今后的发展中我们应该更加重视计算机网络的标准性与安全性的深化改革，同时也需要培养更多专业人才支持计算机网络的发展。

第二节　计算机网络技术发展模式

在科学技术与信息技术快速发展的时代背景下，计算机网络技术被广泛地应用于各行各业当中，人们的生产生活已经离不开计算机的应用，使人们的日常生活与工作发生巨大变革。本节从科学技术角度出发，分析了计算机网络技术发展的历程以及计算机模式对我国未来计算机网络发展的影响。

21世纪是以计算机为代表的信息化时代，计算机网络技术已经被广泛地应用到各个领域与行业中，对人们的生活以及社会生产方式带来了巨大的变革。当下，无论是在我们的学习、生活以及工作中都离不开计算机网络技术，信息的网络化、社会化以及全球经济一体化都受到计算机网络技术的巨大影响。因此，加强对计算机网络技术发展模式的研究具有重要意义。

一、计算机网络技术的概念

计算机网络技术是通信技术与计算机技术相结合的一种技术，是建立在网络协议基础之上，在全球范围内建立相对独立且分散的计算机集合。在连接过程中，光纤、电缆或者通信卫星都是其连接介质，随着科学技术与信息技术的飞速发展与不断推进，人们已经进入到了电子信息时代，计算机网络技术可以实现软件、硬件以及数据资源的共享。

二、计算机网络技术发展历程及其功能分析

发展历程。21世纪是以网络为代表的信息化时代，随着互联网技术与信息技术的迅猛发展，给社会生产以及个人生活带来巨大影响。计算机网络技术的发展主要经历了远程终端连接阶段、网络互联阶段、计算机网络阶段以及信息高速公路阶段。其中远程终端连接是一种面向终端的计算机网络，将远程终端与网络控制中心相连接，对信息以电子化形式来处理，获得、管理以及存储信息，对信息的内容进行智能化处理，进一步保证电子信息系统更加方便、高效、快捷地处理信息。不仅是数据信息处理，还包括设备维修与保养、数据采集以及系统建设等多方面，它是一个庞大又复杂的系统，将通信技术、信息技术以及计算机网络技术等结合到一起。比如，我们日常使用的手机、电脑、无线电话以及其他各种移动平台等都是通过远程终端对信息进行收集，然后对收集到的信息进行分析与处理，从而实现最后的信息传递。不仅为人们提供精准的数据信息，大大方便了人们的日常生活与工作，还不断提高了人们的生活方式与质量，而且也提高了工作效率。

随着计算机的不断更新，计算机网络系统实现了多个计算机网络之间互联的系统，也就是说实现了用户可以使用多个网络系统的信息资源，最终达到信息资源交换与共享的目的。最后，在信息基础建设思想提出的当前时代，计算机网络信息高速公路逐渐得到认可与推广，也就是说高速化与综合化的计算机网络技术成为计算机技术发展的主要方向。

功能分析。近几年，计算机软件的开发随着我国科学技术的快速发展获得了较多的研究成果，计算机软件的应用已经融入人们生活的各方面，现在

随着人们生活质量的提高也对计算机的功能提出更高的要求。协同工作、资源共享与数据通信是计算机网络技术的主要功能，运用计算机网络技术，通过硬件设施与系统命令相结合，对大批量信息都可以实现统一的处理，这大大提高了工作效率。与人脑相比较，计算机网络系统能够快速传输信息，通过无线电磁波与光线进行信息传递，处理效率更加快捷，具有传递信息快，信息量大等优势。当某台计算机设备承担了过大的任务量时，可以通过运用计算机网络系统中任务较轻的计算机进行任务分担，从而实现协同工作，大大提高工作效率，节省人力与物力，保证计算机网络系统运行的可靠性与安全性。

计算机网络技术发展模式从最初的面向终端的计算机模式，逐渐发展成当前的局域网或者广域网的模式，提高了传输效率，实现了传输方式的多样化。此外，计算机网络技术对各种信息进行发布与处理，可以激发信息的有效性与实效性，最大限度地提高人们对信息的利用效率，调动人们的积极性与主动性来使用各种数据信息，为各个领域带来巨大的经济效益与社会效益。计算机网络技术这一集成化与综合化特征，不仅使计算机直接的数据传递更加方便快捷，还促进计算机网络技术向计算机网络环境营造方向发展。

三、计算机网络技术发展趋势探讨分析

服务主导型的计算机网络技术发展模式。以计算机网络技术系统的开发与建设为出发点与落脚点，网络系统的功能与目的都需要通过网络的应用来实现。通过逻辑层次的分析与探究，形成适应数据库的信息，然后将信息资源传送到数据信息访问层，在这个层次中，根据数据库信息反映出客户的需

求，再传输到业务逻辑层次，再次转化成信息的形式，保证满足用户的需求，最后传输到展示层次，通过展示层次映射给客户，这就形成了一个完整的信息反馈过程。计算机网络技术的应用需求是促进技术发展的内在动力。必须以用户需求为核心，为用户提供更多、更好以及更优质的应用服务，由此可知，计算机网络技术发展模式正在朝着服务型的方向发展。

计算机网络技术发展模式的高速移动化。随着多媒体技术的不断发展，信息资源传输量日益增加，信息高速公路建设显得越来越重要。在信息化时代中，各种信息资源越来越复杂、多变，必须对信息进行准确的分析，加以利用。各个行业都会涉及计算机网络技术应用与信息处理的问题，为了满足人们多样化的需求，提高计算机网络应用效能，保证软件系统运行的可靠性与安全性，必须重视无线网络技术的发展。由于传统上网地点受到多方面限制导致无法建立网络环境，所以，3G移动通信以及无线相容性认证等不断出现并融入人们生活的方方面面，促进了移动化通信的全面发展。无线网络技术的应运而生促进了计算机信息技术朝着有线网络为主，无线网络为辅的终端发展模式方向发展，从而实现计算机网络技术发展模式的高速移动化。

计算机网络技术发展模式呈现开放化与智能化特征。在计算机网络设计过程中，需要做好软件功能模块的设计，对各个模块的内部结构与系统运行状态有个系统的了解与掌握，重点做好系统的调度工作。并且在计算机软件开发与应用方面呈现出越来越人性化的特点，加上用户应用接口自动化处理手段，使得计算机网络技术的发展朝着智能化方向迈进一步。随着我国科学技术的飞速发展与不断推进，我国研发出来大量的具有分散式可以远程访问功能的技术，但是在实际的应用当中应该选择最合理的访问技术，是需要在对实际情况进行综合考虑之上进行的，这个技术具有高效的数据信息处理能力。在实际的应用当中，计算机网络技术实现简便性功能模块调整，为计算机网络技术开放性发展奠定坚实基础。

综上所述，计算机网络技术的发展促进了社会信息化进程不断加快，是现代社会发展的积极推动力。随着计算机网络技术的不断发展，其应用领域将实现集成化与智能化。

第三节　人工智能与计算机网络技术

随着信息化的发展，人工智能在计算机网络领域的运用更加广泛。本节主要从人工智能处理模糊信息、协作能力、学习能力、非线性能力以及计算成本小等特点对其优势进行阐述，分析了计算机网络技术中人工智能的必要性以及人工智能在计算机网络技术中的具体应用，包括计算机网络安全管理、Agent 技术以及网络管理与评价等方面。

随着科学的不断进步，计算机技术与信息化技术已经被广泛地使用，智能化服务已经成为当前计算机技术与信息化技术创新的关键。因此，就人工智能在当前社会的发展现状来看，潜力巨大，在人们的日常生活中发挥着巨大的作用。本节通过对人工智能技术的优势以及人工智能出现在计算机网络技术应用中的必要性进行分析，介绍人工智能在计算机网络技术中的应用，使读者明白人工智能在计算机网络技术建设中的作用。

一、人工智能技术的优势分析

模糊信息能力与协作能力。人工智能作为顺应时代的产物，不仅可以方便当前人类的生活，还具有预测未来的功能，这种预测功能虽然是通过模糊逻辑对事物进行推理得来的，但是一般不需要特别准确的数据支持。因为在计算机网络中，存在大量的模糊信息等待开发，这些信息具有不确定性和不可知性。因此，对于这些信息的处理也存在很大的困难，而人工智能可以充分发挥这类数据的作用，将人工智能技术应用到计算机网络管理中，对于提升网络管理的信息处理能力会有很大的帮助。

同时，人工智能还具有协作能力，从当前的发展来看，计算机网络不论在规模还是结构上都在不断地扩大，这对于网络管理来说具有很大的难度，传统的"一刀切"模式已经不能有效满足当前的网络管理，因此，需要对网络进行分级式管理。对网络采用一级一级的方式进行监测，需要在网络管理过程中处理好上级与下级的关系，使两者有效协作。而人工智能技术能够利用协作分布思维来处理好这种协作关系，从而提高网络管理的协作能力。

学习能力和处理非线性能力。人工智能在计算机网络技术运用中具有很好的学习能力。网络作为虚拟的东西，不但不可估摸，而且具有的信息量以及概念都远远超出我们所能猜测的范围，很多信息与概念都还处在较低的层次，相对简单。这些信息对于人类社会发展来说，很可能都是重要的信息内容。往往高层次的内容都是通过对低层次内容深入学习、解释和推理得到的，因此，高层次的内容往往是建立在低层次的信息之上的，而人工智能在处理这些低层次的信息中表现出了很强的运用能力。

人工智能的非线性能力主要是通过人类正确处理非线性功能得出的，人工智能技术的发展使机器获得了像人类一样的智慧和能力，在解决非线性问题方面人类已经可以表现出明显优势，人工智能作为人类智慧的衍生物，在处理非线性问题时同样具有优势。

人工智能的计算成本小。人工智能在运算过程中，可以将已经储存的数据循环使用，使资源的消耗最小化。人工智能在运算过程中主要通过算法演算进行，而且这种算法在处理数据过程中具有很强的运算能力，效率很高，在处理问题时可以通过选择最优方案来完成计算任务，这样不仅节约了大量的时间，使网络技术高效运行，而且还能够节省很多计算资源。

二、人工智能在计算机网络技术中应用的必然性

随着计算机技术的蓬勃发展，如何使网络信息安全有效运行成为人们研究的重点内容。作为网络管理系统应用的重要功能，网络监控与网络控制也是人们关注的焦点。而如何发挥好网络监控和网络控制功能，取决于是否及时获取信息以及及时处理信息。计算机技术的发展已有很多年，人工智能在近些年才刚出现，因为早期的计算机网络数据出现不连续和不规则的情况，计算机很难从中分析出有效的数据内容，导致计算机技术的发展缓慢前行，所以，当前实现计算机网络技术的智能化发展对社会发展来说至关重要。

随着计算机技术在各行各业的应用，人们对网络运行安全性意识增强，用户对网络安全管理的要求也逐渐提高，从而有效保障个人信息不受侵犯。而且计算机技术作为刑侦手段，具有较为敏捷的观察力以及快速的反应力，

这对防治当前的网络犯罪具有良好的效果，可以有效遏制不法分子的犯罪活动。同时，在对人工智能进行智能优化管理系统的升级后，人工智能可以自动收集信息，并根据收集的信息诊断可能给计算机网络带来的影响，从而有效帮助用户及时发现网络运行中存在的故障并采取有效的措施恢复故障，保证计算机网络的安全有效运行。所以说人工智能可以有效保证计算机网络运行过程中的信息安全。

计算机给人类带来了新的技术革命，决定了人工智能的存在，人工智能作为计算机发展的产物，极大地促进了计算机技术的发展，当前计算机在处理数据、完善算法过程中已经离不开人工智能的技术支持。人工智能由于能够有效处理不确定信息和及时追踪信息的动态变化，并将有效信息处理过后提供给用户，同时还具有高效的写作能力以及信息整合能力，从而提高当前工作者的工作效率，而且人工智能的推理能力也相对较强。人工智能的发展可以有效提高计算机的网络管理水平。

三、人工智能在计算机网络技术运行中的应用分析

人工智能提高计算机网络安全管理水平。当前网络安全仍然不是很高效，很多用户的信息依然存在较大的安全隐患，而人工智能的应用可以有效帮助用户保护个人信息安全，在实际操作过程中，人工智能主要通过智能防火墙、反垃圾邮件、入侵检测三方面实现网络安全管理的目标。

智能防火墙通过智能化识别技术对信息数据分析处理，无须进行海量的计算，直接对网络行为的特征值进行发现并访问，在防止网络危害方面效果较好，从而有效地对其进行拦截。而且智能防火墙可以有效防止网站不受黑

客攻击，及时检测病毒以及木马，防止病毒的扩散，同时，还可以有效对内部局域网进行监控管理。入侵检测作为防火墙的第二道闸门，对于保护网络运行安全同样具有至关重要的作用。入侵检测可以通过对网络的数据进行分析、分类、处理后反馈给用户。入侵检测可以防止内部以及外部攻击，避免操作失误造成的损失。

智能反垃圾邮件系统可以有效防止用户的邮箱免遭侵害，保护用户的个人隐私。通过识别用户的邮箱，系统可以分析出垃圾邮件，分类并选择性发送给用户。

人工智能代理技术。人工智能代理（Agent）技术是由知识域库、数据库、解释推理以及各代理之间通信部分形成的软件实体。每个代理的知识域库通过对新数据的处理，促使各代理之间沟通并完成任务。人工智能代理技术还可以通过用户指定的信息进行搜索，然后将其发送到指定的位置，使用户更高效地获取信息。

代理技术的使用可以为客户提供更加人性化的服务，比如，代理技术可以在用户查找信息过程中，通过分析处理将有用的信息呈递给用户，用户通过对信息的筛选，选择适合自己的信息进行使用，提高用户的工作效率。同时，代理技术还可以为用户提供日常所需服务，比如，日程工作安排、网上购物以及邮件收发等，极大地方便了用户的生活。同时，人工代理技术还具有自主学习等能力，使计算机进行自主更新，不断强化人工智能代理技术，使计算机网络技术不断发展。

网络系统管理和评价中的应用。人工智能的发展促进了网络管理系统的智能化发展，在建立网络综合管理系统过程中，可以利用人工智能的专家知识库以及问题解决技术。因为网络环境具有高速运转、发展迅速等特点，网络管理运行过程中遇到的问题，需要通过网络管理技术的智能化发展来提高其处理的效率。同时，人工智能技术还可以将专家知识库中各领域的问题、经验以及知识体系、解决方法总结出来，重新整合形成新的智能程序。当来自不同领域的工作人员在使用计算机遇到各个领域的问题时，可以通过与专家库进行对比分析来解决，有利于实现计算机网络管理以及系统评价的工作。这种人工智能分析出来的专家意见具有一定的权威性，同时，人工智能还能及时针对行业的需求、各领域专家学者提供的最新建议以及经验对数据库进行更新处理，使人工智能下的网络系统管理以及评价系统顺应时代的发展。

在信息化与智能化不断发展的时代，计算机网络技术与智能化的完美融合可以有效帮助人们解决工作以及生活中的问题。面对不断发展的社会，人们对于计算机网络技术的应用需求越来越高，不仅要求能保障自身信息的安全性，还要求能快速处理问题。因此，人工智能作为计算机网络技术发展过程中的产物不断得到推广，我们应该充分发掘其潜力，为计算机网络技术发展做贡献。

第四节　计算机网络技术的广泛应用

计算机网络技术受到全社会的广泛关注，发展迅速。计算机网络技术应用于社会许多领域并取得重大成果，成为社会发展的巨大推力。在这种情况下，针对计算机网络技术的应用现状进行分析，从中分析出计算机网络技术的长处所在，以满足实际需要为计算机应用于各个领域的最终目的。进而保证计算机网络技术能够更好地应用于各个领域之中，发挥其作为先进技术的重要导向作用，促进各行业的持续健康发展，推动社会发展，促进计算机网络技术的革新进步，形成良性循环。

一、网络计算机技术的社会方面应用

将计算机网络技术应用于公共服务体系。目前在我国公共服务体系中，重点问题也是难点问题就是提高公共服务效率的方法。计算机网络技术的出现恰好解决了这个问题。过去的公共服务主要是通过大量的人力物力的投放来保证实施的。不仅杂乱而且效率低下，问题不断。而计算机网络技术在释放大批人力的同时，提高了效率。帮助公共服务体系的管理人员能够方便高效地实行管理工作。计算机网络技术的发展进步以及日趋成熟，使计算机网络技术手段实施于管理、工作中变得大众化。计算机网络技术与公共服务系统完美融合，更加明显地体现出计算机网络技术的优势所在。

例如，过去的公共服务体系中，对于"便民服务、咨询投诉、公众宣传"等这类公共服务是"头疼"的。如果按要求落实了这些服务，那人力、物力成本不可估计，但是不执行又有悖于公共服务体系的初衷。所以网络技术的出现解决了这些矛盾，人们可以在网上向管理人员进行问题咨询，或者是倾诉自己的不满以及关注一些福利政策。人们看得更加清楚明白，公众服务体系的管理人员的工作也更好开展。可以说是计算机网络技术与公共服务体系的结合，真正做到了"方便你、我、他"。

计算机网络技术在网络系统中的实际应用。光纤技术对于计算机网络系统的构建、完善具有重大意义。反过来讲计算机网络技术又大面积应用于光纤技术中。我们日常计算机网络活动中所使用的城域网的主要传输方式的学名其实就是"光纤分布式数据接口传出技术"。虽然光纤技术应用广泛且效率高，但是也受到使用成本过高问题的困扰，而计算机网络技术正好解决了这个问题，让人们打破价格带来的不方便，真正地享受网络技术发展所带来的轻松便利的生活。

二、计算机网络技术的具体应用分析

从目前的计算机网络技术的发展趋势来看，深入地探讨一下计算机网络技术的具体应用分析是有意义的。下面就从计算机网络技术在信息系统构建、发展和教育科研方面的应用来进行探讨。

（一）计算机网络技术在信息系统中的应用

1. 计算机网络技术为构建信息系统提供了技术的支持

计算机网络技术的发展在一定程度上决定了网络信息系统的完善程度。换句话说，计算机网络技术是网络信息系统建立的基础，为构建信息系统提供了技术上的支持。

第一，计算机网络技术为了保证信息系统的传输效率全面、快速的提高，为信息系统的构建提供了新的传输协议。

第二，为了保证信息系统的存储能力足够大，计算机网络技术不断进步与提升，研究出了新的数据库技术，满足了信息系统构建所需要满足的存储条件。

第三，信息系统的建立目的就是让人们得到有实效的、自己所需要的信息。计算机网络技术为信息系统提供了新型的传输技术，正是保证了信息系统所传输的信息的时效性和实用性。

2.计算机网络技术加速了信息系统的发展

计算机网络技术不仅对信息系统的构建产生巨大作用，对于信息系统的后续发展也有着不可忽略的促进作用。网络技术自身的不断进步和完善，也为信息系统的整体性建设和完善提供了源源不断的技术支持。计算机网络技术在这个过程中为信息系统的发展提供源源不断的动力，产生了不可忽视的拉动作用，加速了信息系统的发展与进步。

（二）在教育科研中应用计算机网络技术系统

近些年来，教育的改革不断深化，广受社会各界人士的关注。不仅是改革旧的教育方式，更要在教育中融入新技术，让教育做到与时俱进。跟上时代的发展步伐，也有利于开拓学生的眼界，做一个全面的高素质人才。随着计算机网络技术的发展，教育与计算机网络技术的结合，让这一切都不是难题。并且促进教育科研的发展和进步，研究出了许多新技术，对教育发展有重大意义。比如，远程教育技术和虚拟分析技术的研发和运用，提高了教育的质量和效率，提高了教育科研的整体性水平。

1.远程教育得以实现的技术支持

计算机网络技术与教育科研的完美融合，加速了远程教育的实现。有效地拓宽了教育的波及范围，促进了教育发挥积极作用。同时远程教育的实现还起到了丰富教育手段的作用。对于目前的远程教育运行情况来说，收获了良好的反响的同时让师生都体会到了远程教育带来的好处。并且远程教育这种教育形式有望在未来的教育体系中成为主流教育形式替代传统教学形式。

计算机网络技术应用于远程教育体系的构建中，对教育体系的变革产生了巨大的、不可忽视的、不可磨灭的作用。

2. 虚拟分析技术的出现促进教育科研发展

随着社会发展和科技进步，我们对于教育方面所教授的知识已经不仅仅满足于课本上的文字内容，更希望课本上的文字内容"活起来"。这样能够更直观立体，也能更生动地"看见"课本内容，并加以理解和掌握。尤其是对于一些需要进行数据分析和实际操作设计的内容，"动起来"更是意义重大。虚拟分析技术应运而生。依靠于计算机网络技术的发展为虚拟技术的研发提供基础条件。这也是计算机网络技术在与教育相融合时产生的另一大理论成果。

三、计算机网络技术的应用领域

（一）计算机网络技术在人工智能方面的应用

人工智能这个概念早已提出，但是随着科技的进步，使人工智能从构想变成了现实。人工智能系统也成为一个独立存在的系统了，但是计算机网络技术作为人工智能技术的发展基础，是不能被湮灭的。即使在现在，人工智能系统的实施也无法脱离于计算机网络技术，人工智能的从无到有，无一不彰显着计算机网络技术的应用所带来的巨大成果。

计算机网络为自动程序设计提供方便。编程和程序设计既是计算机网络技术的基础也是核心内容。计算机网络技术中设计自动程序也是一个重要研究方面。自动程序的研究不断深化也预示着程序员的工作将会渐渐被取代。也象征着人工智能研究取得巨大成果。自动程序的设计为人工智能提供了基础，也使人工智能时代的到来成为可能，加快了速度。

（二）计算机网络技术在通信方面的应用

计算机网络的发展为人们的生活提供了便利，这一点无可厚非，这样的改变是逐渐的，尤其在通信方面表现尤为明显。从一开始的面对面交流、写信、电话电报到如今的视频通话，让在外的人与家里人沟通更畅快，与朋友交流更密切。网络的发展也是2G/3G/4G/5G这样有过程地，逐步地发展进步。计算机网络技术应用于通信方面，方便了人们之间的交流，让距离不再是问题，有利于构建和谐的社会关系。

总之，本节通过对计算机网络技术在商务中、人工智能技术中的应用及其应用途径和具体应用的分析，让我们直观地感受到计算机网络技术发展对社会的巨大推动作用。基于此，我们需要对网络信息技术有一个完整的、清晰的、深入的认识，推动计算机网络技术能够更广泛、更深入、更高效地应用于各个领域，促进社会各个行业、各个领域的发展成熟。

第五节　计算机网络技术与区域经济发展

经济社会发展中，计算机网络技术发挥着十分重要的作用，尤其是区域经济发展中，计算机网络技术的积极作用更是显著。本节在深入分析计算机网络技术对区域经济发展的影响的基础上，探讨了计算机网络技术助推区域经济发展中的良策。

计算机网络技术在区域经济发展中，有效应用集中体现在优化发展结构、衍生新技术、经济发展要素等方面，为了持续发挥计算机网络技术应用价值，推动区域经济健康、可持续发展，有必要重视计算机网络技术的影响研究，以计算机网络技术助推区域经济取得进一步发展。鉴于此，本节对"计算机网络技术对区域经济发展的影响"展开分析具备一定的现实意义与理论价值。

一、计算机网络技术对区域经济发展的具体影响分析

优化区域经济发展结构。传统经济模式显然无法紧跟现代化经济社会发展脚步，然而在计算机网络技术支持下，传统经济模式可进行改造或者升级，借助信息化手段，高效处理生产信息，借助计算机网络技术优化生产流程，可确保区域生产力满足现代区域经济发展需求。例如，农业生产活动中，计算机网络技术的有效应用，可让生产方式实现现代化，以此推动我国农业产业的科技发展。

衍生高新技术。计算机网络技术的有效应用，能够让传统产业与现代技术进行有效融合，全面提高生产力，并且在此基础上，优化产业结构。除此之外，在计算机网络技术的支持下，各项高新技术的有效应用，能够进一步提高产品的附加值，为产品市场核心竞争力的提高夯实基础，对促进区域产业经济进一步发展有着十分重要的促进作用。

影响区域经济发展要素。传统区域经济发展中，侧重人才要素、资本要素、技术要素等。然而计算机网络技术的有效应用，是传统区域经济发展要素，可在区域内短时间得到补充或者流失，意味着在计算机网络技术的支持下，区域经济发展资源分配更加合理，资源利用率更高，更加有助于区域经济健康、可持续发展。另外，借助计算机网络技术，区域内产业可进行强强合作，有效增强了区域内产业市场核心竞争力，为区域经济健康发展夯实了基础。

二、计算机网络技术助推区域经济发展的良策分析

当今社会，计算机网络技术得以普及应用，为区域经济发展提供技术保障。为了进一步推动区域经济发展，有必要重视计算机网络技术的深层次应用，并重视相关专业人才的培养。

借助计算机网络技术改造和升级传统产业。计算机网络技术普及应用背景下，部分企业信息化建设严重不足，尤其是中小企业，计算机网络技术的应用深度不足，难以充分发挥计算机网络技术应用价值，助推企业的健康发展。所以，政府相关部门有必要重视自身职能作用的发挥，借助多种手段，强化计算机网络技术在产业发展中的应用，促使区域各产业能够利用计算机网络技术改造和升级产业，有效提高产业市场核心竞争力，推动区域经济可持续、健康发展。除此之外，区域产业有必要借助计算机网络技术，逐渐将产业由劳动密集型转变为知识、技术、信息密集型，为产业健康发展提供保障。

加大计算机网络技术专业人才培养力度。如何利用计算机网络技术，推动区域经济发展，关键在于专业技术人才。因此，区域经济发展中，有必要重视计算机网络技术专业人才培养。区域内各企业除了重视加强计算机软件研发与利用之外，还需要重视网络硬件的建设及数据处理技术的研究。所以，企业需要立足于现阶段人才培养现状，优化人才培养机制，为计算机网络技术助推区域经济发展提供人才保障。

政府扶持计算机网络技术发展。为充分发挥计算机网络技术应用价值，推动区域经济健康发展，政府有必要高度重视计算机网络技术的发展，以计算机网络技术为基础，合理规划区域内资源，并借助网络加强监管，及时解

决计算机网络技术助推产业发展中的一系列问题，为区域经济稳定发展夯实技术基础。同时，政府需结合产业具体情况，利用纳税等渠道扶持高新技术产业发展。除此之外，为了加快计算机网络技术的发展，政府需要大力支持教育事业的发展，为计算机网络技术的发展培养出大量计算机专业高素质人才。同时，加强网络知识宣传，全面提高全民网络意识，促使人们高度重视网络产业的发展。另外，为了确保网络产业健康发展，需重视网络犯罪打击，营造一个健康的网络环境，推动区域网络产业健康发展。

计算机网络技术在社会各产业中的有效应用，具有多种现实意义，集中体现在优化区域经济发展结构、影响区域经济发展要素等方面。所以，区域经济发展中，为有效提高计算机网络技术应用价值，需重视计算机专业人才的培养，并制定相关扶持政策，推动区域经济健康、可持续发展。

第二章 计算机网络技术创新研究

第一节 计算机技术的创新过程探讨

计算机技术从诞生至今还不到 70 年的历史，但是计算机技术给人类社会带来的改变却是有目共睹的。随着我国经济的快速发展，科技不断进步，计算机技术不断发展，计算机的运用给人们带来了很大方便，同时也对国家的科技发展起到促进作用。计算机的发展历程虽然不是太长，但技术的创新能力却是非常强大的，从计算机的发展状况以及创新过程我们可以看出，计算机的作用是不容小觑的。在经济、科技以及文化上计算机在发达国家中的发展非常明显，要想赶上发达国家的脚步，就要进行计算机技术广泛使用，并且实现不断创新与发展。本节从计算机的发展以及创新上研究，主要强调计算机在未来的发展，以及提高人们对计算机创新技术的认知程度。并且展示纳米、多媒体、软件等方面的计算机技术发展要点，希望对计算机今后的创新发展有所启迪。

计算机技术的快速发展与应用，是现代工作发展的主要标志，也是计算机技术融入人类社会中的标志，结合社会的需求发挥出自己的优势，给人们的日常生活提供大便利。在计算机丰富人们生活以及提高生产技术的同时，也让人类的建设发生巨大改变，特别是在计算机的创新技术发展上，让各个行业都能够进行深层次使用。计算机的优势有很多，它的创新能力强，自身的发展没有局限性，发展的趋势以及覆盖的面积都非常广，能够在各个领域中使用，为人们提供各种各样的便利。在经济快速发展的社会中，要发挥计算机的优势，就必须从计算机的结构上入手，通过对技术环节的突破来达到计算机运用最大效果。从纳米技术、网络、多媒体等环节来达到创新，实现计算机技术的有效发展。

一、计算机当前的发展情况

目前的计算机发展侧重点在于纳米技术、结构等处理器上，想要做好计算机的推广与应用工作，就应该从这些技术出发，才能够全面掌握计算机技术的使用。在计算机结构层次方面，主要是对计算机技术的分割与重组，只有这样才能够提高计算机处理信息的能力。要通过计算机操作的标识来提高计算机在传输过程中的运行速度与质量。在纳米技术上的处理，就应该开辟一个纳米技术在电子行业上的使用功能，在性能上不断地提高它的能力，在计算机的未来发展中提供充分保障。在计算机的处理器技术上，主要是针对它的体积不断变小，不断地提高运算效率，在微处理器的发展中能够限制它的尺寸。当前的信息处理技术与速度已经达到了一个瓶颈，可以通过计算机的技术分割与重组让数据得到更好的处理，在每个分割的数据段当中加入信息，在标识的数据发送之后，就可以对数据进行传输，这样才能够提高数据的通信效果。

二、计算机的未来发展趋势

纳米技术的不断发展。纳米实际上是一个长度单位,在计算机技术中融入纳米技术能够开辟新的结构功能,从质量上进行提升。实现结构与功能的共同进步,集成度大量提高,在性能不断发展的基础上,形成计算机未来发展的保证。在未来的计算机领域发展中,计算机的元件基本还是采用纳米技术,不仅能够打破电子元件本身存在的局限性,还能够制造一些与生物相关联的量子计算机,实现计算机性能不断发展的可能性。计算机的性能不断创新与发展,是未来计算机发展的主流,纳米技术不会受到计算机技术的限制,不管是在集成还是处理过程中纳米技术都是可以正常进行的,还能够实现生物计算机与量子计算机的储存能力与运行速度提高的想法。

计算机在结构上不断创新。结构是计算机的灵魂骨干,也是计算机获得发展与突破的重要环节。计算机结构技术主要是对计算机的数据进行分割与重组,这样的方式能够提高计算机的数据处理能力。结构是具有很大优势的,能够对机体中的数据进行标记,通过这些标记来提高数据传输的准确性。一台计算机进行多种任务的分配,可以提高用户与计算机之间的关联,实现较大程度的合作。这样计算机的研究方向就可以从单体向群体过渡,增加计算机系统的可靠性,对于计算机计算的改善与创新具有重大意义。

网络技术以及软件技术上有新的突破与发展。未来的计算机技术与网络技术的关系必然是越来越紧密的。计算机技术在网络上的发展主要是体现在计算机与网络之间的结合,形成网络云技术,促使网络与计算机技术之间的合作更加紧密,使计算机的数据与网络软件在服务器中运作更加方便。软件技术上的突破对计算机发展有很大作用，可以从内部的软件运行上进行完善，还能够从计算机的程序语言中进行改革，运用互联网的通信新技术，来协调计算机中的各项工作，促使在不同区域、不同领域的人使用的网络都能够相互联通，进行协调合作。微处理器是计算机的大脑，是计算机中的核心体系。微处理器从字面上理解就是越小越好，所以它的发展是不断减小其体积，提高运行的效率。微处理器是实现了量子效益，从速度上去展现信息的处理技术。

计算机网络技术的创新与发展。推动计算机的网络创新能力发展，能够推动计算机的发展。要先对计算机的发展稳定性、显著性以及便捷性进行判断，才能够有效地进行计算机技术提升，不断地让计算机技术能够达到科学合理利用，并且让计算机技术与企业发展进行紧密结合，把传统的计算机技术发展与创新理念相结合，实现计算机技术的跨越发展。计算机的创新是一个持续的过程，不仅要推动计算机的创新文明发展，还要进行科技产品的创新。推动与企业相匹配的计算机创新技术，根据社会进步来发展计算机技术，计算机的发展也是建立在社会需求上的。

综上所述，从当前计算机发展的情况看，还不到70年的发展光阴，计算机技术虽然没有经过漫长的发展历史，但创新能力是不容小看的。短暂的时光中却是影响了无数人的生活，它的影响力堪比电话、电视等通信产品。本节从计算机的技术发展现状以及未来的发展预测，来证明计算机的发展前途是一片光明的，道路虽然没有那么顺畅，但依然具有很大的发展潜力。要想看到计算机发展的曙光，就要从计算机的结构框架出发，从任何一方面去进行分析改革，为计算机未来的发展奠定基础，设立新的起点与环节，让计算机技术的应用在未来有大的跨越。计算机的发展道路是非常广阔的，但前路还是充满艰辛，如果要看到光明的前景与价值，还需要更多的研究与创新。

在研究过程中，要加强计算机技术的创新与维护，建立相应的保障体系，在计算机技术的基础上进行改革，实现全面发展。

第二节 通信技术与计算机技术创新

本节介绍通信技术与计算机技术的概念和特点。阐述通信技术与计算机技术的融合成果，如计算机通信技术、信息技术、蓝牙技术、远程通信技术、多媒体技术、信息库技术。从培养和提升专业人才的业务素质、树立创新思维两方面入手，提出促进通信技术与计算机技术融合的策略。并展望计算机通信技术的发展趋势，希望能够提升和丰富软件功能，充分挖掘资源利用率，实现更大的资源共享，使计算机通信技术的价值和功能日益扩大。

一、通信技术与计算机技术的概念和特点

（一）通信技术的概念和特点

概念。早期社会中，国家之间、国家内部不同层级进行联系需要依靠信息传递，随着时代的发展，这种传递变得更加频繁，由此产生了邮驿制度。不同时代传递信息的方式有所不同，在古代用狼烟传递情报，有些国家用鼓点传递信息。如今，电子信息日益发达，信息传递实现了电子化，传递工具也是通过电子设备来完成的，通信技术日益高效与便捷。

通信技术是指快捷、准确和安全地通过网络传递不同类别信息的技术。信息技术的不断进步促进了通信技术的快速发展，其发展种类日益多样化，

方式也不断被改进，能够在时间与空间上安全、准确、快速地传递信息给用户。

特点。通信技术的主要特点是便捷性和高效性。随着通信技术的不断发展以及基础设施的不断完善，各地区间的交流越来越顺畅，通信技术的应用范围越来越广泛。现代通信技术在传递范围上不断扩大，同时还能够保证更高的质量和安全性。

（二）计算机技术的概念和特点

概念。计算机技术是现代人广泛使用的重要技术，主要指计算机在应用中使用的技术与方法。其主要内容包括计算机系统技术、器件技术、部件技术以及组装技术。计算机系统技术是其中最关键的技术，它分为结构技术、系统维护技术、系统管理技术以及系统应用技术等。

特点。新时期计算机技术具有鲜明的特征：第一，可以自动运行程序。计算机技术能够自动执行编制好后的启动程序，完成任务。第二，运算速度更快。由于科技水平的飞速发展，计算机在运算速度方面不断提升，微型计算机可每秒运行几十万条指令，巨型计算机每秒可执行几十亿条指令。第三，运算精度更高。精确度可达到小数点后上亿位。第四，记忆存储功能强大。计算机存储器分为内存和外存，存储量可达到上百兆甚至千兆以上。

二、通信技术与计算机技术的融合成果

计算机通信技术。计算机通信技术的优势是传输效率较高，呼叫等待时间较短，抗干扰能力非常强，同时其通信形式具有较好的兼容性和多样性。计算机通信技术能够有效融合大容量和高速率的通信网络，提升了诸多领域的信息化发展水平，现已广泛应用于经济、生产、军事、教育以及日常生活

的各方面。数字化、网络化和信息化是计算机网络通信技术的核心，它标志着计算机数据处理与网络通信融合的信息时代的到来，未来其应用范围和领域将不断拓展，促进人类的进步与发展。

信息技术。信息技术的核心是计算机技术与通信技术，能使现代化高科技具有先导性和关键性。知识与信息资源经过计算机的转换，形成新的商品即知识产品，是通信技术的加工厂。随着经济的迅猛发展，信息化日益成熟，信息的更新与发展日益加快，新一代信息技术如云计算、互联网及物联网被广泛应用，使信息类型更丰富和多样化，并且信息传递的时间逐渐缩短，提升了信息传递效率。

蓝牙技术。蓝牙技术是一种无线通信技术，其成本低、开放距离短，具有无线数据和声音的传输功能，传输距离在十几米范围内，蓝牙技术主要功能有蓝牙专用IC和通信协议线。

远程通信技术。各个终端设备是通过有线或者无线的方式相互连接的，通过这些方式可以拓展信息处理并提高传输性能，在无线通信技术中表现得尤为明显，为创建区域网络提供了更便利的条件，从而能够实现信息的远程传递，具有跨时间与空间的优势，充分发挥了其作用和价值。

多媒体技术。多媒体技术是通过计算机技术对多种信息进行综合处理从而形成人际交互的功能。多媒体技术是计算机技术的产物，其核心控制设备即通信计算机设备，多媒体通信技术有多种表现形式，如远程会议、视频教学等。计算机的适用领域因多媒体技术而发生巨大改变，广泛应用于各个领域，如学校教育、生产管理、军事指挥、日常生活等。

信息库技术。利用计算机技术能够创建完整的数据库，有助于搜集并整理所需信息，提升数据管理效率和质量，同时实现资源共享。常见的应用方式有电话购票、网络购票等，大大提高了工作效率。

三、促进通信技术与计算机技术融合的策略

培养和提升专业人才的业务素质。通信技术与计算机技术都是专业性较强的科学技术领域，两种技术的有效融合过程也是一个高端技术的研发过程，需要更多高端专业技术人才进行研发。因此，应该重视培养专业技术型人才，不断提升其业务素质和操作能力，以适应和满足社会发展的需要。此外，专业人才要提高自身的职业道德并树立创新观念。

树立创新思维。通信技术和计算机技术的有效融合提高了服务效率，能够更好地促进社会发展。在融合过程中要注重树立创新思维，使计算机通信技术不断适应新的环境变化，以创新促发展，满足社会发展的需要。

四、计算机通信技术发展趋势

计算机通信技术趋于多元化发展，能够提升和丰富软件功能，充分挖掘资源利用率，实现更大的资源共享，使计算机通信技术的价值和功能日益扩大。总之，经济的迅猛发展，促进了通信技术与计算机技术的有效融合与共同发展。未来要继续拓展创新思路，不断开发创新途径，促进计算机通信技术的发展，更好地为社会服务。

第三节　计算机平面网络中的图像处理技术

一、计算机平面发展的意义

计算机的平面设计有着非常广泛的使用范围，例如，广告的设计制作，广告的设计需要比较高的审美性和实用性，需要发现并通过感受才能体会到不同的审美，计算机就可以通过快速不断的运作来实现，对人们来说短时间是无法达到的。因此计算机平面网络的技术应用就比较重要了。

二、计算机图像处理发展过程的分析

在计算机广告设计中，人才也是非常紧缺的，在铺天盖地的广告中可以看出不同的图像设计构思，这些都可以给商业竞争地位带来想不到的冲击。因此计算机的图像处理就越来越被人们所关注。有吸引力的广告可以为企业及销售方带来巨额的利润，也可以影响人们的审美。在图像处理方面就需要能够有比较独特的思维方式。对人民来说也是一种享受。

现在的网上购物已经成为家常便饭，人们在网上进行购物的过程中会对产品的图像进行浏览，这样就对图像有着比较高的要求，对于网店店主来说，这关乎着自己的销售量和利润，对社会经济发展来说，关乎着国家的国民生产总值。由此可以看出计算机平面图像处理的重要性。计算机平面设计专业的社会需求也是非常大的，计算机的应用渠道也是非常广泛的。

三、计算机平面网络图像处理技术的要求

在前面图像处理方面主要涉及的领域有广告设计制作、工程设计、影像设计处理以及其他与平面设计相关的行业等，这就要求设计者必须具备专业的技能和独特的审美，同时也需要具备较高的素质和良好的职业道德。并且要有与人友好相处的能力，培养团队合作能力，共同创作。也要具备爱岗敬业的精神。

平面设计人才属于技能型人才。具备良好的道德品质，遵守职业道德，做到爱岗敬业。在技术掌握方面需要具备学习最新技术、最新知识的能力，要具备一定的审美能力。在专业知识和技能方面，要有知识产权保护意识，从事计算机平面设计的人员也应该具备相关的美学素养，才能较好地运用文学、美学等对图形、图像进行系统操作。

在计算机进行图形图像处理过程中不仅要用到计算机的基本操作系统、互联网、一般的办公软件等工具，还会用到关于图形图像处理的专业软件，经常用到的处理软件有：CAD、PhotoShop等软件。因此，在图像设计与制作过程中需要有较高的专业能力，比如，较高的审美，对不同物体及颜色的视觉感受能力和视觉表达能力的要求都是比较高的。在掌握了这些能力之后就可以做到广告设计的规范、合理，更有创意。在图片图像的设计排版过程中也需要有综合的技能。

在开展图形图像处理过程中，可以利用有效的制图软件、图像修理软件进行操作，为图像以及图片的使用人提供更好的样本。操作者也可以通过对使用者的不同要求进行修改、设置等为使用者提供选择，从而达到更好的设

计效果。计算机网络平面设计也可以在时间、精力方面有效地降低成本，极大地改善了传统设计的工作量与工作成本。随着计算机软件应用的不断发展，CAD、PhotoShop这些软件都在不断地升级更新，这些软件的应用也有很强的专业技术要求。在设计过程中必须具有独特的地方，才能够创造出与众不同的作品。有吸引力的广告可以为企业及销售方带来巨额的利润，也可以影响人们的审美。在图像处理方面就需要有比较独特的思维方式。

人们生活质量的提高以及工作效率的提高、工作强度减少方面都有很大的提升。因此，在计算机的使用过程中可以使建筑制图或者是图像的动态处理发挥到最佳。这样不仅有利于节约时间成本与资源成本，在设计图纸过程中也有了更高的认识。设计效果也可以达到最佳状态。所以说计算机的诞生对人们的生活有着翻天覆地的影响。因此，在职业素质和文化修养方面、专业理论知识和技能方面、科学的认识能力方面，都必须有过硬的能力，对平面设计师的管理也要做到高端，从而适应社会、企业、行业的发展。

第四节　计算机网络安全储存中云计算技术

随着我国经济的发展，网络的应用水平也逐渐增加，在网络进行数据相关使用传输的时候，有效地使用云计算技术可以使数据发生相关安全问题的情况有所减少，也可以在一定程度上提升数据传输的准确性与安全性，因此，对于云计算技术的相关探索和使用十分重要，在实际的使用中对云计算技术所产生的相关问题进行全面的科学的数据保护，云计算技术的应用使相关计算机网络存储效率、安全性、准确性等得到提升。

在网络数据应用十分广泛的时代，云计算技术的应用也得到了很大的发展。但是在云计算技术进行应用的时候，会发生很多安全方面的问题，这些问题往往威胁着用户在使用过程中的财产和相关数据的安全，所以云计算技术在计算机网络的安全应用中需要得到更高的提升。

一、云计算技术在计算机网络存储中的安全隐患问题

云计算技术在数据共享的云计算使用当中有很多的安全隐患问题，比如，在数据储存的过程中会有很多计算机黑客对于数据的储存进行攻击和窃取，这些黑客里很多人都在使用黑客技术进行违反法律法规的活动，这些黑客可以使用先进的计算机技术使得个人或是公司的电脑得到一定程度的开放，而从这些电脑系统里可以获得大量的用户消息和各种类型的数据文件，对于这些文件机密的获取可以使得非法的黑客们获得更大的利益。在这样的利益驱动下，很多黑客都逐渐转变为非法利用计算机技术达到获利目标的黑客，因此，云计算技术数据共享的时候对于安全方面的使用就需要得到提升。而在云计算技术进行共享存储使用的时候，除了为用户带来方便之外，也会造成除黑客以外其本身对于计算机网络安全所造成的影响，云计算技术在一定程度上也会为非法的人们进行犯罪活动创造条件。因为云计算技术对于其用户以外的人是隐秘的。但是云计算技术应用的提供方可以自由地察看云计算技术在网络中所发生的信息。对于技术的提供商来说，这些云计算技术在网络中存储的数据并没有很高的安全度。云计算技术本身存在很多问题。即使云计算能够容纳大量的数据消息，可是因为这个原因，云计算技术在计算机网

络的存储里也无法确保所有云端的整体的安全度。这样的情况就会使得云计算在整体的网络安全方面产生很大的问题。

二、云计算技术中网络安全存储的关键技术

云计算的身份认证技术。有关云计算的身份认证技术是云计算网络系统里面的安全门户，一般来说，身份认证技术使用可以有以下几种方法：①根据相关密码来进行身份的认证，这样的方法对于网络的使用者而言，要求其一定要根据系统的指示来使用密码和用户名等复杂的信息认证进行关于用户身份的验证，这样的方法在保障用户消息准确的同时，对于用户使用的合法状况也做出了一定的确定；②智能的IC卡验证用户的身份，这种方法是通过使用IC卡进行用户确认，科学智能的IC用户验证方式可以有效地对用户的身份进行安全的、合理的验证，这种验证系统的特点是非常稳定；③Kerberos身份认证法，这种身份认证的方法是通过一套第三方可以信任的认证协议进行认证的方法，这种认证方法是通过使用相关资源对授权的有关服务器与用户密码相互作用，可以根据授权服务器的相关票据于用户身份进行检测认证，用户在用合法凭证后获得相应的数据消息使用权；④PKI身份认证，这种方式的认证技术是通过公钥把基础的数据经过一定构造，进行使用的方法，一般来说，这种方法是经过密钥和公钥相互作用来产生加解密的行为，把秘钥的备份数据和更新内容建立在恢复机制的情况之下，对于计算机网络的相关数据的存储和有关数据的使用，进行安全保障。

云计算的数据加密技术。有关云技术的数据加密方法，对于云计算的加密来说，是保障计算机数据存储内容的根本，在数据进行存储的时候，经常

使用的办法有以下几种：①对称加密算法；②非对称加密算法。而在这两种加密算法里，对称加密算法在对于用户的数据存储方面有关加密的使用和解密的时候有更为安全的对于数据信息的保障，但是对称加密算法在使用的时候容易产生传输和管理方面的影响。在进行传输和管理的时候，非对称加密算法的稳定性和保证性比较高。可是非对称加密算法关于加密解密方面的能力就会较弱，而且使用起来比较困难复杂，在有关的数据存储的效率和方便程度上产生有关影响。

云计算备份技术和恢复技术。关于数据备份的相关探索里，云计算数据可以很大程度上提高有关储存云计算数据储存时候的备份能力，而在某些时候形成的数据丢失或是被盗的情况下尤其重要。进行云计算数据的备份和关于其方法探索的时候关于数据相关恢复，使用该技术能够快速地对于丢失的消息进行恢复，也可以使得数据的存储更加科学合理并且可以全面地获得相关保障，在使用的过程中，对于数据丢失的恢复和保障是大部分云计算储存使用的过程中应用范围很广的使用方法。在对于数据消息丢失的时候在回收站中会有一定时间的存储处理，这时候也可以在用户进行恢复的时候，选择相关数据进行有关的使用。

云计算秘钥管理技术和删除码技术。进行数据控制和管理水平的提升，是进行云计算安全数据存储的重要部分，对于数据消息的有关控制和数据的使用是目前计算机网络的使用里十分重要的一部分，相关的云计算网络存储使用过程中有关的密钥能够将数据存储的控制和全面的管理进行极大的推进，而在使用的过程中一部分云计算数据存储的系统使用的秘钥可以使用验证码来进行相关文件的保障，在数据的储存和使用的时候，使用者只要进行相关代码的输入就可以得到数据消息，而在使用数据信息的过程中，这一系列的操作更加安全和稳定。也可以更大程度上对用户的数据消息进行管理和控制。使用计算机网络相关的内部存储的时候，有关错误的消息发生未知和不稳定的特征，而删除码技术可以进行相关的编码对这一问题产生很有效的作用。在具体的情况中，删除码技术主要分为码字、分组码等相关消息。实际的使用过程中数据存储的时候，使用相关的删除码技术，也就是 RS 纠删码，无速率编码和级联低密度删除码可以极高速度将编解码进行相关的使用，在使用计算机网络的时候也可以得到更加安全和稳定的提高。

三、在计算机网络安全存储中云计算技术的应用分析

应用可取回信证明算法的有效策略。进行网络安全存储的时候，使用可取回收的方法将数据有关的文件做出验证或是相关操作，而在这个时候，用户能够使用纠错码对云计算的相关数据进行有关的鉴别。用户在使用数据储存的时候，可以在云端进行准备工作，然后云端产生相关回应的时候来做出验证的行为能够全面地对于数据的相关文件进行安全验证。在用户不能经过验证的时候，在一定程度上可以显示文件的损坏度，但是数据文件的损坏程度在一定范围通过编码的相关操作，就可以将数据进行一定程度的恢复。在通过编码进行计算的时候能够将恢复的程度进行相关的提升，而这个时候也可以进行云端相关数据全面的检查。对于一些错误的数据可以及时地发现并且进行相关计算，而在编码的时候应用 RS 纠删码就能够把数据进行分类恢复和计算，在有效地进行数据文件使用的时候还可以保证系统能够安全稳定地进行使用。

应用 MC-R 的有效策略。云计算技术进行网络安全储存的过程中 MC-R 的使用能够进行相关数据全面监控，数据的使用和控制的整体情况能够提高。MC-R 策略在使用过程中可以根据相关的应用分为以下两方面：①使用客户端的 MC-R 密码加密的时候，经过网络相关技术和计算机的整体结合对于云数据信息的鉴别能力比较弱的特点，采取 MC-R 的相关算法。对于网络云数据使用更加全面的加密技术对数据消息进一步地提高。在进行数据信息安全度的提高方面组织了数据相关伪装模块、伪装标记模块以及伪装隐藏模块。这 3 种模块的使用情况也有各自的特点，而在这三者相互作用的时候才能够使网络的相关安全性能得到最有效的发展。②云端 RSA 算法的应用。因为云计算技术较高的计算方式需要使用核心技术将其数据进行安全性保护的处理，来避免云端 RSA 算法在进行计算的过程中出现数据的相关消耗，在云端 RSA 计算使用的时候分别需要加密模块和解密模块两种模块进行合作计算，来进行网络云计算。

充分发挥虚拟机的动态迁移作用。在动态虚拟机进行使用的时候，为了对其服务的品质进行相关的确定需要使用一台物理的服务器对另一台物理服务器的相关程度进行控制和调整，这样就能够压缩时间的投入。虚拟机的相关操作在进行之后，网络的配置如果不进行，适应调控就不能继续产生作用。而经过云计算的有关使用，可以将虚拟机放置在二层的相关网络里，这样可以极大地提高对相关存储的效率。而根据云计算技术安全的使用情况，也可以进行升级提高，经过现代网络运行的速度加快虚拟机的相关情况也会得到很大程度的进展，网络数据存储的速度和品质也会得到补充和提升。

第三章 计算机软件课程设计

第一节 计算机软件课程设计创新研究

一、基于多软件融合的计算机设计课程建设

随着各个学科对计算机技术应用能力的要求不断提高,传统的计算机基础教学模式已难以适应这种要求。通识选修课既可以对已有的计算机基础课进行补充,又可以对其进行改革和创新探索,计算机设计应用课程就是在这种情况下开设的。本课程在保持原有教学方式的优势上,将其与以学生为主体合作学习相结合,构建出一种具有创新导向的复合型教学模式。同时,对课程内容进行优化,使其主攻方向为计算机设计;要进一步提高教学资源的质量,搞好教学资源的开发与共享;要构建标准化的学生评价系统,注重评价的过程。在计算机设计课程的实践教学过程中,这种新的教学方式收到很好的效果,同时也明显地提升了学生的学习热情和自主学习能力。

我国普通高校的基本计算机知识普及工作起步于 20 世纪 80 年代初,本书的研究对象是大学非计算机专业的本科生。随着信息技术的不断发展与革

新，基于互联网与大数据的新型教育模式也在不断出现，比如，大规模网络开放课程、微课与翻转课堂等新型教育模式正在兴起。科学技术的发展促进了计算机基础教学的发展，但对其内容与形式如何协调，如何使其与实践活动相结合，如何使其与现实生活相结合，尚未做过深刻的思考与探索。当前，国内大学的电脑基础课程存在以下问题：①教学内容滞后，不能跟上电脑软件的发展步伐；②多种模式的课堂教学，但课堂教学成效较差；③课堂上所用的教材和校内平台有限，重复率高，缺乏系统性与创新性；④以测验为重点，仅关注测验结果，而忽略了对教学全过程的评估。

其目标是探索通过多种软件组合而成的方法进行计算机设计教学的新方法，它是对普通高校计算机基础课程的一种扩展，也是一种很好的辅助。在供应方面，培养学生在计算机设计方面系统的认识与创新能力。提出一种改进和创新计算机实习教学的新思路。计算机设计是一门有着十分广阔和普遍意义的计算机应用领域。特别是随着大数据时代的来临，数据可视化成为很多学科对数据进行解析和呈现的一种重要手段，这让计算机设计的应用变得更为广阔。

（一）教学内容的创新

课程大纲。《计算机设计与应用》是大学计算机基础课的一门通识选修课，面向所有学校的人。薛桂波认为，一个理性的普通教育的实践，绝不能仅仅依靠一种教学方式来完成，而是要以学生的综合素养的发展为目标。在教学内容上，并不局限于某一种软件，而是将所有与计算机设计有关的理论及软件都包括在内。本课程主要以幻灯片、PS 及 FLASH 等软件为主，并未刻意教授所有软件之能力。把电脑设计作为一个主题，选择与计算机设计最为息息相关的几个软件功能加以说明。在教学中，针对各种软件的特点，我们采用不同的教学方法，将各个软件的优点都发挥出来，注重各种软件之间的相互搭配，着重提高学生在教学中发现问题和解决问题的能力。

教学软件为主。PowerPoint是一个优秀的电脑设计入门软件，由于其使用范围广泛，且使用要求不高。此软件将会被详细解释为第一堂课所用的软件。新版本的PowerPoint具有更多的功能，更多的是对图形的支持，能够更好地适应学生在计算机上进行设计的需求。在教授PowerPoint的使用过程中，也要对学生进行平面构成、立体构成、颜色构成等方面的基础知识。PhotoShop是一款专门用于对数字图像进行处理的软件，它的优点是通过一个强大的滤镜库来产生具有真实感的效果。所以，本课程在PhotoShop里，挑选一些素材的例子，例如，喷溅的水花的效果，还有怎样在这些例子里做一些切割和色彩的处理。FLASH不但可以作为一种图形化的图形处理软件，同时也可以作为图形处理的一个重要手段。应用于CAD时，可生成向量图件，并可生成规整的曲线图。这门课的重点是向量图形的绘制和位图形的变换。在阐述三个系统的功能的基础上，提出了三个系统的结合使用方法。例如，利用PhotoShop和FLASH，就可以生成一个PNG格式的图片，这个图片文件可以作为元素，被添加到PPT中。

辅助软件。课程的内容不仅限于以上三种软件，而且还涉及新的数据可视化工具与方法。比如，演示幻灯片上的文本效果，以及如何利用线上文本云产生工具tagul。使用tagul生成的文字云，可以作为幻灯片的题目，或者作为幻灯片的背景。在实验中，通过设计不同的难度，使学生在不同的层面上进行学习。比如，在演示PowerPoint的图形功能时，他会从Excel的基础图形开始，到PowerPoint的图形绘制，再到"魔镜"这个互联网上的图形绘制工具，从 3 个示例开始，每一个示例都会有一个渐进的过程。课程内容是动态的、可更新的，以适应在计算机设计领域中层出不穷的新工具，使之与时代同步。

（二）教学模式的创建

单元教学法。采用哪种教学模式，不在于其是否新颖或是否先进，而在于其是否更适用，是否能提高其学习效率。优秀的教学方法，就是适合学生的最好的方法。本课程当前所使用的是一种复合型的，具有以创新为导向的教学模式。因其所涉及的学科较多、种类较多，本课程采取模块式设计，以改善教学效果和合理安排教师的工作负荷。也就是说，每一位教师都会将自己最拿手、最专业的软件传授给学生。这种教学安排可以减轻教师的准备工作量。与此同时，教师们也会不断地在他们所熟悉的领域中进行专注和深入的学习，从而为学生带来更多的有关软件的最新知识。除此之外，还要注重强化各个模块的教师们的交流，以确保他们所学的内容的连续性。

混合教学模式。突破课堂的封闭性，转变课堂教学的单向性，从"讲述症""静听症"转变为开放性和交互性，这已成为当前高校课堂教学改革的必然方向。本课程的教学模式以师生互动为主，设计项目以作业的形式呈现给学生，引导学生在创造中学习。学生根据教师的讲解，自主学习，并在班上交流自己的经验。鼓励同学积极参与教师的课堂活动，帮助教师做好课堂上的工作。通过这样的方法，学生能够独立地规划自己的学习内容和学习进度，更好地激发了他们的学习兴趣。此外，本课程还将着重于多个软件的结合，并提倡以团队为单位进行设计。通过合作研究，开展合作式学习。在这个团体中，每一位同学都拥有自己最擅长的软件，在遇到问题的时候，他们可以试着使用不同的软件来对这个问题进行解答，这样就可以将这些软件之间存在的差别给找出来，这样他们就可以相互借鉴，互相弥补自己的不足。协同学习能够让学生学会怎样组合和运用多个软件，让他们在教室里学到的东西能够被有效地运用起来。

（三）教学资源的组织

教学资源分类。教学资源是一门课程中十分关键的基本信息，丰富的教学资源使学生在学习上有更大的自由。就像电脑设计课一样，其中所涉及的教育资源包括网上的慕课体系和许多微型课程；其中包含软件体系知识，设计理念等专业书籍，电子书，网络教学等内容；创作原料：高清照片、图示、音频等资料档案；安装软件包，辅助工具和外挂程式的安装档案。

利用教学资源。这类教学资源不仅要有较大的容量和广泛的覆盖面，而且还要兼顾到学生的学习时长，以增加每一小时的教学效果。这就要求有计划地安排与组织储存和利用资源。在此基础上，通过云计算提供的软件、存储和安全等技术，使教师能够在大数据的基础上高效地获得教学信息，从而方便学生的个体化学习。本课程以百度云为存储平台，由于在线网盘的存储空间较大，具有较高的安全性能，而且方便向同学们公布和共享。在利用这些资源的时候，教师们会对这些书进行审核，然后向学生们推荐。根据自己的爱好和对所教知识的了解，有针对性地运用这些知识。在这个过程中，学生们会不断地探索新的技术，还可以向教师们介绍，教师们再将这些技术融入现有的资源中。这是一个活脱脱的教育资料库。

（四）学生评估和鼓励系统

评估的组成。对学生开始评估时，要把学生们在教室里展现出来的各种不同的能力都纳入考量。评估系统的效用与教学的过程形成协作，使教师对学生、学生对自己有一个准确的认识，鼓励学生对授课内容的学习。在课堂上要注重评估与鼓励学生的积极性是两个非常关键的环节，彼此互补。对学生的评价主要有以下几方面：对学生自主学习的评价；评估学生获取和使用网络资讯的能力；评估学生的团队协作能力；浅谈对学生学业成绩和创造力的评估。

评价的准则。在以上内容的评估中，采取学生的自评和教师的评价两种方法，在强调结果的同时也强调了教育的过程。制定了明确的评估指数，以使评估具有可操作性。

评估与鼓励的重要性。通识教育注重创造性学习，注重培养学生的自主思维能力，积极地获得并应用所学的东西，并逐步形成一种教育观念，也是一种教学实践。本课的作业由同学们自己选择题目，以小组为单位进行，这样既可以调动同学们的积极性，又可以培养同学们的创造力。除此之外，还可以鼓励学生参与到计算机设计类竞赛以及大学生创新创业项目中来，以此来进行课程的拓展和延伸，从而提高学生的实际操作能力。通过比赛、项目等方面的表现，使学生更有动力，更有方向感。

实验证明，将计算机设计作为计算机基础课程的一个切入点，是未来计算机基础课程的一个新的发展方向。开设两年以来，参与本课程的学生已在5个省级计算机设计竞赛中获得了大奖，并有1个省级大学生创新创业项目，从而明显地提升学生的计算机设计能力。当前，课程的构建仍在持续地进行着,并在今后的教学中,可以将网上的慕课资源和线下的课堂教学相结合,通过 SPOC 的方式对其进行整合,为学员们带来更多的互动,让学员们有更好的学习感受。

二、计算机专业软件工程课程设计的改革与实践

独立学院自成立以来已有 12 年历史,目前已是全国高校中一支不可忽视的力量。然而,独立学院计算机专业的毕业生正处于一种十分窘迫的境地:其一,他们被列为 10 年来全国急需的 12 种优秀人才;其二,最近几年,计算机专业在失业和离职的专业中排名前五位。造成这一现象的主要原因在于,独立学院计算机专业学生在学习过程中,所学到的东西和现实工作之间有很大的脱离,不能满足 IT 公司对人才的职业技能需求,也无法适应 IT 企业对人才的全面素质要求。今年"两会",高等教学改革被提上议事日程,高校电脑化教育改革势在必行。

(一)软件工程课程设计的教学目标

"软件工程"课程设置是与"计算机类"学科相关的一门学科,是"软件工程学科"的一个延伸和延续,也是"软件"学科中一个不可或缺的、非常关键的实践部分。本课程的目的是使学生从软件工程项目出发,系统地掌握软件工程管理、软件要求解析、软件初始设计、软件细化设计、软件检测等阶段的方式和技能。通过该课程的设计,我们力求使同学们对软件开发模型、软件生命周期、软件过程等理论的意义和功能有一个全面的认识,使同学们具备运用软件工程的原理、方式、技能、准则和规则进行软件开发的技能,使同学们具备一种协作的意识和团队协作的精神,提高同学们撰写技术文件

的技能，从而提高整个软件工程的质量和软件项目的管理水平。

（二）教学模式的革新

目前，随着软件开发技术的快速发展，新的技术层出不穷，原有的技术也逐渐被人们所抛弃。这就要求我们在开设这一课程的时候要跟上时代步伐，让学生对当前的主要软件发展技术有一个初步的认知，并且对软件发展平台有一个初步的认知。在以往的教育实践中，我们一直采用 C/S（Client-server）模型来实现教育信息化。随着 Internet 技术的发展，B/S（Browser/server）模式也随之出现。由于采用了 B/S 体系架构，所以用户不需要额外的配置程序，只要使用一个简单的浏览器，就可以得到该体系所能够实现的全部功能。并且，其具有简单的维修与升级方法，成本低廉等特点，在当前的应用软件中已被广泛使用。因此，在下面的课程中，我们将使用 B/S 体系来进行 WEB 应用的开发。

当前，在 WEB 的开发中，J2EE 与 .NET 是两大主流技术。在 J2EE 和 .NET 两个平台上使用的都是面向对象的 Java 和 C#。在开始课程设计时，我们提出一种基于多平台进行 WEB 应用软件开发的新形式，通过对比学习法，使学生更加深入地理解两大主流企业的应用平台。

虽然体积不大，但该有的东西还是有的。在项目的实施中，我们会让同学们运用以上所提到的多个平台进行项目的开发，并且运用 MVC 的设计模型和多层次架构，来培养同学们的设计技能。另外，也可以用小组发展的方式来培养同学们的团队协作能力。

（三）教学革新的手段

具有较强的专业知识运用能力。此前，学生们已学习了C语言程序设计、面向对象程序设计、数据库理论与技术、数据构建、Java编程语言程序设计、C#程序设计、网络数据库开发、软件工程等必修课程，我们所提议的数据平台WEB应用开发新形式，即将上述专业知识进行综合运用，使学生们在系统设计开发时，可以将其有机地结合起来。

应用MVC模型。MVC是一种在国外广泛应用的设计模式，它包含三种对象。作为一个重要的组件，模式表示业务数据或者业务逻辑。视图是一个与使用者界面相关的应用程式，使用者可以透过这个界面看见并与它互动。控制器主要负责控制界面上的数据，并按照使用者的要求及时地调整系统中的目标状态。MVC语言的引入，不但实现了功能和显示的完全分开，还增强了系统的可维护性、扩展性、移植性和可重用性。

多层架构的设计。传统的两层体系结构包括用户接口和背景程序，这个方式的不利之处在于它的程式码很难维持，软件的运行效率低下，要处理好这个问题，一个额外的逻辑层可以被添加到两个层面之间，如果有必要，还可以增加多个层面，构成N级结构。所谓的三层体系架构，意思是把全部的工作应用程序分成：感知层（UI）、Business Logic Layer（BLL）、Data Access Layer（DAL）。感知层是向用户呈现的界面；Business Logic Layer是处理特定的问题；数据访问层所进行的业务处理，可以对数据进行添加、删除、修改、更新、查找等处理。当前，多层面体系结构被广泛应用于企业应用中。通过这种方式，为学员将来从事实践工作奠定坚实的基础。

（四）实施的要求

软件工程课程设计，需要以"项目小组"的方式进行，并由每一班指定一位导师，导师负责引导学生选择课题，在实践期间，对学生所碰到的相关问题进行解答，并督促学生根据所制订的教学计划，进行教学活动。每一个项目组都会选出一个项目的负责人或者是一个项目的主管人，并且这个负责人还会将所有的项目组成员都召集起来，通过商议来选出一个项目，选择项目时要考虑"范围""时间""费用""人员"和"设备"等因素；项目经理主要负责编制"可行性研究"，编制"项目发展计划"，对项目实施过程进行管理，并按项目进度随时进行调整。每一个项目组都要根据指定的文件规格要求来编写一份课程设计报告。导师会以项目组完成基本任务、答辩、撰写报告等情况为依据，对最终的考核成绩进行全面评定。

学习到许多的实用技术，许多的理论都被运用到实践中，熟悉软件开发的有关程序、设计形式、交流平台、团队协作模式等，提高对问题的解析与求解的技能，为在毕业后进入未来的工作岗位打下坚实的基础。

三、基于开源软件的计算机系统安全课程教学与实践

当前，网络空间及其安全问题已成为全社会关注的焦点，其中，网络空间安全人才培养问题引起社会各界的广泛关注。网络空间安全人才对实际应用能力的要求很高，必须加强网络空间安全实战技能的培训，加强网络空间安全实训。建立一个开放的实训平台，提升网络攻防的实际操作能力，构建一个以互联网为基础的仿真模拟培训平台，为实验课程的设计提供支撑，并进行一次全国网络空间安全技能大赛，从而将学生的创造力和实践攻坚能力

都发挥到极致。课程的授课是信息技术人员培训的一个关键环节，只有构建科学合理的授课模式，才能达到预期的培训目的。在应用型信息安全本科专业的课程教学中，特别是在专业课的授课中，应该将扩展学生的知识范围作为重点，对他们的实际操作和综合实训进行培养。

（一）系统安全与开源软件

网络空间安全是网络系统安全的重要组成部分。网络空间安全是一门集数学、计算机安全、信息与通信工程于一体的学科，是一门相对独立的学科。经过网络空间安全学科的培训，学生可以全面地了解密码和网络空间安全的基本原理和技术方法，同时还可以掌握信息系统安全、网络基础设施安全、信息内容安全和信息对抗等有关的专业知识，并具备较高的网络空间安全综合专业素质、较强的实践和创新能力，可以承担起科研院所、企事业单位和行政管理部门在网络空间安全方面的科学研究、技术开发和管理工作。

网络空间安全学科的主要研究方向及内容具体有以下几个部分：网络空间安全基础理论、物理安全、系统安全、网络安全、数据与信息安全等方面的理论与技术。系统安全保障单位计算系统的安全和可靠；在信息安全的知识库中，信息系统的安全性是指在该知识库中所包含的重要内容。要想更好地理解以主机系统为中心的信息系统安全性，就必须从信息安全架构整体安全需求的视角来理解系统安全的位置和功能。除此之外，现在的计算机系统基本上都跟互联网有很大的联系，互联网已经变成计算机系统工作的基础环境，以主机系统为中心的系统安全与网络安全是分不开的，应当从网络安全的观点来理解系统安全问题。

开放源码软件和网络安全。随着因特网的迅速发展，网络中的信息安全性问题也日益突出。报告显示，42%的商业机构认为，安全性是应该优先考虑的事项。为了更好地发挥现有的资源优势，开源网络信息安全软件为我们提供了一种可行的方法。开源软件具有投入小、更新功能灵活、开放性和开源化、能够促进行业良性循环等优点，尤其是在服务器操作系统、数据库、WEB 服务器这三个最基本的领域中，它被大量地使用，并且都超越同类的商业产品。随着互联网技术的发展，大量的开源软件也被用于保护互联网的安全，例如，Linux 的 Net filter/iptables，Snort，服务器漏洞扫描等。除此之外，利用 Open CA，Open PKI，Open SSL，建立开源的企业级公钥密码体系以及证书授权中心。

（二）基于开源软件的计算机系统安全课程教学实践

在信息网络中，主机系统安全是信息网络安全的重要组成部分，也是信息网络安全的基石。计算机系统安全是信息安全学科中的一个重要分支，对社会信息化进程有着重要的影响。《计算机系统安全》是信息安全专业的一门主干课程，为高年级计算机科学与技术专业学生提供一门对计算机主机系统安全有一定了解的课程。通过本课程的学习，使学生对计算机系统安全知识架构有一个整体的认识和了解；掌握系统安全方面的基本知识及关键技术；能够处理常见的操作系统及信息库的安全性问题；具备系统安全性设计的方法与程序，并具备发展系统安全性技术的基础能力。

计算机系统安全课程具有很强的理论性、信息量大并且比较抽象的特点。为了提高课程的学习效率，这门课程从课堂教学知识点的讲授、课堂实验对知识点的掌握与编程实现、课程设计等几方面入手，并与开源 Linux 平台相结合，在开源工具的基础上，逐步地让学生对基础知识有所了解，从而可以对学生的自主学习能力、实际动手能力、分析和解决问题的能力进行有效提高，同时还可以将所学的知识进行开发设计。

课堂教学。为了能够尽可能地让学生更好地了解抽象的知识点，首先要从介绍 Linux 操作系统内核结构入手，一步一步地进行下去，以 Linux 操作系统上相应的安全机制为依据，来讲授核心知识点。

身份认证技术。身份认证以 Linux 的 /etc/passwd、/etc/group 文件为例子，对用户账户信息数据库中的格式、用户信息文件及用户组信息文件中各个字段的意义进行阐述，并以口令信息的处理方式为基础，对口令信息的维护与运用、口令信息管理和身份认证方案进行说明，在 /etc/shadow 文件的基础上，对口令信息与账户信息分离的实现进行阐述。

在网络环境中进行的身份认证，以 SUN 企业的 NIS 系统为例，介绍一种由客户端和服务器协作来完成身份认证的方案，并以 NIS+ 为例，介绍一种安全网络身份认证方案，Kerberos 系统是用户身份验证和服务请求认证思想的一个具体实现。

操作系统基础安全机制。对操作系统的基本安全性机制进行论述，包括访问控制机制，加密文件系统，系统安全性审核等。以 Linux 系统中的一个以授权比特为基础的文件存取实例，提出一种二进制位三分用户表示文件存取的方法，并给出相应的存取控制算法。在此基础上，对存取控制的过程执行机制进行进一步的探讨。从三分法的粒度角度出发，论述了 Linux 系统中的细粒度存取控制的定义与实现。通过对一个开放源码 eCryptfs 的实例分析，说明了加密文档的工作原则和加密解密的实现方法。Linux 中的 Syslog 机制可以使用户更好地了解对系统进行审核的一些基本方式。

OS会加强安全性。从TE方式出发,结合具体例子,阐述在TE方式下对用户进行访问控制的思想及具体实施方案。DTE是对TE的一种完善,它采用了高层语言来描述用户的权限控制,并且采用了一种隐性的方法来表示文件的安全性。SETE模式是Linux环境下DTE模式的一个具体化,其类型更加细化,授权更加细致。利用程序工作区的变换,给出在SETE方式下修改口令的一个例子,并对这些口令所涉及的领域及其访问做了具体分析。基于LSM体系结构,SELinux基于FLASK安全体系结构的SETE模型。

数据库系统安全制度。数据库系统安全制度的重心是授予收回与分布,通过GRANT和REVOKE语句来实现,通过视图制度来实现以内容为前提的存取控制,从而可实现RBAC和数据库推理控制。以ORACLE的OLS制度为例,对OLS-BLP模型、实现原则和安全层级标签进行了说明。

系统可靠性检验。以AEGIS为例,介绍系统的起动过程,重点介绍如何利用组件的完备性实现可靠起动,以及如何利用组件的完备性实现安全起动。在两种方法中,MIT-AEGIS是基于安全CPU的整体性检验,IBM的IMA是基于TPM的整体性检验。Tripwire的整体性检测集中在一个文件系统上。

教学实践。在对课堂教学展开稳定的同时,还可以利用教学实践,使学生能够更好地了解并熟悉计算机系统安全重心知识点,进而提升学生的实践运作水平。在《计算机系统安全》课中,所有的实验都是在开源Linux平台上开展的,从介绍Linux平台、Linux内核机制、Linux服务器入手,由自己的基础来决定学习Linux的起点。每次实验由两个部分组成:验证和编程。在这当中,验证过程是通过使用Linux的开源工具来强化课堂上的知识,从而深化对这些知识的理解。

在此基础上,通过编程,更好地加深课程中的知识,并将其运用到实际中去。在 Linux 上，我们还可以进行一些编程练习，这些编程练习内容有：认证过程中的字符串变换、基于授权比特的存取控制仿真实现、加密文件系统仿真、守护进程仿真、DTE 仿真、Grub 安全启动仿真和莫科尔树仿真等。

教学计划。在设计计算机系统安全课程时，要求学生运用本课程的有关知识，在 Linux 平台上，选取合适的开发情景，针对操作系统安全的特定问题，从安全要求解析，安全机制设计，安全机制开展等，采用其熟悉的高等语言进行程序设计和整合，实现一个在特定的条件下可以正常运行的相对完善的系统安全机制。在该课程的设计过程中，学生能够完整地理解计算机系统安全知识的架构，并且能够完整地理解系统安全的基础知识和核心技术，能够将所学的东西结合起来，来设计一个小型的安全系统，并且能够提升团队合作的水平。

课程设计的具体开展过程如下：首先，由学生们自己进行题目的选取，之后根据选题的结果，形成一个小队（每队3~6个人），合作完成要求解析、安全机制设计与开展、程序整合以及报告书写等工作。之后，以小组为单位展开论文的答辩，小组成员分别对自己的工作和协作的内容进行介绍，让每位同学都可以从整体上对课程设计的每一个步骤有一个清晰的认识，同时也更好地体现出小组的协作精神。

第二课堂创新实践。当前，网络安全的概念已经深入到每一个学科领域。为提升学生的创新能力，信息安全专业实施"第二课堂创新计划"项目，根据教师提出的课题和学生的兴致，对被选出的项目给予资金扶持，并由教师开展辅导。在"创造的第二课堂"中，如何将信息安全实践平台的使用与学生的工程技能相结合。因为在课堂上打下良好的基本功，所以在经过课程的试验之后，可以对所学到的东西进行实际的培训，并且可以将所学到的东西结合起来，展开一次又一次的设计和执行，很多同学都会和教师保持良好的关系，并积极参加到与系统安全有关的研究中去。

为了在网络上推广信息安全知识，并对大学生进行创新意识和合作精神的教育，同时也为了提升大学生在网络安全方面的知识水平，我们希望大学生能够通过参加"全国大学生网络安全竞赛""大学生创新创业比赛"等方式，来增进与其他院校的交流，提升自己的专业水平。通过上述的教学方式，在 Linux 平台上的开源工具的使用和在该平台上的编程训练过程中，学生能够在现实平台的支撑下，很好地熟悉知识点，并且能够进行实践训练，这对学生能够更好地了解课堂知识，更好地熟悉 Linux 应用、内核结构、网络设备，以及深入学习信息体系安全、综合使用所学知识来解决实际问题都有很好的影响。希望能让同学们积极地参与到 Linux 系统的认证、Linux 系统的架设等相关的培训中，不断地提高自己的能力。另外，部分同学通过参加 CISSP、CISP 等证书的培训和等级保护、安全管理等方面的专项培训，成为一名 IT 安全专业人士。

"课堂教学——课程实验——课程设计——第二课堂创新实践"这种多样化、具有很高的独立性的教育和实践，能够使同学们更好地了解整门课的知识体系，提高同学们运用学到的知识和方法去解决某些比较复杂的实际问题的能力，进而使同学们获得良好的工程培训和设计、合作的水平，为将来的研究和设计工作打下良好的基础。

提高网络空间安全人才的实践能力，是培养网络空间安全人才的关键环节。以计算机系统安全这门课的教学为重点，把实际技能训练与整个课程的每一个步骤结合起来，提高学生在网络空间安全方面的研究与开发能力，从而为培养出一名实用人才奠定坚实的基础。在此基础上，我们将通过规划教学模式、引进教材、更新教学方法、建立教学评估体系等方式，进一步研究、实践和完善上述内容。

四、计算机辅助工业设计课程教学改革探究

随着计算机技术在各产业中的广泛运用，以及对其他产业的深入参与，无论是在方法上还是在内涵上都发生巨大的变化，给人们带来了一种崭新的方法和观念，因此，提出了一种新的 CAID 方法。近年来，人们已经认识到，CAID 在设计中的运用与普及，并非一种无可取代的方法，而是一种使工业设计步入信息化、智能化的必然途径，也是使其在现代制造业中发挥其特殊作用的必要途径。

计算机辅助设计相对于传统的工程设计而言，无论是在设计方法、流程，还是在质量和效率上，都发生了根本性的变化。CAID 涉及到了许多信息技术领域，如 AutoCAD 技术、Computer Graphics（CG）、Artificial Intelligence（AI）、Virtual Reality（VR）、敏捷制造技术、优化设计手段、模糊技术、人机工程等，它属于一门具有综合性的交互性的学科。

CAID 是以工业设计知识为主体，以计算机和 WEB 等信息技术为辅助，对产品状态、颜色、相宜性设计和美学原则进行量化描述，从而设计出更加适用、经济、体面、相宜和创意的新产品，以满足不同层次的需求。

因为 CAID 在当代工业设计中的作用变得日益明显，现在，在全国范围内，基本上每个工业设计专业都十分注重对学生 CAID 知识和技术的训练，开设与之相对应的课程，编制并发行与之有关的教科书，获得丰富的教学效果，有些学校的 CAID 课程还被打造成省级、国家级的精品课程。

（一）当前计算机辅助工业设计课程的现状与缺陷

正是因为 CAID 具有这样的特点，目前，各个大学（特别是大学的工业设计）在其教学中所包含的内容差异很大，而正规出版的教科书又有不同的侧重点，这就导致这门课程的讲授出现了一定的困难和困惑。总的说来，目前计算机辅助教学计划存在的问题有：

（1）由于 CAID 的理念过于宏大，使得在教学过程中包含很多学科的内容，这就造成本课程的知识范围广而不精，内容庞杂，不利于学生在实践中的应用。比如，一些人将并行工程、人工智能化、智能化建造等内容都纳入 CAID 课程中，导致课程系统过于巨大，而教学内容又不能更好地关注到工业设计的核心问题，这就导致知识过于广大、学生不容易理解、学习兴致下降等问题，在实际教学时不容易进行运作和展现。

（2）对 CAID 的认识过于狭隘，对 CAID 的理解非常狭窄，教学内容仅限于产品的外形形式设计，仅教授如何构建出一种形象与视觉效果，这样的教育方法，其实仅仅是把注意力集中在了提升学生在产品美学方面的电脑设计的技巧上，而忽略了在产品钻研、概念创意、构造设计、产品组合等方面的有关知识和技巧的培养。将整个产品设计的过程分割开来，使得学生在未来进行真正的产品开发时，在团队合作的过程中，很难让他们适应并融入未来的产品开发中。

（3）因为在这门课程中，需要对多个软件的应用进行讲解，所以大多数学校的教师在授课的时候，只关注于对软件的每一个功能和命令进行讲解和介绍，而缺少将真实的产品设计问题当作学习指南，从而对学生解决真实的设计问题的能力进行培养。这样造成的后果就是，在完成这门课之后，学生们都已经对软件的基本功能和命令的应用有初步的了解。但是，当他们面对现实中的设计问题时，还是会觉得一筹莫展。

（4）在教学方法上，一般采取的都是课堂讲授+上机练习的模式。尽管可以让学员们对课堂上所教授的内容得到及时的培训并深化他们的理解。然而，他们缺少一种专门的、系统的、拓展课外知识和技能的方法，也缺少小组讨论和课程报告的环节，导致他们只有自己到有关的软件学习网站的论坛上，才能进行沟通和提问，不能让他们的专业设计能力得到有效的提高。

（二）课程改革的整体思路和详细内容

在这样的情况下，我们根据这种情况，提出了CAID课程的教学思想：突破传统的划分说明模式，让学生从整体的产品开发和设计过程开始，通过探究式学习和研究性学习，调动他们的学习积极性。通过课题讲授、网络自主化学习、优秀例子解析、实践动手操作以及交互讨论等环节，使学生对计算机辅助工业设计技术在产品理念设计、数字化建模、数字化装置、数字化评估、数字化建造以及数字化信息交互等方面的应用知识和技能有更多的认识。

经过我们的分析和研究，发现一个完整的工业设计开发流程包含如下的几个步骤，每一步要完成的任务和当前相应的可获得的计算机辅助软件工具如上所示。

按照上述的设计流程，在各个主要环节中，我们有重点地对相关的电脑辅助工具做了详尽的介绍，使学生学习完此课程后，能够在工业设计的主要环节中，利用现代化的信息技术，进行真实的创新设计。这次新课改的主要内容是：

调研阶段。这一阶段的工作具体包含以下几方面：采集数据、进行访谈、进行观察、进行问卷、对产品进行竞争分析、绘制卡片分类表、功能架构流程等，所运用的计算机辅助手段主要集中在数据的存档、分析和处理上。因此，目前CAID工作的重点是通过文字处理，电子表格，以及数据库等软件完成。

设计分析阶段。在这一阶段，工业设计的最重要的工作就是在对之前的研究成果的基础上，对产品的作用、架构、应用方法以及形式颜色等方面展开更深的分析，并提出确切的设计目标和发展方向。

在这个阶段，往往要整理出不同的思路，进行思维发散，以便对未来的创新设计有一个基础的认知，也是工业设计中核心的节点。目前，行业中一般使用的是思维导图，它是对设计思路进行梳理和分析的一种有效的方式。思维导图的最大功用就是让人的想法越来越清晰，因此，在确定一个商品的理念前，可以画一张心智导图来解决与心智相关的问题。

在此期间，我们将通过MindManager软件的学习，使学生掌握思维导图应用的方法与方式，提高利用思维导图进行产品设计的效率与品质。

构想期。此时，就轮到了产业设计师的工作了，他们要做的就是把自己脑子里灵光一闪而逝的点子，迅速变成具体的、可操作的设计。这就要求设计者要快速、精确地把自己的想法表现出来。在传统的设计方式下，通常采用铅笔、钢笔、水彩笔、马克笔等工具，以最快的速度将设计构思在纸上勾勒出来。在CAID课程中，采用美国Autodesk公司研发的SketchBook软件，对学生进行了数字化手绘培训。该软件是一款矢量与像素结合编辑的绘图软件，将两种图表图像呈现模式的优点发挥到了最大程度，能够高效地绘制出高水平的产品概念手绘方案。

产品的细节、结构、样品的制造阶段。在认真地评估了一种新的概念以后，需要对它进行进一步的学习，并利用合适的三维造型软件对它进行详细的造型。其中，需要特别指出的是：工业设计不能只是一个简单的外观设计，必须是一个完整的整体，而且要和后续的工程设计有很好的联系。所以，在所选用的设计软件上，既要具备制造复杂形状的功能，又要能够构建出产品的内部架构、添加规范件、方便修正尺寸大小、计算各种物理信息等，同时还要为接下来的运动解析、动力学解析和模型设计等工作提供数据界面，所以目前很多 CAID 课程中所授课的 Rhino、3 DSMax 等软件显然不能满足上述要求。

"SolidWorks" 是由法国达索公司研发的一种新型计算机辅助教学系统，是计算机辅助教学系统中最重要的一种。它拥有极为强大的实体形象性能，能够对实物全部的点、线、面、体的拓扑信息展开全方位的描述，能够实现消释、剖解、有限元解析、数控处理、光照及纹理加工，以及廓形计算等各种处理和运作。此外，该软件还提供一个很好的 NURBS 曲面的设计功能，并且可以在很短的时间内完成从实体到曲面的变换。由于其优异的参数化设计性能，可以实现对三维模型及图纸的自动修正。SolidWorks 准许在设计时段就可以将很多后续步骤要用到的有关资讯放到数据库当中，从而可以方便地实现并行工程设计，从设计制图、运算解析、工艺性审核到数控处理等后续步骤工作。2016 年之后，达索发布能够获得图片级别的即时呈现的 SolidWorks Visualize。

SolidWorks 是一种易于上手，操作简单的设计软件，非常适用于设计专业的学生。与此同时，与其他同类型的软件相比，SolidWorks 软件具有较低的成本，具有较好的经济性，因此被广泛地应用于国外许多的设计机构。

改革了课堂教学方式、讲授方式。除了上述的改革，我们也在改革的过程中，对改革的方式做了积极的探索。传统的软件教育是以软件的学习为基础，着重于软件各个模块的基本说明和功能的讲解。然而，在我们的教学中，主要采取了以项目和问题为基础的教学方式，将知识体系分解为一个个简单具体、有较强针对性的知识点，以增加学生的学习兴致和灵巧性。比如，在分析设计过程中，我们请学生使用自己学习过的"脑力激荡"软件，绘制一张围绕着"照明工具"的思想导图，使学生明白如何将一个有创意、有抽象的思想表达得淋漓尽致；又如，在已经进行了详细设计的曲面形象模块中，我们通过"如何将曲面转换为实体"的问题，来分别介绍四种不同的方法，进而提升学生对所学知识展开灵活运用的能力。

我们将课程内容进行剖析，形成相应的知识点，并制作很多的教学视频，与教案等信息一同放在课程的教学网站上，方便学生在自己平时碎片化的时间里，进行课前的预习和课后的复习。在课堂中，我们不但对重点内容进行了详尽的讲解，也对学生们提出的问题给予了详尽的解答，并且，我们还专门安排了小组的研讨与汇报，让学生们在教师与全班的面前，展示自己的设计思想与技术技巧，以此来培养他们使用电脑软件的创意能力、团队协作能力以及口头表达能力。

五、敏捷软件开发模式在计算机语言课程设计中的应用

在各个工科院校自动化及相关专业中，计算机语言课程的设计是一个必要的实践过程，它通常被设置在计算机语言类课程的后面。经过2~3周的编程训练，学生可以进行一次小型的软件设计，经历一次软件设计过程，以此来提升自己的软件设计水平，为以后的专业课程的学习打下良好的编程基础。

近几年，各大企业对大学毕业生的需求日益提高，他们不但需要具有一定的专业基础知识，更需要具有一定的计算机应用、软件开发、创新、团队精神等综合素质。同时，企业对团队协作的关注也日益增加。这就要求大学要以适应当今时代的要求为导向，进行全方位的人才教学。身为一名计算机语言课程设计指导教师，他要在自己的课堂上，不断地尝试新的授课方式，寻找新的编程训练方式。

（一）计算机语言课程设计的教学现状

当前在本校设置两个星期的计算机语言课程设计实践课，以培养学生使用视窗程式的开发为重点，所使用的编程语言可依个人需要选择。本课程设计的选题有两种：一种是指导教师自行选题；另外一种是由学生自己制定的。教师们所准备的大部分选题都是与现实生活相联系的，并且具有一定的难度，最后这些问题都会以题库的方式提供给学生，学生可以按照自己的条件来选题。由于一些学生对题库中的设计题目都没有兴趣，这会降低他们编程的积极性，所以可以让他们按照自己的兴趣倾向自拟题目，不过要经过教师的同意。通过这种方式，使学生体会到编程的乐趣，从而进一步提升学生的计算机综合能力。在进行几年的教学实践和探索之后，计算机语言课程设计实践已经获得一定的成果，并且获得学生们的肯定。然而，它仍然存在着某些缺陷，还有待于进一步完善。

（1）每一个设计题目都被分配给一个单一的学生来单独完成，学生从查找信息到完成程序设计的整个实践过程中，同学之间的交流、合作机会很少。

（2）指导教师注重提高学生的计算机编程能力，却忽略一些诸如社会实践、团队合作等软技能的训练。

通过对以上缺陷的剖析，可以发现传统的课堂教学方式并不利于培养学生的整体团队协作能力。所以，要想更多地改善课堂的教学，让学生不仅可以感受到目前最热门的编程方式，还可以在实际操作中，培养学生的创新探索能力、团队合作能力，我们将灵活的软件开发方式融入这门课程的教学方式中，为学生提供一个交流的平台，加强同学们的团队合作精神，让同学们在团队协作的实际操作中，获得最佳的编程训练，从而最大限度地提高他们的软件开发能力以及他们的软技巧的综合能力。

（二）敏捷软件开发模式。

敏捷软件开发模式是自2001年2月以来出现的一种新的、轻载软件模式。由于其比传统的重负载软件开发模式具有更高的开发效能，所以已经在世界范围内得到了广泛的应用。2010年12月10日，中国敏捷软件开发联盟正式建立，自此，我国的软件业也开始走上敏捷软件开发模式的道路。

敏捷开发模式一个显著优势是：高度强调团队工作。这种开发模式包含许多子方法，例如，极限编程（Extreme Programming）、特性驱动开发（Feature Driven development）、水晶开发方法（Crystal Methodologies）、Scrum方法、动态系统开发方法（Dynamic Systems Development Method）等，每一种子方法中都包含着团队编程。与传统的软件开发方式相比，敏捷开发模式是一个团队在开展工作之前，需要进行一次集中的、面对面的、有针对性的沟通和讨论。因此，要想让整个开发过程能够顺畅地进行下去，就得让这个团队中的每一个人都能积极地与别人沟通。

敏捷软件开发的子模式选择。在所有的敏捷开发模式下，开发团队通常由5-6人组成。如果把5~6个学生组成一个编程小组作为计算机语言课程的设计，那么一定会有一些学生变得不积极。

选题与构思。将结对编程这一敏捷方法应用到计算机语言课程设计实践中，是一种突破传统培训模式的新途径。该方法不仅能有效地提升开发效率，缩短开发时间，而且还能营造出一个良好的小组协作与学习环境。这也与当今以 CDIO（Conceive Design Implement Operant）思想来培养工程技术人才的需求相一致。

（三）敏捷软件模式在计算机语言课程设计的实践应用

团队的组建。在课程设计开始前，团队的组队是第一步，也就是结对。敏捷宣言的原则是："最佳的构架，需求和设计来自组织的团队。"所以，教师们在组队的时候，从来不会强行要求学生们组队，而是让学生们自愿组队。在随后的两个星期里，结成对子的学生将共同完成本课程的前期研究，设计，调试，报告结果。学生可以在开发所选项目的过程中，通过亲身体验团队合作，学会如何发现问题，共同分析问题，解决问题。与此同时，学生还可以提高自己的项目分析能力、创新思维能力和合作交流能力。

这个观点并不符合当地（加拿大）的文化，所以翻译人员改变他的说法："因为很多因素，我们不喜欢美国，但总体上来说，这是一个政治问题。我们对美国有什么看法，也就是对造成拉丁美洲问题的人有什么看法。再说，我们又不愿意生活在美国。"结对以后，组员们要经过初步讨论，确定题目，构思方案。若对题库中的题目没有特别大的兴趣，则可让学生按照自己的喜好来选择题目。在选题选定之后，还要进一步查阅信息，进行调查研究，制定一个初步的设计。两个人在设计上有不同的看法，还可以再做一些交流。如果有需要，可以邀请教师一起参加，最后的设计方案一定要由结对的两个学生共同完成。整个题目的设计和选择都是由学生主导的。

在此过程中，配对的同学要依照第 2 步所提供的方案来编写程序。按照一般的配对结对程式设计，要求两个学生一起工作于同一台电脑上。由于本课程开设之前，学员并没有经过系统的软件发展训练，所以本课程的设置无法照搬以往的配对方式。我们为每个成双成对的团队配备了两台电脑，其中一台用来显示资料和程式码范例；另一台是用来进行成对程序的。所以整个程式码的编制，还是由一台电脑来完成，由一位同学来负责程式码的打字，由另一位同学来检查程式码是否准确。当你在写这个程式的过程中，若有任何不懂之处，你还可以查询其他电脑上的有关资料，与程式范本进行比对。在整个程序的实施过程中，进行配对程序的两个人要彼此相信，相互激励，共同努力，共同学习编程的技术，哪怕是编程能力不强的同学，也能在配对的过程中掌握一定的编程技术，共同将整个小组的工作做好。

在整个实施阶段，指导教师会以客户的身份，参加各个结对小组的实训，以了解学生的编程设计进程。我们推荐各组在一天工作之前，先召开会议，确定一天的工作内容，并形成一份规划文件；在每天的工作结束之后，需要向指导教师展示当天的编程成果，由指导教师按照每日的进度，对每个配对小组的结果进行回馈并给出改进的意见。

校验和递交。在具体的实践结束之后，由结对小组邀请教师来校验实践完成的软件。一般情况下，指导教师会首先对代码的正确性进行校验，以确保程序能够正常运转；其次，站在用户的立场上，对该软件进行校验，以确保其满足软件的设计需求。若有问题，将重新进行修订，直至得到教师的认可，才能递交代码。

考核。作为一门实践性课程，成绩评价十分重要，不能仅凭最终交卷结果来评定成绩,否则将导致考试成绩的不公正。在使用敏捷软件的结对开发方式之后,因为指导教师对每一个小团队的开发都有一个完整的了解,所以对每一个团队成员的平时表现都有一个全面的掌握,在这个时候,设计成绩具体包含四方面:程序操作状况(40%)、答题辩论状况(10%)、日常表现(30%)和报告文本(20%)。

为了适应社会对高素质人才的需求,大学计算机编程等实践课程必须在实践中进行创新。通过对我院2012、2013级自动化专业二年级和一年级的实验,证明将敏捷软件开发模式应用到计算机语言课程设计的教学中的有效性和实用性。通过两年来的实践,可以看出,在新的教学方式下,他们学会了互相沟通和合作的精神,并懂得与他人共同分享自己的成功。从建立小组,到选定课题,到方案设计的实施,都是由结对的两个人协作完成,这为学生带来较大的自主性。与以往的授课方式相比,在课程的实践过程中,学生可以快速地提高自己的计算编程能力,还可以培养自己的软技能,从而大大地激发同学们的积极性和创造性。后续学科课程的教师也对此进行了反馈:学生们已经完成了本教学模式的编程培训,在要求编写程序的专业课程中,他们展现出非常强大的程序开发能力和组织能力。

第二节 高职计算机软件课程设计

一、高职计算机软件专业 PHP 课程体系设计

《程序设计语言》在高等职业教学计算机软件专业课程设置中占有很大的比重，它不仅是计算机软件专业的主干课程，而且是学生毕业后找工作所需要的专业技能。计算机软件技术发展日新月异，当前，在学校里教授的各种计算机语言，对学生将来离开学校时，并没有太大的竞争力。在这一节中，通过分析计算机软件行业三个发展时期，同时，还对在高职院校中，为了与当前和未来阶段的发展相匹配，需要掌握的技术展开了研究。最后，还把 PHP 作为 Web 应用程序设计语言，并构建起一个以实践为指导的课程体系的提议，以此来提升在毕业之后的竞争力。

（一）计算机软件行业发展的三个阶段

PC 机时代。从 20 世纪 70 年代后期到 80 年代后期，它主要针对的是在自己计算机上的个体用户。以 IBM、微软、英特尔、戴尔为典型的企业。这些在 PC 机上执行的程式就叫=作桌面程式。桌面程式存在并在用户计算机里执行。用于设计桌面软件的编程语言通常包括 C，C++，FoxPro，Visual Basic，Power Builder，Delphi 等。

Web 时代。自 20 世纪 90 年代初期至 21 世纪初期，它的工作重点是以网站形式进行信息整合和数据服务。在海外，有雅虎、AMAZON、EBAY、

思科等代表企业；在中国，新浪、搜狐、网易都是其中的佼佼者。在Web上执行的程序叫作Web程序，程序是在网站的服务器上执行的。Web编程语言包括ASP，PHP，JSP，ASP.NET，JAVA等。

移动互联网时代。从21世纪初期到目前为止，它的重点都放在了手机、笔记本计算机等移动装置上。企业的主流是谷歌和苹果。运行的平台以安卓为主，iPhone/iPad为主，另外还有黑莓，微软的微软手机，诺基亚的塞班等。在移动设备上运行的程序被称作是移动程序，移动程序的设计语言以JAVA、Objective-c、C#等为主，除此之外，还包括SL4A（适合于Android的脚本语言，比如，Perl、PHP、Python等）和利用网页前端技术实现移动程序（HTML5、CSS、JavaScript）。

（二）高职院校计算机软件专业课程体系现状分析

根据对我国几所高职院校计算机软件专业课程设置的调查和分析，得出结论：多数程序设计类课程还处在PC机时代（例如，C语言、FoxPro、Visual Basic、Power Builder等），还有一些分院校已经开设Web时代的课程（例如，JAVA、ASP、ASP.NET）。C语言通常被认为是一门应用于程序设计的基础课，它的过程的设计方法与目前最常用的程序设计语言相比，没有那么多的面向对象的特点，但它能帮助学生理解程序设计的原理，并能从大量的例子中锻炼他们的程序设计语言思维能力。FoxPro这门课程因其易于上手，在全国计算机等级考试中也有涉及，因此被许多高等职业学校列为非计算机专业学生的课程之一。而在计算机专业的课程中，并不推荐将FoxPro作为计算机专业的一门必修课，因为现在业界使用FoxPro的企业已经很少见。Visual Basic曾经是主流的Windows应用程序开发语言，它以事件驱动和 GUI 接口设计为特征，但是它具有程序运行效率不高的缺点。

当前微软发布的一种基于.NET 的软件开发平台，它可以成为 Visual Basic 的一种新的软件开发工具。VisualStudio2010 是一个.NET 的综合开发环境，它的开发语言可以选择 Visual Basic, C++, C#, JAVA 等。VisualStudio2010 不但能开发桌面程序，还能开发 Web 程序和移动程序。NET 的优势在于它具有图形化的设计接口，然而也正因为它的简单、容易操作，许多代码系统都可以被自动生成，这就妨碍学生对深度知识的理解以及对其进行能力的培养。SUN 企业开发的 JAVA 语言，因其具有跨平台、面向对象等特点而被众多的企业级软件所采用。而这一点，对职业学校的学生来说，却有些难以接受。而在实践中，我们不仅要学会这门语言自身，还要学会许多相关的框架应用，这就造成一个漫长的学习曲线。当前，在高等职业教学中，开设开发 Web 程序设计的通常是.NET 或 JAVA，因为上述两种都有各自的优点和不足之处，一个因为太过图像接口化，另一个因为太复杂，因此，推荐使用一种折中的 PHP 语言来进行 Web 开发。PHP 语言并不像 JAVA 那样复杂，也不像 JAVA 那样难以学到。它还能让学生直接跳过代码自动生成，而更多地去接触这门语言自身，这样在今后的运用中，它具有更高的效率，而且学习曲线比较平稳，学习周期也不会很长。我们觉得 PHP 的全部学时应该是 144 学时，分为两个阶段，每个阶段 72 学时。

（三）以 PHP 为代表的 Web 开发课程体系设计

以实训为导向的课程体系建立的背景。在当今世界，软件业的竞争日趋白热化，而软件业又处于科技进步领先地位，因此，高素质的人才成为软件业制胜的关键。企业急需具备从知识、技术、特质、态度到领域知识、行为技巧等各个领域的全面素质的人才。要使学生能够更好地与企业的人才需要相匹配，能够胜任高级IT技能岗位的工作，高等职业学校可以开设以实践和就业为指导的课程，用科学、有效的方法来对高等职业学校的学生进行专业能力和全面素质的培训，进而打造出更具竞争能力的复合型人才，让高等职业学校的学生能够更快地进入高收入的职业，实现事业的发展之路。

实训课程的就业目标。在设计课程体系的时候，要将学生在毕业之后所能做的工作纳入考量，让他们在毕业之后，可以在各种专业软件企业和有关IT企业中，担任软件工程师、高级软件工程师、项目经理等职务，可以胜任大型信息系统、电子商务、电子政务、企业ERP、CRM等软件的开发工作。

通过将真实项目引入教学中，并邀请有实际项目开发经验的教师进行教学，通过对真实软件环境中应用实践练习，让学生了解到最新的软件开发技术。经过实训课程的训练，可以对学生在各种实践技能上的操作能力进行锻炼，同时还可以了解到一些相关的行业知识，并且能够与各个领域、各个行业的顾客的需要进行接触，从而使学生拥有大量的项目实际操作经验和行业应用开发经验。除IT专业的技术之外，还可以利用项目实践，并对学生进行全面的职业素质的训练，从而对学生之间的交流能力以及团队协作的能力进行提高。

课程体系的设计。一方面，是想要让每名学生都可以参与到培训中，从而掌握一项技能。另一方面，还需要在课程体系的设计中，来指导学生对自身的知识结构进行优化，让他们拥有一定的技术敏感性和洞察力，可以以IT技术的发展为依据，及时、合理地对自己的知识结构进行调整。通过本课程的培训，使学员掌握"捕鱼的本领"，使其能够根据工作岗位的需要，掌握不断学习的方法和自我提高的能力。总的来说，PHP培训课程可以分成四大部分：网络编程基础部分，PHP语言基础及高级应用部分，软件工程及项目实训部分，以及职业素养培训。前面三项可以用"硬能力"来形容，后面三项可以用"软能力"来形容。仅具备"硬能力"，就不可避免地要面对信息技术日新月异所带来的持续的知识更新，如果学生能够掌握"软能力"，那么他们就能够在自己的职业生涯中不断地自我提高和发展，所以我们把这种教学和培训的模式称为"软硬结合"。

在构建高职计算机软件专业的课程体系时，不仅要对当前的企业应用进行调查，还要对高职学生的知识基础以及他们的接受能力进行充分的考量，要选择能够满足就业需求，同时也能够让大多数学生易于掌握的课程。在建立课程体系以后，要根据IT技术的发展情况，每过一段时间，都要对这个课程体系进行一次更新，这就需要教师们不断地跟随科技的发展，并通过自己的实践来提高自己的能力，从而提高自己的教学水平。

二、高职计算机软件类课程实践教学环节的设计

计算机软件类课程是一门实践性很强的学科，它要求学生通过大量的上机操作来理解所学的知识。但是，在传统的计算机软件专业中，实际操作过程基本上是以"讲练结合"的方式进行的。在实际教学环节中，大部分都是使用一项一项的小程序，对教师所说的语法和算法进行测试，在课堂下没有进行适时的连接。在教育目标上，无论是学生还是教师，都处于一种迷茫状态，不知"项目"为何物，不知其成果为何物，如何才能达到"完整"。尤其是在高职教育中，计算机软件类课程已经到了一个发展的瓶颈期，所以，学生们在这方面的学习显得十分单调，教师们也很费劲不讨好。

为了打破目前高等职业教育中的"制约因素"，必须在"确定"的基础上，确立"目标""理念"以及"思路"，重新构建"目标"。成立"开发小组"，使实践活动从教室内扩展到教室以外；采用"双线并行"等多种教育方法，让同学积极参加实践教学，发挥同学的无穷创意，培养同学的自主探究能力。

（一）课程定位

课程的开发来自市场的需要。因此，在开发之前，要对社会需求进行分析、职业分析、岗位分析，对课程的定位进行明确。

比如，在开设"J2ME MIDP 程序设计"这门课程的过程中，我们从社会对移动电话的需要出发，发现中国移动电话用户数量已超过 6 亿，而且移动电话用户的数量仍在快速增加。手机游戏是无线娱乐产业的先锋，其市场需求量正以不可限量的速度增长着，其工作机会也是非常可观的，学生数量也是非常可观的。因此，本课程主要针对的是移动游戏的研发，面向"移动电话游戏编程人员"和"J2ME 移动电话游戏（资深）软件开发人员"。通过对行业与岗位的分析，明确其培养的目的，即以移动电话游戏的设计为重点，对学生进行一种将 J2ME 技术运用于移动电话游戏和移动设备应用程序的岗位业务能力的训练，训练其实际操作能力、自主学习和探索学习能力，训练其自身管理和组织协调能力，训练其与人交往和团队协作能力，教育其对工作抱有热情，培养其具有较强的职业道德。

其次，在课程发展的全流程中，应当按照"以岗位需要为目的来建构内容、以真实项目为载体表达方式、以工作过程为主线"来组织教学、以实际工作为情景来设计方法、根据专业资质制定标准；把有关职位需要的综合技能作为立足之处，把对学生的综合技能进行培训作为主要目的，以工作过程系化的思想为指导，与企业深度合作，共同完成课程的设计、研发与教学。

（二）实践教学内容建设

要想建立实践教学内容，不能仅仅只是从书本上找到几个例子，也不能让教师自己编几个小项目，而必须在第一时间，深入地对公司的典型工作业务进行剖析和深入的分析，并与公司的产业专家进行多次的学习和探讨，最后得出与本课程相关的工作职位的工作流程。然后，再结合一些经典的案例和工程范例进行分析和学习，最终，经过校企合作，得出一系列适合于课堂教学的完善的工程范例。最后，对项目进行提炼、排序、改造，根据岗位所需要的知识、水平、素养需求，以适用、实用和够用为原则，以及行业进步的需求，选择实践教学内容，以达到对学生行业能力的全面培养，并为学生可持续发展奠定良好的基础。

在"J2ME MIDP 程序设计"课程的实践中，根据手机游戏的发展与编程的通用过程，与业界的专业人士进行深度交流，并对各种手机游戏进行深度分析与研究，最后，由校、企合作，研制出一款简单易学，并带有某种程度的刺激与惊险的枪械游戏"决战之巅"。然后，将该活动作为教学计划的依据，按照教学计划的要求，对该活动进行了教学计划的优化。将项目研发的各时段结果，即手机游戏的触摸屏和菜单、手机游戏的架构（雏形）设计、情景多样的游戏设计、声音设计、排名榜设计，各形成5个可以独自运行的半成品。最后，在这一周的训练时间里，将游戏集成、升级、集成调试、测验、打包发布，最后完成一款手机游戏的制作。

（三）实践教学过程设计

在计算机软件专业中，实际操作是不能单独进行的，必须有一些知识点、语法点及算法做基础和依托。但是，将理论知识与实际操作分开进行教学，不仅没有提高教学效果，还容易形成"讲练结合"的陈腐模式。这就要求我们在制定实习课程时要注意将"知识性"和"技能"相统一，按照"先行后知"的思路来排列实习课程的顺序。以知识储备、任务储备、任务完成、重点提醒、知识提取、任务扩展、知识延伸、归纳概括这8个环节来展开实践教学的设计。

在实践教学的组织中，采取"开发小组"的形式。实践教学以项目为介质，以任务为动机，除了一些必需的后台知识，教师并不一一讲授，而是让学生自己动手，在动手的过程中，会出现许多问题。这样，群组才能充分的讨论，从而发现新的语法知识，并找到相应的解决方案，从而对学生进行独立学习和探索性学习的能力进行训练。然后，他们就会互相交换意见，各种想法就会碰撞在一起。将学生的创新潜力发挥到极致，提升他们在实践中的整体水平。

在J2ME MIDP程序设计课程的实际教学中，将各个教学班级划分为10个工作小组，其中的各个成员有清晰的任务：项目负责人，游戏策划，美工，程序设计。每一个团队都有一个自己策划和设计的游戏作品，就像疼爱自己的孩子那样，每一个团队都对自己的工作有着很强的责任心，想要它得到更多的充实和肯定。在每一次学习阶段的结尾，各组争相地介绍自己的阶段结果，并指出自己的设计结果的优缺点。这种对设计的渴望和激情，自然会延伸到课堂之外，许多同学从书上，网上，或是游戏设计等方面获得设计灵感，每个人都希望自己的队伍是独一无二的。

在教学实际中,教师应遵循"个人化""普遍化""个体化"的教学方案。例如,在《J2ME MIDP 程序设计》课程实际教学中,教师们第一次使用了一个由学校和企业共同研发的飞行射击类游戏作为原型,对游戏中人物、敌人飞机、子弹等"个性化"情境进行分析。然后,它会在实现的时候被"一般化"。也就是在这个过程中,要让学生明白,在其他类型的游戏中,同样的方式也可以达到类似的结果,例如,滚动画面的设置、冲突判断等。在此基础上,同学们将学习到的技术和技能应用于自己制作的小游戏,每个小组都能做出属于自己的"个体化"小游戏。

(四)教学方式设计

要根据不同的教学方法,实现不同的教学目的,完成不同的教学任务。在《计算机软件课程》中,每个实训阶段都有其共同之处,也有其独特之处。因此,我们提出了四个方法:"作品领悟""双线齐行""项目启动""任务引导",应该贯彻在整个实践教学环节,而且,每个实践教学单元都要针对学生应达到的知识,不同的性格,不同的学习方式,比如,"引擎启动""角色饰演""脑力激荡""深度探索""任务重叠""指导""发现""问题""分组讨论""自我学习""操作演练""激励""分级指导""沟通""概括"等。

作品领悟。在实际的项目设计中,首先,让学生多看,多用一些相似的软件项目。有了具体的直观的认识,就有了自己的设计思维,就有了自己的创作兴趣。

比如,做一款手游,就必须能"玩"、能享受。在众多游戏的"浸润"中,不断地提高自己的游戏水平。在执行本计划的时候,要鼓励学生不断地下载、采集部分常规的、潮流的手机游戏,每周都要抽出一段时间,共同来对这些游戏进行鉴赏和分析，逐渐地，让学生从单纯的玩游戏，转向从开发的视角来思考这些游戏，从而开拓出自己的思路，并将其应用到自己的游戏中去。

双线齐行。所谓"双线齐行"，就是教师在教学中对甲说，而学生对乙说。教师在课上演示一个横贯的项目，同学在课上做一个仿真，然后，在课上或课外的时候，再做一个似的相比总体复杂的横贯项目，从而达到良好的教学效果。

就拿《J2ME》来说吧。

在《MIDP编程教程》的实践中，选取了一个以"决战之巅"为研究对象，通过案例的方式对其进行了具体的案例研究与示范。学生可以根据以上方式进行操作，在了解这些方式的理论之后，他们可以马上对自己的游戏项目进行分析和规划，并对项目初型中所包含的故事情景、游戏内容和实现技能展开扩展和修正。然后，经过美术程序设计，代码调试，最终形成一个独属于自己的、具有个体化的项目成果，同学们会觉得很有成就感。

项目启动。一个工程的实施不可能一步到位，也不可能把工程作为一种教育事例来介绍。在实际的运作中，可以按照各个教学单位和实际环节，把整体的项目分成几个子项目，并以这些子项目为主要内容，引导学生在项目实践中，寻找可以完成任务的方式和方法。在项目集成培训阶段，通过集成、提升、集成调试、测试以及打包发行等方式，实现项目成果的集成。

任务指导。在单独的子项目中，可以对多个不同的任务进行重构，这些不同的任务可以是并行的，可以是渐进的，也可以是扩充的。分门别类，因材施教，让学生在上课的有限时间里，自己挑选适合自己的台阶，逐步提高。学生通过"边做边学"或"先做后学"的方式完成这些任务，既可以有效地提高教学效果，又可以有效地培养教学技能。在真实的任务中进行探索和研究，持续提升学生的成就感，从而激发学生的好奇心，逐步形成一个认识思维的良性循环，从而培养学生的自主探究能力和敢于拓展进取的创造性。

由于市场对学生行业水平的要求，因此产生了一种新的课程架构，这种新的课程结构需要遵守以设计为引导的工作过程系统化学习领域为基础的开发思想。

在高等职业院校计算机软件类课程的实际教学过程中，应当按照高等职业院校学生的认识特点，坚持低起点、高要求的原则，要鼓励学生动手去做，指导学生去想，倡导学生自己动脑，自己动手，自己去做；立足于高职院校，注重高职院校学生的综合专业素质与创新能力。

第三节 计算机软件的应用研究

一、环境艺术设计专业计算机软件应用课程教学

目前，计算机软件以其效率高、速度快、即时沟通方便、储存输出速度快等优点，被快速地应用于美术与设计，改变了美术与设计的方式与效果。伴随着计算机软件的不断升级，美术设计的构成元素有了极大的丰富，充分发挥了画家的想象力，提高了美术作品的艺术感染力，给我们提供了全新的创作手法与表达语言。因此，在当今的高等美术教育中，使用计算机软件也显得越来越重要。

（一）关于环境美术设计专业计算机软件使用的教育要点

本课程包括：3D Studio Max，AutoCAD，PhotoShop，CorelDRAW Graphics Suite 等。两者在教学目标、教学内容等方面，与视觉传达设计与动画专业相比，存在着很大的不同。3DSmax 的课程重点在于培训学生在室内及室外的立体环境中进行创意性的能力，借由场景建模、贴图、灯光及渲染等设定，创造出一个逼真的室内及室外环境的效果图，如以 AutoCAD 为核心的室内和室外施工图的绘制。

PhotoShop 是一款专门用于图像处理的软件，它已经成为一个主要的建筑展示工具。从建筑平面设计到立面设计，再到最后的透视图处理，都有 PhotoShop 的影子。因其具有较强的图像处理能力，现在已经是许多建筑设计专业人士的首选。CorelDRAW 可以用于绘制某些颜色的平面图、立面图、方案分析图等。

（二）计算机软件应用课程教学现状分析

课程开设时间。为了便于学生展示自己的设计方案，通常将软件课程设置在专业课的前面。而且，在进行电脑软件运用技巧时，必须结合相关的专业理论，方可进行创意。如果你不懂这方面的东西，只会给人一种不专业的感觉。其次，当你开始研究这个程序时，必须反复地进行巩固和实践，否则距离专业课的学习周期太长，想要再次开始，就必须经过一段时间的积累。

授课内容。大部分艺术院校的课程对教师的要求较高。同时，每个教师在教学过程中所强调的教学重点也不尽相同，这就造成同一学科在各个课堂上所强调的教学内容不尽一致。基于这种情况，我们不可能不重视电脑软件运用这门课的专业。比如,《3 dsMax》的讲授中,很多内容偏重于特定的室内空间的规划,但在大规模的公众区域及室外景观的展示上存在不足。这样的话,往往会导致学生们只能使用小空间,而对于其他的公共空间的呈现方式却不是很熟练。

软件之间的结合不够好。由于各种制图软件之间存在着一定的联系,所以一个制图方法的实施往往要综合运用多种工具来完成。3 dsMax 所画的画面,能够与 PhotoShop 软件结合起来,完成后期的处理工作,所以,同学们在运用这个软件的时候,一定要得心应手,将它融会贯通,以免因为某一个软件的运用技能不够,而导致没能完成好的创作。

(三)计算机软件应用课程教学策略

针对环境美术设计专业的特点,结合自己在电脑软件应用课程的教学实践,对此问题进行了探讨:

在课程设置上做到科学合理。第一,在上课前,由于学生不太了解该软件,那么最好不要一上来就讲解这个软件窗口接口基本操作,而是要简单地对这个软件进行介绍,并且强调这个软件学习的重要意义,这样才能引起学生的注意,让他们对这个软件产生浓厚的兴趣,为本课程的开展做好铺垫。

第二,讲课时,教师要做好充分的备课,根据讲课提纲,制订出自己的讲课计划,使同一科目的教师能够互相借鉴,讨论自己的授课方式和授课内容,相互学习,相互补充,共同提升自己的授课水平。第三,因为计算机的软件在快速发展,许多的指令和应用的技能都在持续进步,所以教师要时刻注意最新的实战技术,尽量让学生在软件的学习上得到足够的引导。

教学内容具有针对性、实践性;将电脑软件作为创作的辅助手段,必须与专业的设计教学相融合。该项目的设计方向包括室内设计，室外景观规划，景观规划等。计算机辅助设计是目前应用最多的一种计算机辅助设计软件，其功能是辅助设计和制作施工图纸。所以，在教学过程中，除了强调室内设计的标准外，还应该融入风景设计的绘图与识图，这样可以使本课程的内容更具实用性和适用性。

而艺术院校的教师们也要经常了解当前的设计潮流和各种新推出的软件的用法。比如，在风景园林的设计中，可以向学生们推荐 SketchUp 软件，在许多人看来，SketchUp 就像一种"铅笔"，因为 SketchUp 的便利，可以在不需要任何复杂的 3D 模型的情况下，迅速地将一张图片画出一个立体的形状。再有一个就是流明软件，这是一个即时的 3D 可视化工具，可创作影视和静帧作品，是当前应用非常宽泛的一款动画创作软件。

改善课堂教学方式，提高学生的积极性。大部分的软件教学都是教师示范，学生模仿。在这个过程中，学生参与度很低，许多操作只是照搬教师的指导步骤，并没有进行深入的思考。所以，在授课的时候，教师可以采用"参与式""互动式"的方式，在讲解一种方式后，再提出类似的问题，让同学们去尝试用其他方式来解答，这样既能刺激同学们的思维，也可以把课堂气氛活跃起来。

构建科学的评价体系提高大学生创新能力。教学的考核评价是检验学生对所学内容的理解与掌握程度，提高他们的学习热情的一种有效途径。在现在的教育考试中，很多是教师根据自己的实际情况来进行的，考核方式比较随机，考核的标准也没有完全一致。采用常规的测评方式来考核学生在计算机软件中的运用能力，从而影响他们的想象力和创造性的发挥，更不要说做出好的设计。在对学生的成绩进行评定的时候，要注意与他们在日常学习中的表现相联系，不能用分数来说明问题，因为每个人都有自己的不同之处，他们了解问题，考虑问题的途径和方法各有不同，并且仅以一个测试结果来评价他们的学习能力也是有失偏颇的。因此，教师可以将各个部分，按照百分比来进行叠加，比如，课堂成绩+日常作业+电脑运用+创意活动。重点放在了在课堂上的表现和对平时作业的点评，在课堂上的表现可以反映出一个人对知识的了解和把握程度，所以，教师要对学生每次的表现做好随堂的记录，鼓励他们不断进步。通过对作业的点评，为同学们提供了一个展示自己才能的舞台，让他们相互观摩，相互学习，实现了大家的共同提高。也可以在下课之前，通过演示的形式，让同学们有一种成就感。

怎样才能使我们的课更好，为社会提供高素质的职业技术人才，是当前大学英语专业教育中亟待解决的问题。当前，在教学方法、内容、手段以及考试方式上还有待进一步探讨。作为艺术设计专业的教师，在紧跟电脑软件发展的同时，也要注重自己的业务水平，要符合艺术类专业学生的特点，以提高他们的创造性思维和实际操作能力为首要目的，通过对教育内容进行更新，对教育方式进行改革，提高他们的学习热情，取得较好的教育效果。

二、计算机软件在化工工艺专业课程设计中的应用

伴随着化学工业的持续发展，化学工业的内容也越来越丰富，化学工业需要更多的具备良好的工程观念和更高的工程学水平的技术人才。我国普通高校的工科专业以培养具有较强综合能力和较强综合应用能力的高级工程技术人才为宗旨。为此，在新时代大学化工学科教学中，在全面提高学生综合素质的同时，还应强化其工程思维与实践技能的训练。郑州大学化学工程

与工艺专业是"国家特色建设专业",是国家级综合改革示范专业,在怎样提升学生的工程实践能力这一问题上,我们对其进行了很多的改革与创新,并获得了一些成果。在国际上,由于计算机技术的迅速发展,将计算机应用于化学工程的设计是必然的趋势。因此,在专业设计课程的教学过程中,如何在有限的教学周期中,以较高的教学效率和较高的教学效果来保证教学的顺利进行,就成为一项十分必要的工作。为了适应这种发展,专门开设了一门设计理论课,重点是强化学生在计算机软件应用方面的相关知识,比如,AtuoCAD、Pro/Ⅱ、Aspen Plus 以及 Math CAD 等。只要熟练掌握相关的计算机,就能在开设化工技术专业的课程时,灵活运用计算机,大大减少了繁重的手工计算,增加了学员对开设这门学科的兴趣,并明显改善了他们的教学效果。本部分将简要地描述不同类型的电脑软件的运用,以及运用后所产生的效果。

(一) AutoCAD 的应用

Autodesk Computer Aided Design 是由美国的 Autodesk 公司研制的一款实用而又方便的绘图工具。目前,Autodesk Computer Aided Design 已经从原来的平面呈现发展为立体呈现,并且不断地进行着创新和升级(AutoCAD2016),还可以与其他的计算机软件相配合,使其设计更加逼真。Autodesk Computer Aided Design 是当今世界上应用最为广泛的一种计算机辅助设计工具,它在化学工程中有着举足轻重的地位。在化工工艺专业的课程设计中,对要设计的专题操作或工艺车间进行制图,学生可以利用 Autodesk Computer Aided Design,对设计中所涉猎的化工设施、化工工艺步骤、设备及厂房布置以及化工管道布置等进行迅速的绘制。

（二）Aspen Plus 的应用

美国麻省理工学院在世纪 70 年代开发的大型化学模拟软件 Aspen Plus，该软件凭借它的强大的单元操作模型，出色的设计水平，完善的物理数据库，完美的热力学计算程序等，在化工过程的工艺设计、项目开发、技术制造、工艺改进、过程整合、设施设计等方面都有很好的应用前景。AspenPlus 在教学中扮演了重要角色。例如，在进行 fractionating column 的设计时，就必须用 fractionating column 中的数据来求出 fractionating column 中的最优精馏比，但是由于很多物质体系都没有相平衡的数据，所以很难直接进行计算。最终，同学们使用了阿斯彭加斯所提供的快速演算法，并顺利解决了此问题。首先，使用 Columns 群中的 DSTWU 模型，构造出要进行的精馏流程，然后，依次输入组成、塔板数等控制参变量，输入完成后，经过运算，得到给定塔板数下的 reflux ratio、再沸器及冷凝器的热负荷，并得到相同的分离情况下，塔板数及 reflux ratio 的改变，进而得到最佳的 reflux ratio。

（三）Pro/Ⅱ 的应用

Pro/Ⅱ 是由美国 SIMSCI 科技公司联合艾斯平公司开发的一款用于工业生产的专用模拟系统。Pro/Ⅱ 的物性数据库十分完整，它拥有强大的热力学物性计算系统，拥有 40 多个单元操作模块，应用范围十分广阔，如果把 Pro/Ⅱ 应用到化学技术专业的课程设计中，不仅能够大大减少设计的计算量，还能提升计算的准确性。另外，对于采用 Pro/Ⅱ 软件进行精馏的优化设计，亦可用于精馏的优化设计的运算。具体的计算流程分为两步：①采用捷算法(Shortcut)进行塔板数或 reflux ratio，通过 Fenske 方程得到全回流条件下的最小理论板数，通过 Underwood 得到最小 reflux ratio，并在特定情形下，通过 Gillian 的经验关联图得到实际的 reflux ratio 或理论板数。②利用 Distillation 模型，准确地对重沸器和冷凝器的负荷进行了计算，并对精馏塔进行了逐级的计算，由此得到了与各流动组分和流量有关的数据。

（四）Math CAD 的应用

MathCAD 是美国 Math soft 公司于 1986 年推出的一款集数学计算，图形绘制，程序设计等功能于一体的计算机辅助设计软件。Math CAD 操作简单，易懂好学，使用其进行计算时，一般不需进行程序设计，能有效地解决很多科学计算和工程计算问题，能简化计算程序，提高计算效率，应用范围十分广阔。在化工技术专业的教学过程中，经常采用试错法，其计算过程十分复杂，且费时较多，而运用 Math CAD 软件，则能较好地处理以上问题。例如，在进行 synthetic ammonia 工艺中，氨合成工段工艺设计时，在进行冷交换 heat balance 时，手工计算时，会有试差。所以，在 Math CAD 的帮助下，学生可以对温度条件、冷量计算函数展开定义，之后，学生可以直接获得计算结果。

综上所述，郑州大学化学与能源学院的化学工艺专业将计算机技术与工程学问题紧密结合，利用 Autodesk Computer Aided Design、Pro/II、Aspen Plus、Math CAD 等软件，解决了在课程的设计中，计算烦琐，工作量大的问题，提高了计算的效率，提高了课程的设计品质。在制定课程时，同学们对各种工程软件都有较深的了解，他们对化工课程的学习热情也有显著的提升，并且还可以很好地训练他们的工程实践能力，还可以锻炼他们的整体创造力，为郑州大学的化学工程与工艺专业培养出"杰出工程师"，为提升他们的就业竞争实力奠定坚实的基础。

三、计算机软件在建筑设计课程教改中的融合运用

本课程的教学目标主要是为了满足建筑专业核心课程"建筑设计"的需要。在建筑设计教学过程中,要求建筑系的同学将自己的作品以图纸的形式展示给大家。将建筑设计图纸的表达方式分成两种,一种是手绘图纸,另一种是计算机绘图。在建筑设计初期,手绘图纸占有很大的比重,但是因为建筑工程施工的准确性,所以建筑设计的最后表现方式都是以计算机绘图的方式进行表达,从而构成最后的建筑施工图。所以,在建筑艺术教学过程中,利用计算机软件绘图是非常必要的。建筑学专业的学生除要掌握有关建筑的基本原理外,还要掌握相应的计算机软件。而与建筑设计课程有关的计算机软件则包括AutoCAD、SketchUp、PS等。结合AutoCAD、SketchUp、Photo Shop等实例,重点阐述如何将Auto CAD、SketchUp、Photo Shop等运用到建筑设计的教学中。此外,在进行计算机软件学习的时候,怎样才能更好地掌握软件,并把它学以致用,把不同的计算机软件的知识运用到建筑设计的课程之中,这对于今后的建筑设计类课程教学的发展有着非常重要的作用。

(一)常见的计算机软件绘图软件及在建筑设计中的功能

随着建筑产业的持续发展,传统的建筑手工绘制已经无法满足当代建筑市场的需求,因此,计算机软件绘图应运而生,得到了人们的普遍认可与使用。其中,AutoCAD、SketchUp、Photo Shop等是目前比较常见的几种计算机绘图软件。它们在建筑中发挥着不同的功能,并且有着不同的鲜明特征。在建筑设计中,最重要的是:建筑设计说明书、平面图(architectural plan)、

立面图、截面图、总平面图、经济指数、透视图、分析图等。所以，必须使用电脑软件来完成建筑物的最终规划图。建筑设计的结果以 AutoCAD，SketchUp，Photo Shop 为主。

二是"Autodesk Computer Aided Design"系统的功能。"Autodesk Computer Aided Design"，是欧特克公司于 1982 年开发的一款用于绘制 2D 和 3D 基础图形的自动 CAD 系统。公司专业从事机械设计、电气设计、装修设计、市政设计、工业设计、服装业等领域。一直到 2000 多年以后，人们才开始将其应用于建筑中，并逐渐被人们所接受。在建筑设计方案结束之后，方案的平面、立面、剖面、建筑大样图等二维平面图形都要使用 Autodesk Computer Aided Design 软件来进行绘制，并且建筑设计中的建筑说明、门窗表等表格文件也是使用 Autodesk Computer Aided Design 软件来进行统一的。Autodesk Computer Aided Design 软件在建筑设计成果最后的图纸表现中起到了十分重要的作用，目前它已经完成了接近 60%~70% 的绘图量。

"Sketch Up"（SketchUp）和它的作用。"Sketch Up"是一个由 LAST Software Enterprise 研发的 3D 绘图软件。从整体来看，这是一个非常关键的环节，也是最直观地向顾客展示的一个环节。所以，在"Sketch Up"型的大楼中，3D 视角是非常必要的。同时，"Sketch Up"也是一种非常有用的软件，通过"Sketch Up"，人们可以构建出很多超出人们认知范围的三维立体模型。本设计系统具有简单易用、反应能力强等优点，在设计单位和中得到了普遍的认同和使用。"Sketch Up"这个 3D 应用程序与一般的 3D 应用程序相比，没有 AutoCAD 那样的刻板，没有 3DMAX 那样的三维应用程序，也没有 3DMAX 那样的三维立体图形，更没有 3DMAX 那样的空间存储空间大，更没有 3D 应用程序那样的烦琐，只有寥寥几个指令，但却非常方便，"Sketch

Up"的作用非常强大，比如，可以绘制建筑物的尺寸，规模，空间划分，颜色，材质，一些细节的处理，甚至还可以绘制一些不规则形状的建筑物，这是一个非常好的表现形式，是一个建筑设计人员必备的工具。另外，当一个建筑设计视角有问题时，可以利用 Sketch Up 对其进行修正，从而对其最后的效果图表现产生重要影响。

"Photo Shop" 软件及功能。Adobe Photo Shop，又称"PS"，是一个图片处理软件，该软件是 Adobe Systems 公司开发和发行的。它有许多用途，大多数是有关照片、文本和照片的编辑。在建筑设计中，PS 的作用主要是对建筑透视图展开修订和处理，并对建筑设计方案展开设计排版，从而让建筑设计说明、平面图、立面图、剖面图、大样图、经济指标、透视图、分析图等内容呈现出优秀、合理的排版结构。尤其是在利用 PS 软件来对其进行修图的时候，可以让建筑设计师利用 3D 软件所绘制出来的效果，进行二次创作，让最终的结果更加逼真和高大上。

（二）利用电脑图形化软件进行建筑设计的教改

在建筑设计教学中，计算机绘图软件的使用出现很大的问题，在对建筑学人才进行素质教育时，教师的"教"与学生的"学"都不能完全适应。

浅谈"教与学"中的一些问题：

"教师"与"授课"脱节，在"软件类"的教学过程中，每个教师都尽力去做，但是结果并不令人满意，不能把"教"和"学"有机地融合在一起，造成了在"用电脑画画"的方式表现出建筑方案时，不能取得满意的结果。究其原因，是因为在课堂上，教师的授课方式不正确。它是一个综合了各种学科知识的学科，对学习它的人既有较高的理论水平，又有较强的综合应用和综合运用的能力。当然，这些都需要每个学科的教师对于自己所教授的学科有着极深的了解才行。比如，所有的计算机专业，都和建筑专业脱不开关系。因为在这种传统的教育方式中，教师虽然"尽心尽力"，但往往都是以自我为中心，将自己所学的东西一股脑地全塞进了学员的脑子里，根本没有去顾及学员自身的需求，更没有去顾及其他学科的需求。例如，在AutoCAD的授课中，教师通过"L""PL""CO""MI""RO""B"等方法教授了一门又一门，而不能将所有的方法都融会贯通，从而形成一门完整的艺术。

同学们的功课很差。关于某些应用程序如"AutoCAD""Sketch Up""Photo Shop"的学习，在学习上存在着比较盲从的现象。每一个软件都有自己的授课任务，可是教师的授课时间却是有限的，很少有教师在课堂上给学生提供的练习时间，学生学习最大的缺点就是只有在课堂上才能学习，一节课只能学会寥寥数个指令，练习一次就不会再去复习，也不会去用。这就造成了一个后果，那就是下课之后，他就会忘记在课堂上学到的所有指令。学生并没有太多地关注软件方面的学习，也没有太多的计划去学习，课堂上的课时少得可怜，而建筑系的学生们更是对与"建筑设计"这门核心课程的软件有关的学科缺少足够的思维。不能把课余的时间用来学习软件类课程，也不能把软件类课程上所学的知识运用到建筑设计中。通常来说，学习的软件知识只是用于学习软件，而不能应用于实际的建筑设计。

加强跨学科衔接的新思路：

加强师资队伍建设。电脑软件的教学作为一门独立的学科，要在教学之前，与其他紧密相关课程的教师沟通。既能达到自身课程的教学需求，又能与其他学科构成一个系统，从而使学生的专业课水平得到提高。比如，在AutoCAD、Sketch Up、Photo Shop等软件课程的教学过程中，授课教师应该理解到，软件教学的目标是要将建筑设计图纸最后的结果展现出来，所以，在软件类课程中，各个授课教师可以与建筑设计课程的授课教师进行定期的沟通，并对他们的工作进行总结，从而对建筑学专业的需要有一个更深刻的认识。同时，与建筑设计教学相结合，将与建筑设计有关的软件指令训练，给学生们一个合适的时间来安排，这样他们就可以把所学到的知识运用到实际生活中去了。在本专业的教学过程中，能够将所学习到的相关理论运用到实际的规划和绘图中去。把它和自己所修的主要科目——建筑设计联系起来，加强你的专长。

提高学生对学习兴趣的自主性。计算机绘图软件的学习，既是一门单独的课程，也是一门与其他课程相结合的课程。学生不能把所学的知识运用到实际生活中去，也没有动力去进一步地努力学习。能不能把问题解决好，就看我们的学生。首先，可以根据学生未来的工作需要，指导他们确定他们的学业方向。在进行计算机软件教学的时候，要与未来的就业内容相联系，向学生讲解软件课程的学习在未来的就业中，应该运用在哪些方面。其次，对课后作业进行适当的安排，并对学生的学习习惯进行较好的养成。由于在课程中的实际操作时间太短，导致学生不能很好地完成对课程中知识的练习。因此，在教学中，软件类教学教师应当科学地、有针对性地给学生布置好课下要做的软件练习作业，并督促学生完成。寻求好的建筑平面图表现范例，以激发学员的主动学习和主动实践。在软件课程中，教师可以从教室中寻找出一些与建筑物相关的好的模板，并激励同学们自己进行研究。最后，在建筑设计过程中，表达出最终的建筑方案设计结果的时候，能够积极地利用计算机软件，将自己在软件过程中所学到的东西，顺畅地表达出自己的建筑设计思维。

在过去的二十多年里，AutoCAD、SketchUp、Photo Shop等绘图工具在建筑设计领域得到越来越多的应用。《建筑设计》是建筑学专业的一门必修课，也是这个专业最重要的一门课，在这门课的教学和结果展示中，涉及很多设计图的类型，包括AutoCAD、SketchUp、Photo Shop等，这些软件都能对建筑设计起到很好的帮助作用，从平面、三维，以及建筑设计的最终结果的排版，这些都可以在一定程度上帮助到建筑设计这门课。只有掌握了这几种常用的图形工具，并把它们与一些好的图形组合在一起，才能创作出更好的效果。此外，这对提升建筑学专业学生建筑设计课程的图纸品质，确保学生有充分的能力，能够独立完成毕业设计工作，在毕业后能够早日独立承担起设计单位的设计工作，都有着显著的作用。

第四章 计算机软件课程教学

第一节 高校计算机软件课程的认知教学观

高校计算机软件课程以提高学生智能发展为目标，对其进行计算机观察能力、计算机动手操作能力、想象能力及运算能力等进行了培养。在社会经济持续发展的背景下，人们对计算机软件专业人才的需求越来越高，所以，高校的计算机软件专业必须改变自己的教学理念和教学方法，在认知结构的教学理念下，改变以往的灌输式教学模式，采用启发式教学模式。这一节将对目前在计算机软件教学中所出现的问题展开剖析，并对软件课程教学的特殊性进行论述，将认知教学观作为其指导思想，强化对高校计算机软件教学方法的创新。

在以计算机为中心的网络技术持续发展的情况下，为适应社会对计算机软件技术人才的日益增长的要求，高校的计算机软件专业必须注重对具有高计算机操作水平和好软件技术的人才进行培养。高校的计算机软件教学以提高学生的计算机应用能力为主要目标，而辅助软件教学是高校教学中最主要的一部分，高校一定要与软件教学的特征相联系，改变原来的"灌输"式的教学模式，调动学生的学习热情，推动计算机软件课程教学的发展。

一、高校计算机软件教学的特殊性

高校的计算机软件教学有其自身的特点，具体表现为：①因为计算机软件工作的内容比较复杂，所以在计算机软件的设计和开发的过程中，会出现一些不确定因素，因此，在软件的设计成果和设计理念之间，会出现一些不对称的情况。在传统的高校计算机软件教学中，教师们经常采用的是一个固定的教学案例和计算机操作的情境，缺少真实性，教师会根据一定的步骤，进行教学案例的讲解，但是这些课程的教学内容太过模式化，没有能够直接面对学生的主观能动性，从而导致他们的理论知识结构太过死板，缺少在实际的软件操作中能够灵活地解决各类问题的能力。与此同时，在面临越来越严峻的就业问题的时候，教师要加大对学生应用软件的能力的培训力度，降低枯燥、重复的课程内容和教学形式，让学生拥有创新意识和自主学习能力，让他们在进行自我总结和反思的时候能够更好地解决问题。②伴随着国家社会和经济的持续发展，计算机被大量地使用，学生们自幼就已经与计算机有了接触，已经对计算机的基本功能有了初步认识，所以当他们接受计算机软件教学时，往往会被固有的计算机经验所左右，不利于形成正确的计算机软件理论知识结构，所以高校里的计算机教师要注重把学生原来的知识和新的知识相融合，提高他们的知识水平和计算机的运用能力。

二、认知教学观的概念分析

（一）认知教学观理论

20世纪末，随着西方心理学的发展，人们对此的关注逐步从"行动"转移到"认知"，以桑代克和斯金纳为代表的传统行为主义"联结"思想认为，学习的本质是刺激和反应之间的联系，强调"操作"和"练习"是提高学习效果的重要途径。但是，在目前的情况下，行为主义的教学观过于注重对理论知识的传授，与当前对软件实际操作能力提出的新要求不相适应。在认知教学原则中，知识包含理论的概念和事例，要使学生具备一个完整的理论，并且能够运用这些理论的基本知识来处理较高水平的问题。认知教学观将认知原理作为其理论依据，它与人类认知能力的一般规律相一致，将认知教学观作为引导，在教学中展开各种教学活动，让学生能够对知识的应用原理有一个全面的了解，从而提高他们解决问题的能力。

（二）认知教学在高校计算机软件教学中的体现

高校的计算机软件教学要制定出一个合适的培养目标，并与社会对计算机软件人才的需求相匹配，建立起一个软件专业的课程系统。因为高校里计算机软件教师们的综合素质较低，所以高校要注重对他们的计算机软件教师队伍的教学，提高他们的整体素质，增加他们在计算机软件教学方面的资源和财力，强化对他们的职业训练，设置一些开发类的工作，让教师们发挥他们的创造力，建立一支具有较高综合素质和较高教学水平的高校计算机软件教师队伍。与此同时，在高校中，在进行计算机软件教学的过程中，还应加强与学校以外的软件企业之间的联系，将计算机软件的教学与软件企业的经营管理工作有机地融合在一起，从而提升计算机软件专业学生的动手能力和自学能力，并扩大软件企业的人才资源，达到共赢的目的。与此同时，目前，在高校计算机软件专业中，学生缺少必需的独立学习和团队合作的精神，高校过分注重对他们的理论知识的学习，而忽略他们的实际应用。所以，高校必须强化他们的综合素养，指导他们主动参加各类社会实践活动，强化他们的团队精神，让他们的理论和实际工作相融合。在高校的计算机软件课程中，教师要与学生的实际学习能力和知识层面相联系，减少单调、重复的密集培训，注重对学生的独立学习能力和创新意识的培养。

三、计算机软件基础教学分析——以认知案例教学法为例

认知教学观的基本原理就是要与学生的认识规则相联系，把课程内容进行组织化、因果化，让学生能够透过事情的表象来把握问题的实质，建立起一个比较完整、比较完善的知识体系，进而能够更好地对问题进行解答，因此，认知教学观是一种与学生的学习和认知规则相一致的科学性的教学方式。案例教学法则是利用一个教学案例来展开一系列的教学活动，利用众多的课堂和课堂上的教学案例，来提高学生们在实践中处理问题的能力。接下来，将计算机软件技术基础课程的教学当作一个实例，来讨论在高校计算机软件课程中，认知案例教学法的运用结果。

高校《计算机软件技术基础》是一门以算法和数据结构、操作系统技术、数据库技术和软件工程为核心的学科，采用系统工程的方法来把这四个教学内容联系起来，并在教科书中安排一些相关的实例来对这四个教学内容进行

详细的分析，从而把这些教学内容的宏观知识转化成微观知识，建立起一套完善的计算机软件技术的理论体系。在进行计算机软件的实际教学的时候，教师要与各种微观知识点之间的关系相结合，为学生选择一个合适的软件应用案例和操作环境，强化学生的自主学习能力，并展开一系列的研究性学习活动，将学生的学习热情都激发起来。与此同时，教师们还必须以不通过的案例为基础，展开对案例教学的重点问题的剖析，让学生可以在教学的重点内容上进行预习，加强他们的学习成果。最后，开展师生、生生之间的点评与讨论，进行反思与总结，从而提升软件的教学质量和效率。

高校计算机软件教学是高校教学中不可缺少的一部分，它直接关系到高校学生的综合素质。目前，在我们的高校里，我们应该把认知教学理念作为我们的指引，来提高学生的认知能力，提高学生的自主学习能力和创新能力，来培育一批高质量的软件人才，推动我们的软件产业的长期发展。

四、高校计算机软件课程教学中发挥学生主体性的教学

在中国，随着计算机科技的进步，计算机软件已逐步被列为高校学生的必修课。然而，在过去的几年里，因为受传统的教学方式的制约，我们的计算机教师仍然习惯性地使用"灌输"的教学方式。然而，在这样一种教学方式之下，不但没有能够充分地发挥出学生的主体性，而且很容易让他们丧失对学习的兴趣。

虽然计算机课程具有很高的实用性，但在计算机软件课程中，需要大量的理论知识，并且其更新迅速，因此，在这方面，教师们必须注重在教学方式上的革新，转变传统的教学方式。也就是在这样的大环境下，才有"素质

教学"这一概念。通过几年来的教学实践,我们发现,尽管对学生的教学质量有很大的提高,但在教学质量方面还存在着一些问题,主要表现在没有充分地调动起学生的主体作用。因此,要使计算机软件课程达到这个目的,就必须对素质教学的中心理念有一个深刻的理解,并把它融入教学中去。特别是要与当前的多种教学方式相结合,对计算机软件课程进行创新,让学生的学习效果得到切实提升。

(一)实现高校计算机软件课程中发挥学生主体性的教学模式创新的途径

多种教学方式的结合。在现代教学体制下,高校的计算机教师必须立足于学生的现实,通过多种教学方式相结合,创造出一种全新的计算机教学课堂。特别是要将多种教学方法相结合,以加强课堂的学习气氛,最终实现凸显学生主体地位的目的。

任务驱动法、案例教学法、情境教学法是目前较为普遍的教学方式。教师应灵活设计教学内容,采用多种教学方式,使计算机软件课程更生动、更有趣。举个例子来说,教师可以使用单一案例的方法。如《网页设计与制作》等课程,可以按照"举例—讲解—练习"的步骤来实施。首先,在举例子的时候,要充分利用各种教学工具,运用各种形式的教学方法。比如,多媒体例子、模型例子等。例如,在学习网页布局相关知识时,教师可以在上课之前,从网上收集各种网页设计实例。然后在课程一开始就用幻灯片把有关的个案呈现出来,让同学们大致明白网页的版面设计。然后,教师可以从中挑选出一些比较典型的设计实例,对它们进行细致的分析。特别是一些基础的功能区域,需要仔细分析。接下来,就是让他们自己去练习。可以看出,在这一节课的教学过程中，以学生作为教学的主体，首先，在经过一段时间的教学之后，让学生的思想变得更加活跃起来，然后，让他们更加积极地、更加深刻地了解到 Web 布局的相关知识。

这种单一的教学模式更适用于对计算机软件的实践部分内容进行说明。然而，在遇到具有逻辑性和理论性的知识时，教师可以将各种不同的教学方法结合起来，来改变课堂上的乏味性，进而激发出学生学习的热情。比如，在网页的设计与制造中，其中有部分网页的设计知识是由代码来进行网页的制作。由于计算机语言的抽象性，许多学生在学习过程中极易丧失兴趣。在这种情况下，要转变教学方式，凸显学生的主体性。比如，在 HTML+ CSS 网页设计中的 CSS 样式设置的教学过程中，教师可以首先创建一个情景，将其引入课堂当中。比如，我们平常在上网的时候，打开的浏览器看到的页面，它们都很漂亮，而且页面的版面也很合理。之后，教师对这些页面是如何做出来的，以及对它们使用到的技术进行简要的描述，然后引出今天要学的 CSS 样式，再通过 CSS 样式对页面进行网页和装饰。并用多媒体将相关的画面播放出来。然后针对每个 CSS 风格进行剖析，从而使学生了解 CSS 风格的基础写法。接着，教师可以给出有关的任务，指导学生以小组为单位进行合作探究，以此来彰显学生的主体地位，并将他们的主观能动性完全发挥出来，最终实现提升教学质量，提高学生综合实践能力的目的。

要使教师在教学中起到主导作用。尽管学生是课堂的主体，但教师仍然是课堂活动的组织者和引导者。要想充分地体现出学生的主体地位，教师就应该立足于学生的现实，对课堂的授课方式进行改革，这样才能为学生创造一种更好的学习氛围，切实地提升学生的综合实践技能。

在现代教学体制下，大学计算机软件专业的教学中，应注意与已有的教学资源相整合。只有这样，才能更好地促进我国教学课程改革的进程，才能更好地发挥学生的主体性。首先，教师要改变自己的教学观念，确立"以学生为中心"的教学观；在这一基础上，创设一种能突出学生主体性的教学活动。例如，教师可以通过不断地学习和参与各种各样的交流活动，来主动地认识目前比较先进的教学方式和思想。同时，学校通过举办讲座，聘请专家，使师资队伍得到更好的发展。使内部与外部相结合，加速教师教学观念的转型与革新。比如，一所大学组织一次关于"云项目平台在高校计算机专业教学创新中的应用"的讲座，其主题就是将云计算技术运用到大学计算机教学改革中去。总而言之，只要教师对强调学生主体地位的重要性有了足够的了解，他们就可以在教学中将这种观念付诸实践。

其次，教师在教学过程中要注重实践，突出学生的主体地位，充分发挥学生的主动性；高校计算机软件课是一门综合性、实践性较强的课程。因此，教师应在课堂上给予学生充分的空间，培养他们的自律和自主意识。例如，在 PS 软件的教学过程中，为使学生能较好地掌握基本工具及设计思路，教师可在课堂上展示一些具有视觉冲击力的图画，刺激学生的感官，激发他们的学习热情。接着，为学生安排一个学习的任务，鼓励学生积极、深入地进行自我学习。只有这样，才能使学生的主观能动性得到最大程度的发挥，才能提高学生的综合学习能力。而且，只有在实践中，他们才能意识到自己的缺点，从而做出相应的改进。例如，在学习滤镜知识的过程中，教师可以用具有不同滤镜效果的图片，来逐步地让学生去体会过滤的效果，让学生们有一种想要尝试的冲动。然后引导学生运用滤镜、选择图片、添加特效等方法，使宣传画更有特色。这样学生在实践中就可以找到使用滤镜效果的技巧，从而真正掌握滤镜知识。总而言之，教师要注重的是，首先要提升自己的教学水平，然后在教学过程中把它付诸实践，从而推动学生的个性发展，凸显出他们的主体地位。

（二）从学生实际出发

学生主体性的发挥，关键在于学生，而学生又是课堂教学的主要客体。不管是对教学方式进行创新，还是对课外活动进行创设，都应该从学生的现实情况着手，以学生的兴趣爱好、认知水平、情感态度等为基础，教师都要注重对教学进行持续的创新，真正从学生的现实情况出发。

在素质教学中，促进学生的人格发展同样是一个很重要的概念。由于学生不同的教学背景，不同的家庭背景，不同的学生在理解能力、思维方式、性格特点等方面存在差异。在课程设置上，没有一个统一的教学模式能够完全适应每一个人的需要。层面教学理念正是在这样的大环境下提出来的。层面教学指的是，教师要以学生的学习程度为依据，创造出从难到易的教学目标、学习任务、评价方式等，确保学生在自己目前的学习基础上，可以取得一定的进展。因此，在高校里，我们要从各个角度去思考问题，运用多种教学手段来实现课堂的最优化。比如，在网页制作中，教师可以根据以下几个步骤来进行教学：第一，教师要将学生分成三个层面：一是学习能力较好的学生。二是中等水平的学生。三是基础薄弱的学生。然后根据不同的层面，设置不同的教学任务。对于能力较好的学生，可以根据他们的兴趣爱好，给他们安排一些有难度、有思考性的问题，以提高他们的综合学习能力。而对普通的学生，则可以为其提供适当的、可以提高他们学习能力的普通难度。针对那些基础比较薄弱的学生，可以通过设计几个基本题来加强他们的基础学习。这样不仅可以满足学生的学习需要，又不会影响到他们的学习热情，让他们的学习经验得到更多的提升，让他们的主体地位得到更好的体现。但由于计算机软件课程的实践性很强，所以在实践环节中，要注意选题的设置，同时要注意多个层面的交流。综上所述，分层教学是一种可以最大限度地发挥每一位学生的主体作用的教学方式，在教学过程中，教师要根据学生的具体情况，把它运用到课堂上来。此外，教师还可以利用翻转课堂、慕课等多种方式，从学生的实际出发，来构造课堂，并对教学设计进行优化，以凸显学生主体地位。例如，在翻转课堂中，在课前预习环节，通过设计有目标的考试试题，来提升学生的预习效果。与此同时，教师要以此为基础对学习问题进行分析和总结，然后在课堂的教学中进行专项训练，以协助学生学习。

总之，高校计算机教师要注重从三方面着手，即综合运用多种教学方法，发挥自身的指导作用，从学生的实际角度出发，不断地对计算机软件课程的教学模式进行改进，并让它对学生的学习产生帮助，从而实现让学生的主体意识得到充分发挥的目的。

第二节　计算机软件课程教学的创新研究

一、提高高职计算机软件课程教学效果的研究

在"互联网+"的时代背景下，我国高等职业院校的计算机类人才培养数量也在逐年增加。高等职业教学的录取分数偏低，导致考生的学业水平偏低。面对如此庞大的一个群体，如何才能更好地使其学习到所需要的知识与

技巧？传统的教学方法已无法适应当前高职计算机专业培养的需要。所以，我们采取一种以理、实融合为基础的混合式教学模式，并采用模块化开课的方式，来提升在高等职业教学中的计算机软件课程的教学质量。

（一）高职计算机软件课程教学现状分析

目前，在高职院校，对计算机软件课程教学多采取"理论讲授+上机实践"的方式，也就是"先上几节理论课，再上几节上机实践课"。与以往的纯理论教学相比，此模式有了很大的改善。但是，在教学中，我们可以看到，在进行理论教学的时候，学生的学习热情不高，有很多人上课走神，不认真听课。在计算机上机实践中，学生的热情高涨，许多学生都乐于参与。这也许与高等职业学校的学生不爱学纯粹的理论知识，更爱实践活动的特性有关。

在这种理论教学+上机实践的模式中，存在着一个不足之处，那就是有些学校在排课的时候，并没有把理论课和上机课连起来，有时，在上了理论课之后，要过几天，或者到下一个星期，才会开上机实践课，这就造成学生在上机的时候，已经将上一节理论课所学到的东西给遗忘了，从而影响教学效果。

目前，许多高等职业教学的课程都采用"项目化"的方式进行教学，即将理论与项目案例相结合。所以，在理论教学的过程中，会涉及大量的例子，在理论课上，学生只能听到，却不能动手，这会让学生对某些较为抽象的知识感到理解困难。

（二）高职计算机软件课程教学的改进措施

以理论与实践相结合为基础的复合型教学模式。目前，部分高校所使用的"理论与上机结合"的教学方式，由于理论课的有效性较差，导致其教学效率低下。提高高校的理论课程质量是十分必要的。以往，我们的理论课程都是在多媒体课堂中进行，教师通过各种手段讲授，同学们则是坐在台下聆听。由于无法在台下进行操控，许多人都是在打瞌睡。为了解决这个问题，作者把理论课程也搬到机房上。机房内配备各种多媒体设施，既可以用投影屏进行授课，也可以用各种教学软件进行授课。在授课的时候，教师会将有关的理论进行讲解，让学生可以立即进行实际的操作，这种方式可以提升他们的学习兴趣和学习热情，可以提升他们的教学效果。

由于校方经费有限，无力配备那么多的机房，比较好的方法是：学校将教室改为"机房"，在没有固定的计算机的情况下，同学们可以携带自己的计算机来课堂，而校方只要建立一个拥有大量三维教学资源（包括教学视频、微课、技术文件等）的服务器就可以了，"机房"仅需要为其提供供电端口和网络环境就可以了。这对以翻转课堂和理实一体为基础的混合式教学模式产生有利影响，对学生的自主学习产生重要影响。

采用课程模块化的开课模式。目前，大部分的高等职业院校的计算机软件课程，都是一个学期中开设几门课程，并将其组合到一起进行排课，因此，计算机软件的教学也就变得比较松散，一周一门课只能上 4~6 节。经过几年来的实践和研究，笔者认为，分散安排的方法对计算机软件课程的教学有很大的影响。计算机软件课具有很高的连续性，这样的排课方法会造成上一周所学到的知识在下周就会被遗忘得七七八八，因此需要多花点时间来对这些知识进行回顾，之后才能重新回到课堂的教学环境中。

为解决这一问题，学校可将计算机软件课程以模块化方式开课。模块化开课是指将某一门或几门课程按照一定的时程集中授课。举例来说，学生一学期必须学习四门计算机软件课程，学校可将其中的两门放在上半学期集中教授。学生可以在上午学习一个科目，下午学习另一个科目，然后每天学习。前半学期的学习结束后，学校会在后半个学期开设两个课程。这样可以让学生在所学的课程中保持高度的连贯性，从而提高学生的学习效率。

阶段性开课不能过少，也不能过多。如果一个阶段只有一门课程，就会造成学生学习疲劳，产生厌学心理。如果开课过多，就会造成课程的不连续性。学校可以针对不同的学生，实施不同的教学计划。

综上所述，计算机软件课程的教学采用以理、实一体化为基础的复合式教学方式，并将课程模块化开课有机地融合在一起，在某种意义上可以提升高职计算机软件课程的教学质量，因此受到学生们的欢迎。要想提升计算机软件课的教学成效，必须有每一位教师都在进行不懈的探讨与研究，有关教师能够提供更好的教学方式与方法。

二、项目驱动教学法在计算机软件课程中的实践

计算机软件课属于一种程序设计类型的课程，它可以对学生的逻辑和抽象思维进行训练和培养，它是一种将知识和技巧结合起来，用于开发应用程序的课程，可以最大限度地发挥和扩大学生的创造性思维的作用的课程。本课程的开设对于以后的专业教学具有重要的意义。鉴于其在我国高等教学中的重要地位，我国高等学校将其列为新一届本科生的必修课。但是，在计算

机软件课程的教学过程中，许多教师仍然沿用一种以程序设计的语法为主要内容的传统教学方式，教师仅仅把不同的语法的作用以及在应用过程中需要注意的一些问题告知学生，而学生却只知道其然，并不知其所以然，只知道被动地接受。之后，学生可以按照例子，模仿着敲打一遍程序，也可以很容易地把和例子类似的题目完成，但是对于那些比较复杂的程序，他们就不会去设计，不知怎样开始。离开书本，一事无成。在这样的教学模式下，一节课就变成一节一节地讲。就像是一只精致的花瓶，被打碎一样。教师对每一个碎片都做了详细的说明，可是，学生们根本就无法看到这只精美的瓶子，更无法了解其中的每个小块，都代表着怎样的含义和作用。所以，教师再怎么解释，也只会让学生们一头雾水。学生们不了解这门课程的作用和意义，不清楚通过这门课程可以帮助他们解决在生活中遇到哪些问题，这样下去，就会让他们觉得这门课程非常枯燥，非常深奥，最后会造成他们对这门课程毫无兴趣，甚至会出现无聊的感觉。如果采取这样一种教学方式，一堂精彩、有意思的课就会失去它原本的吸引力，进而会降低学生们的学习兴趣，也不利于提升他们的逻辑性和创造性。项目驱动教学法与传统教学方法的区别是，在课题研究过程中，学员们期望通过主动的学习来提高自己对课题研究内容的理解能力。所以，对于这些知识的应用，他们都记忆犹新，对这些知识的理解，也是非常的透彻。在学习方法方面，项目驱动教学法的特点是：以学生本身、学生和学生之间、学生和教师之间的相互合作为主导。这样的教学方式既可以充分发挥学生的潜力，又可以充分发挥他们的创造力，更可以充分发挥他们的集体意识。运用"项目驱动"的授课方式，将理论和实践相融合，运用所学到的东西，去处理一些在生活中十分常见的问题，将无聊的功能与文法转换为"神器"。同样的内容，用不同的方法来教授，让知识拥有不一样的生活状态。所以，在计算机软件课程中，采用"项目驱动"的方法是一种很有价值和意义的方法。在"填鸭式"教学中，如果以教师为主，那么，在教学中只要听懂了，就会有一种被动的感觉，无须去想什么。而学生是课堂的核心，他们要去寻找和探索解决问题的方法，并主动地去学习解决问题的相关知识。唯一能做的就是主动寻求问题的解答，这样才能使他们的创造性与想象力得到充分的开发与挖掘。只有在学生积极的参与下，他们才能真正地把这些东西牢牢地记在心里。"项目驱动"的课堂教学是放开手脚，培养学生自学能力的最好途径。

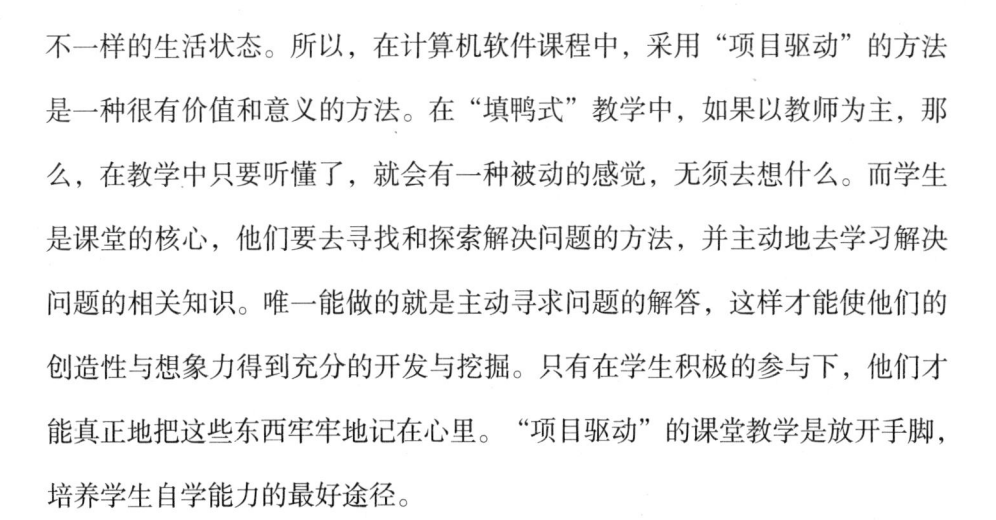

（一）项目启动教学法

"项目启动"是一种基于"项目"的教育方法，它是在建构主义教育思想的指引下实施的一种新型教育方法。教师的工作是为学生提供本课题所需要的全部有关知识，然后指导、启发、解答、协助，教师只是起到辅助的作用。学生可以使用他们需要的教材和教育资源，以小组为单位，以独立学习、与同学合作，以及教师指导等方式，共同或分工完成项目。学生是项目完成的主体。通过项目启动的方式，可以最大限度地激发学生的主观能动性、团队合作精神以及创造力，使他们可以高效地完成对目前所学的知识的语义构建。

在课程的设置上，大多选择了一些对学生来说比较常见的生活中的事情作为学习的题材。把这门课所学的有关内容与专案结合起来，把专案分解成若干子单元，逐一去做，从而达成整体的专案。"项目启动"是指将分散的、零散的知识进行有机结合的一种教育方式。这种教学方式对学生快速学习，快速理解，快速掌握新知识有好处。

（二）项目启动教学法的实践

项目启动式的教学方法指的是一种以一个相对完整的、学生平常熟知的事件作为项目案例的方法，将编程中所需要的各个知识融合到这个案例中。在案例完成过程中，为了解决所遇到的问题，学生会主动学习案例中的相关知识。这种将理论与实践紧密联系起来，在实践中学习新知识的方法，既能使学生对所学的内容有一个清晰的认识，又能使他们更好地理解并应用所学的内容，更能使他们很好地掌握所学的内容。另外一方面，利用所学到的东西，来帮助解决我们在现实生活中遇到的一些具体问题，这样学生就会对此产生强烈的兴趣，从而大大地提升他们的程序设计能力和水平。

"项目启动教学法"具体的执行计划：

挑选合适的项目。准备一个学生在生活中比较熟知的、接近学生生活的、尽量是学生感兴趣的、有开发价值的、学生比较了解的、有现实意义的软件开发项目。该方法的实施难度应适中，符合学生的认知规律，并能覆盖教材中所教授的知识。例如，可以将一个学生的分数管理系统作为电脑课程的专题。在教学过程中，应首先将所需要的模块演示给同学们，并将最终的结果演示给同学们看。这样，既能使同学们对这个项目有一个整体的认识，也能使同学们初步地、直观地认识到这个课程的功能，进而认识到这个课程的重要性。

授课的过程中，将每个单元划分为若干个单元，一个单元对应一个单元。在一堂课中，我们要做的工作不能过多，也不能太烦琐，要让同学们能够在上课时学好，从而产生一种成就感。

教学计划。在设计好项目后，教师要详细地介绍项目的构思、需求解析、整体设计和大纲设计,以及项目在设计中要考虑的问题等,并以教案的形式向学生展现。对于给学生留下的每一个项目,教师都需要自己首先去完成一次。通过这种方式,教师可以对该项目中所涉及的知识有一个完整、全面、透彻的理解和掌握。此外,在完成项目的过程中,如果遇到什么问题,教师也可以在第一时间给予帮助并解决。

学生分组。教师应提倡学生之间的协作精神,让学生自发地以七八人为一组。也可以根据他们的学习能力和知识积累进行分组,把好的和差的两种学生混合在一起,每组选举一个组长,可以对任务进行分配,让每一组成员都有事做。团队领导者也可以将一个子计划分成几个模块,各部分各有不同,各部分又有相同的地方,以便互相学习,取长补短。通过这样一种学习方法,在解决问题的时候,可以让大家一起去研究,去交流,去探讨,这样就可以将思维集中起来,让思维变得更加开阔,从而让学生的学习兴趣变得更加强烈,让学生的学习积极性也变得更高。将项目进行小组协作,不但可以提升学生完成工作的效率和质量,而且在小组中进行协作,还可以将他们的团队协作精神充分地展现出来,通过组和组之间的较量,可以将学生们的学习氛围烘托出来。

让学生成为课堂的主体。在教学过程中,教师会将需要实现的模块以及要实现的功能都展示出来,并对学生进行指导,让学生对要实现这些功能需要使用到的知识进行分析和讨论,其中有哪些知识是学生们已经掌握的,而哪些知识还没有学会。在对其进行详细的分析后,教师会对其进行讲解,并将其应用到的新知识进行讲解,最后再将其展示给学生看就可以,并不一定要将已完成的代码交给学生,不然在很多时候,学生只是会对教师的代码进行复制,从而限制他们的创造性和想象力的发展。对于某些较难理解或有难度的部分，教师可以设计出具有针对性的问题，使学生能更快更准确地理解与把握。这个时候，教师所起到的作用就是辅导作用，教师要深入到学生之中，为他们解答疑惑，并对他们在设计中出现的问题给予帮助，从而及时地发现他们在完成作业的时候出现的问题。与此同时，学生也可以就问题与教师进行交流和讨论，让学生在进行设计的时候，少走弯路，提高自己的学习动机。

要注意每次讲授时的意见。当同学们学习完课程内容后，教师和同学们一起讨论他们的编码。虽然相同的任务被分派到了每一个人身上，但在同一个问题上，却有着完全不一样的答案。这一连串的密码，让所有人都觉得眼前一亮。每个人都在共同探讨，哪些是最好的，哪些是不好的；什么是不完善的，什么是可以改善的。教师应该告诉学生什么是可以忽略的，什么是应该特别关注的。同时，要注重发掘出学生在编程过程中所具有的创造性和闪光点。在相互借鉴学习的过程中，既能扬长避短，又能拓宽学生们的编程思路，从而大大提高学生们的编程能力和程序质量。经过一段时间的学习，学生们很快就能掌握这门学科的基本知识，并且在思维上有了质的飞跃，分析和解决问题的能力也得到显著的提升。在整个项目实施过程中，对完成的项目进行评价起到至关重要的作用，它也是调动学生学习积极性的重要环节，不能忽视。

重视作业环节。在课后，为学生布置一份与他们在课上所做项目的困难程度相同的任务，以此来巩固并深化他们在课上所学习到的东西。举例来说，在课堂上要做一个项目，把十个人的分数从高到低排列。然后我们可以在课后布置任务：把青年歌赛的二十位裁判给每个人的评分中，剔除一个最高的分数和一个最低的分数，计算出每个人的最后分数，然后按照分数从高到低排列。此项任务类似于在课堂上完成的项目，但也有不同之处，加入了去除最高分数和最低分数的内容。青年歌曲比赛,每个人都很熟悉,每个人都能自己做完,这样才能获得更多的乐趣,从而激发出更多的学习欲望。教师要对课后作业完成的优劣进行点评,并且作业要有成绩,作为期末成绩的一部分,以此来鼓励和激励学生在课后花更多的时间,花更多的心思去完成作业,呈现出一件优秀的作品,从而取得更高的成就。

添加教学内容的联结。在这门课结束时,将会有一节课的教学设计。以此为基础,通过本课程的设计,让同学们亲身体会到软件产品从需求分析、详细设计、编写、调试、测试到最终实现的整个过程。而课程设计则是一种在学生学习完计算机软件之后,对其进行一次能力考核的方法,同时也使学生认识到学习计算机软件的目标以及它的重大意义。在设置课程时,可以选择一些与课堂内容相近的主题,比如,《学生选课管理系统》《学生学籍管理系统》等,或者针对不同的学科,进行相应的主题选择。通过这种方式,学生可以将其他课程中所学到的东西融合到一起,为他们将来走向工作岗位,做好充分的准备。

下到基层,开展生产实践活动。到基层、到生产一线去,是理论联系实际的一个主要途径。到基层去,既可以使学生对所学知识在当前社会中的应用和发展情况有一个更好的认识,又可以使他们更好地掌握和巩固所学的知识,从而提高他们利用所学知识解决实际问题的能力,还可以使学生的工作能力得到提高。要到基层去学习,让学生了解到他们的知识是有用的,这也是他们未来走进社会,更好地与社会融合的基础。

将项目驱动式教学方法运用于程序设计类专业的课堂,在较为实际的工作情境中,实现了课堂与实际相融合,实现了学以致用。这样,学生不但对所学知识有了更深刻的了解,还巩固了对知识点的记忆和掌握,在学习到知识的同时，还学会分析问题、解决问题的方法。在教学过程中，学生们的学习积极性和集体精神得到很大的提高。我们深信，应当在计算机软件专业的教学中使用并普及项目驱动的教学方法。

三、MOOC下的计算机软件课程虚拟实验研究与实践

伴随着网络技术的快速发展，当前网络教学已步入大规模开放网络课程（MOOC）时代。特别是近年来，MOOC+ SPOC（small private online course）的教学模式逐渐兴起，并被越来越多的大学所采用，它通过短视频网络的在线学习和在线互动讨论等形式，能够很好地解决学生在学习中受到的时间、空间和教师等方面的限制。目前，单纯采用录像观摩、网上测验等方法，虽能较好地弥补现有的理论不足，但对改善实践教学的作用十分有限。在大学教育中，实验是一个重要的组成部分，对学生实践能力、创新能力有很大的影响。因此，探索适合MOOC环境的虚拟实验技术和教育方式，不仅对于线上理论课程的教育有着非常重要的作用，同时也是线下实验教育面对MOOC的一种创新和改革。

（一）MOOC虚拟实验平台研究背景

目前MOOC课程主要是理论性教学，超过90%的学生在慕课中退学现象已经引起人们的重视。通过对MOOC中学生的学习行为的追踪，研究人员发现，在MOOC中，对于文科类和计算机等学科来说，学习起来相对简单一些，但是对于物理、生物、工程等学科来说，因为需要进行实验练习，如果只是在网上进行理论课的授课，那么他们经常会轻易地选择退出，只有一些学习习惯极好的学生可以继续下去，这就造成MOOC中的高退学率。并且，

就算学生们可以一直坚持下去，但是由于他们缺少一些实践经验，因此很难取得很好的教学成果，不可能实现课程的预期目的。

尽管有文献提到，计算机课程很简单，但是在现实生活中，其所牵涉的科目均为实践性较强的科目，例如，计算机软件专业核心课（包括程序设计语言、数据结构、数据库原理及软件工程等多个科目），且各科目均需要通过大量的试验，加深对知识的认识，进而全面掌握教学内容。因此，给学生提供一个良好的在线实验环境，并精心设计实验的内容，这对提升 MOOC 软件课程的教学效果有着十分关键的作用。

在目前的实验教学中，对于部分软件编程类课程，采用 OJ（online judge）等线上系统提交程序、自动对比程序结果等方式，进行了实验方法的改革。但是，还有很多与实验环境紧密相关，涉及具体操作的实验大都是在专业实验室中进行，在导师的现场指导和解答下，学生可以独立地进行实验，并进行相应的实验测试。这种常规的试验方式经常会产生以下问题。

（1）没有有效地利用资源。学生只能在安装有特定软件的计算机上进行实验，而不能在课余时间使用实验室的资源。如果学生没有在课堂上成功地完成实验，则只能停止实验。另外一方面，在下课后，教师经常不能看到学生们的实验进展情况，也不能对他们进行更深层面的引导，并对他们进行动态的调整，这对他们的实验教学质量造成很大的影响。

（2）实验成果及有关数据的可用性不高。很难对学生在实验中所生成的实验数据及实验行为特征进行有效的采集和累积。这就使教师很难不断地根据数据分析等方式来调整和改进课程的内容和方法。

（3）维护和管理成本高。在同一计算机上，为了进行各种实验，必须不断地重复地设置相应的软件和操作系统，从而提升机器的损坏概率，同时也加大硬件投资及维修费用。如果软件不能达到兼容性，则必须重复地卸载和重装。计算机的更新速度很快，一般只有 3~5 年的时间，就必须购买一台新的计算机，不然的话就达不到它的功能需求。

（4）不能确保数据的安全与可靠。出于安全方面的原因，大部分的实验室都不能对自己的个人数据进行储存，这就造成了师生们的个人文件和实验数据很可能会被遗失，如果长时间地在移动设备上进行储存，就会有被病毒侵入的危险。

为了解决上述问题，国内外学者对虚拟实验系统的应用进行了积极的探索。目前，一些虚拟实验系统在实验教学中得到了应用，如美国牛津大学（University of School of School of Chemical Science）、美国约翰霍普金斯大学（University of Electrical Science）等，学生可通过开放的因特网远程访问，实现在线实验。相对于国外来说，国内大学对这一问题的研究还处于起步阶段。目前，实验教学虚拟化以及与 MOOC 环境的融合仍面临着很多困难，迫切需要得到发展。

借鉴其他虚拟实验的设计思路和结构，建立适合 MOOC 的、基于云计算的、适合 MOOC 的计算机软件基础课程的虚拟实验平台，充分发挥慕课与虚拟实验各自的优点，提高网络教育的质量。同时，假如能将这一平台拓展到线下的实验教学中，还能弥补传统实验教学不足。

（二）MOOC 环境下的虚拟实验平台

总体结构。MOOC 环境下的虚拟实验系统由 MOOC 系统平台、实验平台、客户端三个部分组成。实验平台方面，主要内容为：①以 OpenStack 为基础构建的仿真实验平台；②以 OJ 为代表的其他在线实验平台。此虚拟实验平

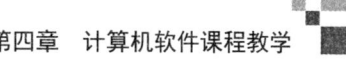

台不仅能够用于线下教学，还能用于 MOOC 系统中的 MOOC 实验。

以 OpenStack 为基础的虚拟实验平台为核心的系统，该系统包括资源管理，存储管理，用户管理，安全管理。OpenStack 为用户提供一个自我管理、自我服务的虚拟计算环境，主要是通过虚拟化技术实现的。

平台建设。

云计算平台搭建。因为大多数的实验都是由单个或多个单独的虚拟机器组成，因此，这个实验的中心就是基于云计算平台。在这个例子中，我们用到一个开源软件 OpenStack，它包括 keystone、glance、nova、dashboard、neutron 等部件。OpenStack 可以对各种不同的虚拟平台进行管理，其中的设计是基于 CentOS 的 KVM 平台，详细的设计可以参见 OpenStack 的官网。该系统由一个控制节点和多个计算节点构成，按照虚拟机核数的差异，每个计算节点可提供 20~50 个虚拟机服务。

在开放堆栈的平台上创建试验范本。在构建好 OpenStack 平台之后，利用 flavor（虚拟机模板），对每一门软件核心实验课程中需要的虚拟机模板进行生成，其中包含操作系统以及与之相关联的软件环境。在具体的试验程序中，学员可以利用该范本建立一个新的虚拟机。该方法所建立的虚拟计算机应用系统和应用软件环境能够满足相关的教育需求，并且具备了已有的各种功能。此步完成后，即可在非 MOOC 的情况下，独立地进行虚拟试验。

开源代码慕课系统的构建。在此基础上，构建开源代码 MOOC 平台。本课题使用的是开源代码，目前测试版为 bitnami-edx-ginkgo.2-6-linux-x64。

集成开源代码慕课与虚拟试验系统。以开源代码为基础，构建各类 MOOC 课程。将云计算 OpenStack 等虚拟试验平台与各个科目的教学内容相连，并对使用者开放相应的权限，最后将开放源代码 MOOC 平台与虚拟试系统结合起来。

对平台的管理。虚拟实验平台的管理主要集中在对用户、资源、安全等方面。该系统具有三种用户：教师用户，学生用户，管理员用户。教师用户是 MOOC 课程信息的人员，主要负责 MOOC 课程信息的发布、教学进度的推进、学生作业的检视与批改等工作。学生用户可以选择 MOOC 课程，并根据 MOOC 课程的教学要求，完成 MOOC 课所需的教学与试验，并参与网上测试。负责对开源 MOOC 系统及虚拟实验平台进行资源、安全性等的管理与配置。在此过程中，对 MOOC 系统的使用情况进行分析，并提出相应的解决方案。资源管理是由管理员来管理支持虚拟实验的各种设备，如物理机、虚拟机等，并负责对整个系统的维修和管理。安全管理是指按照用户的特性，以及访问对象的特性，为不同的用户设置权限。

利用过程。待 MOOC 课程和实验环境完成后，即可投入运行。这一系统的用户以教师和学生为主。

平台优势：

（1）在目前的独立 MOOC 平台课程中，可以对实验进行补充，从而能够对 MOOC 课程的总体学习质量进行提升。

（2）解决在常规实验中，由于硬件环境的特殊性，造成的实验时间和实验内容受到限制的问题，通过虚拟实验，能够在同一时间进行多个学科的实验，学生们也能够在任何时间、任何地点，通过这个平台进行与之有关的课程的实践。

（3）能够轻松地部署、存储和重用实验环境，节省实验费用。

（4）这为教师对实验展开高效的指导提供了一种可能性，教师可以在任何时间、任何地点，利用虚拟情景来指导学生进行实验。

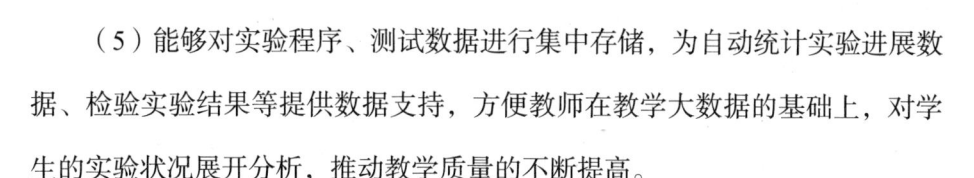

（5）能够对实验程序、测试数据进行集中存储，为自动统计实验进展数据、检验实验结果等提供数据支持，方便教师在教学大数据的基础上，对学生的实验状况展开分析，推动教学质量的不断提高。

（三）教学实践

数据库原理实验课程实践。在我们学校的数据库原理课程教学中，一直以来都是采用预先配置好的操作系统与数据库管理系统相结合的方式来完成。因为在实验过程中，采用网络引导方式，所以在每一台计算机重启时，都要对软件环境进行重设，因此，不能将学生上次的实验数据进行存储。另外，一般情况下，学生会利用自己的计算机来设置自己的实验环境，以便在自己的空闲时间来做课堂上没有做完的事情。这导致学生在准备实验环境上耗费大量的时间，也给导师的指导工作量带来了很大的影响，从而导致学生做实验的效率下降。

通过对《数据库原理》实验课程教学过程的探讨，选取了部分学生进行试验。在实验课开始前，教师首先要建立起为本课程做好准备的虚拟机模板，包括 Windows 操作系统、DBMS、基础编程软件以及实验课所需的所有辅助材料。在第一次试验中，学生要建立一个自己的账户，然后使用数据库原理实验课中所提供的虚拟机的模板，分别充当本地数据库服务端和数据库访问的客户端，学生的全部实验都在该虚拟机环境下完成。由于虚拟机的使用周期为一学期，因此学生首次使用后不需重新配置，更能保证实验课程的连续性。此外，在上课之外的任何课余时间，学员都可以在任何位置登录并进行实验。在学生的实验课进行期间，导师可以利用登录虚拟机等方法来进行指导，还可以对学生使用虚拟机时间的长度和时间段等数据进行调查，从而对学生的学习状况有一个更好的了解。在进行一年多的试验后,学生的实验效率有很大的提升,同时也改进了教师的教学质量。

软件工程实验课程实践。在本科教学工作中,外国留学生教学是一个重要的组成部分。同时,由于学生普遍存在基础薄弱、动手能力差、汉语水平低下等问题,使其在实验教学环节遇到的困难较多。传统的实验环境是为中国学生而设计的,实验室计算机上的操作系统以及应用软件都是中文版本,这就导致学生要花很长的时间来准备实验。我们还将此虚拟实验系统应用于外国留学生软件工程英文实验课。

针对本年度软件工程实验班学生人数不多的实际情况,将学生分为两组进行实验。在实验开始之前,教师会为学生创建一个全英文版的虚拟机模板,包括 Windows 操作系统、UML 工具、基础编程软件、DBMS、版本管理工具等。学生在第一次做实验时,只需要建立一个小组账号,然后使用课程中所提供的英文实验范本来建立他们自己的虚拟机即可。接下来的实验都是在各组的虚拟机上进行的。因为每一个团队的虚拟机都是每一个团队的版本管理服务器,所以各种设计文件,程序的开发设计过程都被完整地保存下来。经过一个学期的实践,这个系统能够有效地改善学生们的实验环境,有利于展示和交流实验课程的成果。

数据结构实验课程实践。在教学过程中,将现有的教学系统 OJ 与 MOOC 进行整合。因为这个 OJ 系统已经在我们学校的教学中使用多年,并且已经得到很好的运用,所以当我们把它和 MOOC 系统进行整合的时候,只需注意两部分的用户信息同步。

将"实验教学"应用于计算机软件核心课"MOOC"或"SPOC"教学中,既是网络在线教学的发展方向,又是如何提升这一类课程网络在线教学的重要环节。通过对 MOOC 和以云计算为基础的虚拟实验平台进行整合,可以使学生在网上完成更多的课程。本项目将为 MOOC 学习者提供有效的理论指导和实践指导,为 MOOC 学习者提供科学的理论指导和实践指导。在 MOOC 的背景下,开发的虚拟实验平台不仅可以为 MOOC、SPOC 等在线教学提供实验支持,还可以独立地代替线下的实验,从而有效地解决传统的计算机软件类实验课存在的问题。我们已经在计算机软件专业的一些课程上做了一些初步尝试,得到了很好的教学成效,说明这个平台是有效的。

四、大数据背景下计算机软件课程分层教学

随着我国经济、科技的发展,伴随着时代信息化的来临,高校对计算机软件类人才的要求也日益提升。为了提高高校计算机软件工程专业学生的核心竞争力,培养出一批高素质、优秀计算机人才,各高校不断地探索、创新计算机软件人才培养模式。在这一节中,我们将重点探讨在大数据背景下,计算机软件课程的分层教学:首先,对分层教学的相关概述进行了介绍。其次,对计算机软件课程分层教学的必要性进行了分析。再次,对大数据背景下计算机软件课程分层教学的策略进行了阐述。最后,对本节进行归纳和总结。在大数据背景下研究计算机软件课程的分层教学,在理论和实践上都有重要意义。

从高等职业技术学院到技工院校的转制过程中,一般采用了以多媒体为载体、以多媒体为手段的教学方式。利用投影仪等多媒体设备,可以产生一定的感觉刺激,从而深化学生对知识的理解,然而,在实际工作中,传统的多媒体教学方式也有很多的问题。因为在国内,许多从高等职业学校转到技

工院校的学生，他们的基础知识比较薄弱，他们的学习能力和学习习惯也比较差，他们的基本的计算机素质也是参差不齐，这就使得软件工程专业的学生很容易产生极端化的现象。目前的职业学校转型为技工院校，采用的是常规的教学模式，在这种模式下，教师可以使用多媒体展示来展开教学。这种模式具有比较快的操作速度，而且还可以传播大量的信息。因此，许多学生不能跟着教师的思维去进行学习，而传统的多媒体教学模式并不能取得很好的教学效果。

（一）高职改为技工院校计算机软件课程教学现状

笔者在广东一所高等职业技术学院中，就该学院的电脑软件课的教学情况和同学们的学习情况展开了问卷调查，并采访了一部分的教师和从高等职业技术学院转到职业技术学院的同学们，共发放了1000份问卷，回复率达到了97%，在这个基础上，对当前广东省职业技术学院转到职业技术学院的电脑软件课的开展情况做了如下研究：

教育条件。电脑软件类课程具有很强的实用性，需要很高的动手能力。但是，本校还是采用了传统的学科化的教育模式，在教师讲解电脑软件的过程中，只听教师讲解电脑软件的过程，听起来就像是在讲解电脑软件的使用手册，这种将理论和实践相分离的教育模式，给人一种只见树木不见树林的错觉。

课堂氛围。因为电脑软件课的特性，一般都是在机房里进行，教师缺乏吸引同学们注意力的教学方式，又缺乏对教室的管理，导致很多同学在教室里打游戏，聊天，据统计，78.5%的同学曾在教室里打过游戏，或在网上聊天。从这里我们可以发现，在将高等职业学校改为技工学校之后，学生在面临计算机软件课程的问题时，他们的态度并不是很严肃，在上课的过程中，他们没有认真听讲，在这个时候也会出现用聊天、玩游戏来打发自己的时间的现象。

教学对象。从高职改为技工院校，学生来源多元化。不仅要招收普通高中毕业生，还要招收中专毕业的中专生，在招生上也采取文理兼收的招生方式。因为生源结构的复杂性，造成学生的学习能力良莠不齐，对知识的理解也有很大的差别。一刀切的教学方式，在实践过程中会遇到很大的困难，因此，怎样才能设计出一种能够让不同水平的学生们满意的教学方式，这也是目前高职改为技工院校，计算机软件工程专业的教师和管理人员急需考虑的问题。

（二）计算机软件课程分层教学的优越性和必要性分析

课程分层教学的优势。计算机软件课程是一门实用性很强的学科。为提高学生的实际操作能力，使他们熟练地运用软件，从而确保计算机软件工程专业的毕业生可以适应社会的需要，这就要求在针对不同学生特点的情况下，采用与其相适应的教学方式，并考虑生源的多样性，实行因材施教。项目层面式的教学方法，就是把教师和学生按照不同的学习情况分成不同的小组，让教师和同学一起来完成一个整体的教学项目，实现从以教材为主向以项目为主的转变。此外，还可以兼顾到各个层面的学生的差别，根据特定的标准将学生分成几组，这样就可以充分地表现出分层教学的优势，让每一位同学都可以充分地发挥自己的主动性，在课堂上获得更多的收益。

课程分层教学的必要性：

高职转技工学校新生的学习能力普遍较差，计算机知识水平也不高。在高职改为技工院校的一年级，大部分的新生都是对计算机知识懵懂无知，因为他们本身的底子比较薄，所以采用传统的教学方式很难获得很好的教学效果，而且，计算机软件工程的基础知识也是以后学生学习其他专业课必备的基础。在计算机领域，软件工程的有关课程，特别是在实际工作中，需要具备一定的实际操作能力和应用实践能力。怎样满足不同水平的学生对计算机软件课程的需要，有效地提高计算机软件工程专业与实际相联系和解决实际问题的能力，使其在应用中更好地体现出其应用性和实用性，这是目前计算机软件工程专业教学工作者迫切需要解决的问题。

电脑软件教学强调实务技能的训练。随着信息技术的快速发展，计算机教学模式和教学方法出现了滞后，由于计算机软件工程课程设置较多，课程内容比较艰深，单纯的多媒体演示很难达到很好的效果。对于一些比较复杂的代码，光靠PPT和教科书是远远不够的。因此，在我国的高职转型为技工院校中，计算机软件工程教学的重心不应是灌输某种计算机语言或应用软件的基本知识，有句话说得好，"授人以鱼，不如授人以渔"，相比于对一个或多个知识的熟练程度，提高对计算机软件工程的学习兴趣，提高独立思考能力和实践能力，更重要的是提高其学习兴趣。在计算机软件工程中，以促进学生利用软件工程中的具体知识来解决问题为首要目标，分层教学是采取因材施教的方式，并根据每个学生的水平进行不同的教学，使每个人都能参与，都能进步。层次式教学法符合电脑软件专业的人才培养目标与宗旨。

（三）大数据背景下计算机软件课程分层教学的策略

分组建立。在实践中，针对新生和高年级学生，按其各自的特点进行资料收集。针对新生，可以采用问卷方式了解其电脑基础知识；对于高年级的学生，可以采取问卷调查与历史成绩数据相结合的方法，通过两组数据的对比分析，来界定新人和老生的知识能力，进而获取学生的知识能力的有关信息。比如，我们在广东省一所高等职业技术学院 2016 级的 java 程序设计课中，发现该课被遗忘率较高，60 分后的比例为 20%，其实践技能较差，其中 55% 的人的实践技能在 60 分后，实践技能水平较低，并且从实验结果中可以看出，各等级的人实践技能差别较大，并且大部分人并没有把课堂任务当一回事。用聚类分组的方法，可以将学生划分为各种级别（上 20%，中 60%，下 20%），在教学上就有了更多的针对性。分类教学可以提高学生的创造性活动能力，提高学生的学习效率；而对于成绩一般的学生来说，他们的进步会更快，也会更好地巩固自己所学到的东西。对于差学生，能够帮助他们打下良好的基础，提高他们的基本动手能力，从而提高他们的学习兴趣和自信。

学习内容分层。作为实用性较强的学科，计算机软件工程是一个以建立和维护为目标的高层面的软件学科，它的主要内容包括：软件开发工具，数据库，程序设计语言，设计模式，系统平台等。将软件工程专业的学习内容分成几个层面，第一个层面就是要让学生具备良好的计算机基础知识，例如，计算机基础知识和微机系统操作知识。这是所有学习计算机专业的学生都应该具备的基础。第二，指导学生掌握更高层面的语言及数据库相关的基本理论。掌握这一层面的相关知识，有利于提高学生的程序编写水平。第三，要指导学生加强对计算机软件知识的了解，在这个时期，应当对他们的应用系统进行初步的分析，为他们将来在计算机软件工程方面的发展打下良好的基础。

教师、教学目标分层。教师的分层与学生的分层有着很大的区别，这要求教师在对计算机软件工程有关课程的教学内容、知识的熟练程度以及教师自身的特长等方面进行整合，对优生、中等生、差生以及他们所要讲解的知识进行分类，从而可以最大限度地发挥他们的教学水平，取得更好的教学成效，对每个教师都应当制定出与之相适应的教学目标。在这一过程中，我们要立足于学生的真实接受能力来实施教学，以提高他们的综合素质。在差的学生方面，要让他们掌握基本的知识和基本的操作技能，而在中等的学生方面，则要让他们掌握计算机知识和技能，还要掌握综合计算机软件的制作能力；要培养优秀学生，就必须使他们具备更高水平的计算机软件专业知识，并具备全面的软件开发技能。

评价回馈机制分层。就目前的评价方式而言，还没有一种可以取代考试的方式，可以更好地反映出学生的学习能力与水平。尽管目前还不能创设新的学生能力水平的考查模式，但通过分层评价，可以吸纳多种评价参考因素。在此过程中，教师不仅要以学生的考试成绩为依据，还要对学生的学习习惯、学习态度、个人潜力等方面进行综合、全面的判断。为更好地给学生提供一个明确的定位，我们还可以在分层教学的过程中，随时向学生提出问题，并对他们的答案和课后作业展开评价，从而让他们有一个适当的定位，让他们能够在一个适合他们的学习环境中，能力得到最大程度的提高。

要想保证大数据环境下实现计算机软件专业的分层教学的质量和效果，就必须在课程分层教学中，灵活地设置分层的实施方案，并结合学生的具体情况，设计出一套切实可行的执行计划。在进行分层时，对教师们的临场应变能力和对组织的控制能力都有着严格的要求，因为目前关于计算机软件课程的分层教学的相关研究还很缺乏，所以在教学实践中，教师们还没有充分地进行计算机知识模块的划分，因此，在进行分层时，教师们的工作量也比较大，这就给学校的教务工作人员造成很大的工作压力。从整体上看，在我国高等职业技术学院转型为技工学院中，计算机软件课程的分层教学已经获得很好的教学成果。在未来的分层教学中，我们要将开放的理念融入其中，要善于运用互联网的教学平台，并以计算机软件课程的特征为依据，制订出一套有针对性的分层方案。也唯有如此，才可以将课程分层教学的优点完全发挥出来，从而培养出更多的高质量的计算机人才。

五、面向创新人才培养的计算机软件课程群建设

随着计算机学科的飞速发展，对计算机专业人才提出了更高的需求，他们既要拥有坚实的专业基础知识，又要拥有计算机系统设计与分析的能力，同时还需要拥有持续掌握新知识、新概念，并能够与计算机快速发展相适应的创新能力和创新品质。数据结构、操作系统、数据库、软件工程、编译学等是目前我国高校计算机课程体系中最重要的软件基础课和主干课。该系列课程在计算机专业四年教学中进行，对学生全面系统地掌握计算机专业知识，提高其软件开发和应用创造的能力具有十分必要的作用。这节从计算机专业软件课程群建设、构建软件知识平台、改进教学方法、提高实践教学质量等几个角度出发，对怎样优化知识结构、构建实践教学体系进行一些探索，并把创新教学融入整个专业教学的全过程之中，以应用为导向，对学生的创新意识进行培养，从而满足计算机学科发展和专业教学的需求。

（一）科学设置课程群框架，构建软件知识平台

把对软件理论知识的掌握和对基本技能的提高作为一个主要目的，按照学科和课程之间的相互联系来建立软件课程群，让以数据结构、操作系统、数据库、软件工程、编译原理等课程为核心的专业基础课和专业课相互渗透和交叉，从而形成一个网络结构，最终形成一个计算机专业的软件知识平台。

课程群和教学内容设置的原则：

（1）突破基础性标准，突出前瞻性要求。在科技进步过程中，教学的发展总是滞后于科技进步，而在课程体系制定后，又存在着一段较为稳定的时期。在此基础上，以夯实专业基础，提高学生实践能力为着眼点，采取"基础课群"+"专业套餐"的模式来进行教学。以专业基础课为主的"基础课群"基本维持不变，相应的专业课和选修课在"专业套餐"中要以"新"为重点，并随着科技发展逐年进行相应的调整。专业平台课程群组中的软件类课程有：高级编程语言、数据结构和算法、操作系统、数据库系统、编译原理等；专业课课程群的具体内容有：数字图像处理、计算机图形学、软件工程、多媒体技术、软件新技术模块等。

（2）突破课程局限，构建系列课程。由于计算机课程的教学内容既有较高的理论性，又有较高的实践能力，因此，单一的教学内容往往难以满足。以课程建设为核心，建立一套课程体系，目标就是要在多个有关课程的基础上，结合相关课程的教学活动，培养出一个既有坚实基础，又有较高的动手技能和创造力的人才。拿数据库课程的构建作为一个例子，可以通过对数据库系统（注重理论性）、数据库程序设计（注重从理论到技术过渡）、数据库系统课程设计（注重实际工作和创新能力）来实现学生在数据库的基础上，对数据库的基础知识有一定的了解，同时还可以对数据库管理系统进行熟练的运用和操作，并可以设计和开发数据库应用系统的能力。为凸显本专业的特点，提升学生在嵌入式系统和软件系统开发方面的能力，我们在课程体系中，为嵌入式方向的软件开发方向，分别设立两个系列，每个系列中包括3门有关的课程。

改革教学内容，优化知识结构：

以学科发展特征为依据，修订软件课程群的教学大纲和实验大纲，具体表现在以下几方面：

（1）对本课程的教学内容进行优化。比如，由于数据库技术的发展非常迅速，如果一本数据库教材被持续地使用很多次，那么它一定会很难与技术的发展相匹配。因此，这就需要对教学大纲和教学内容进行适时的更新，同时对教材中的老旧内容进行适当的压缩、删减，并对其进行补充，从而达到对教学内容进行动态调整的目的，从而确保教学内容的先进性和前瞻性。

（2）确定各专业的教学重点，确保各课程教学内容之间的相互联系。在教学过程中，应采取强化课程检验的继承性，建立系列课程，逐步培养学生的动手能力与创造力。

（3）加大实践教学的比重，创新实验指导方式。增加校外实践教学，与课内实践学时比例为1∶1。将以往以班为单位，学生完全按照教师指定的时间来完成指定的实验的教学模式进行转变，这样就可以让学生不去做一些简单的实验，或者是改变实验项目的先后次序，或者是自选一些实验项目。将教师讲授、学生按时完成所分配的实验，转变为学生在教师的引导下，可以自己去完成这些实验，从而构建出一个以能力为导向的学习环境。

（二）改革教学方法，探索新的教学模式

要想满足创新型人才的需求，就必须在教学方式与手段方面，持续地进行探索与创新，在教学中吸收传统教学方式的精华，并对其进行融合与变革，对开放教学方式进行探索。

（1）要强化启发性的教学方式，并对传统的教学方式进行改革。从根本上将学生们的死记硬背和照搬课本的习惯彻底扭转过来，高校教师要对启发

式教学方式进行科学的设计，要主动将以教师为主的教学方式转化成以学生为中心的新方式，在教学过程中多进行交流和讨论，将学生的主体作用发挥到最大。就拿《数据结构》这一课程来说，很多同学都感觉到该课程知识点多，算法灵活，课堂上可以理解，但到课外就无从下手。教师将所学的东西"嚼碎了"，教授给学生，学生还是无法解决问题，原因何在？实际上，《数据结构》这门课的目标并不只是教授给学生一些基础的数据结构，而是要训练学生思考问题的能力，以及一些简单的解题技巧，协助同学完成由所学到的知识向所学的技能及所用的方法的转换。我们将数据结构课程的特征与启发式教学的目的相结合，以疑问与分析为依据，探索一种名为QADS的新的教学实践方式，让学生在学习的过程中能够持续地进行思考，从而对自己的学习方式有更多的了解，让自己拥有更强大的学习能力，实现举一反三的目的。

（2）在此基础上，以CDIO为基础，积极探讨"开放式"的教学方式。CDIO（Conceive-Design-Implement-Operate）是麻省理工学院、瑞典皇家工学院等高校在20余年来欧美高校的工程教学实践中，传承与发扬的一种先进的工程教学方式。C-D-I-O表示构思—设计—实现—运行，意思是把工程教学融入工程实际中去，在一个产品的构思、研发、应用、再改进的整个过程中，提高学生的工程基础知识，个人技术能力，系统工程能力，以及团队合作能力。以软件行业对人才的需要为出发点，参考CDIO的工程教学思想，对以CDIO为基础的软件的教学方式进行初步的探讨，并在《数据库系统》的教学中得到成功的运用，选取一个难度适中，知识扩展性较好的项目作为主要内容，通过对项目的需求进行分析，然后是概念设计，逻辑设计，物理设计，最终是对数据库的编写，并对各章理论知识进行详细的阐述，使知识要点的授课与项目的构思、设计、实现、运作等环节进行密切的联系。

（3）构建多维互动式教学模式；"讲授—接受"的课堂教学模式是接受教学的实践基础。长期以来，我国的教学以知识传授为主，讲授法长期处于"填鸭式"教学的状态，限制学生的思维，使学生对知识的追求成为一种思维定式，从而限制学生的创造力。开展创新教学，就是要让所有的学生都参与到教学中来，让他们在教学的互动中，激发他们的学习积极性与创造性思维。教学互动不应仅限于课堂教学，而应延伸至课堂之外。与精品课程建设相结合，开发出一个网络综合教学平台，向学生提供课程介绍、课件下载、教学视频、课后练习测试、在线答疑、提交作业、案例演示、工具下载、多媒体素材等丰富而实用的教学资源。利用计算机网络进行在线学习，并与教师进行在线交流，从而提高学生的自主学习、个性学习和深入学习的能力。教师也可以通过微博、微信、聊天群和学生进行多维度的互动。

课程教学是高校人才培养计划制订和实施的基础。本节把计算机软件专业的基础和核心课程作为主要的研究目标，把它们看作是一个总体，从教学内容、考核方式、实践教学环节等多个角度展开探索，以构建课程群为中心，把实践教学和创新教学融入整个专业的教学中，全面地对学生的实践能力和创新意识进行培养和提升，把人才的培养方式从"知识导向型"变成"能力导向型"，让学生在具备能够切实有效地解决现实应用问题的能力的同时，还具备更好的灵活性和创造力，以便与计算机技术的飞速发展相匹配。

六、翻转课堂在计算机软件课程教学中的应用

在国家新课程教学改革的持续推进和信息化社会快速发展的背景下，怎样提升课堂教学的质量成为一件非常困难的事情，特别是在中等职业学校的

软件教学课堂上，更是如此。但是，翻转课程教学模式属于一种有效的课堂教学组织方式，它的优势已经在计算机软件教学中得到充分的体现。在这里，对翻转课堂教学模式的概念、特点和优势展开详细的论述，并在计算机软件教学中将翻转课堂教学模式的具体操作步骤和方式进行设计。

（一）翻转课堂教学的概念和特点

翻转课堂（flipped classroom），又名"反转课堂式教学模式"，是一种复合型的教学方式。在进行教学的时候，教师可以利用现代信息技术，事先将需要教授的知识与技能制作成多媒体教学资源，并将其上传到共享平台，这样学生就可以提前下载并进行备份。另一方面，教师可以对学生的计算机终端进行控制，首先对他们进行本节课的内容展示，让他们在观看后自己进行操作，在完成后，再将自己的作业提交上去，这样可以达到更好的效果。其中教师可以向学生发问，也可以进行讨论。在计算机软件课程中，在翻转课堂教学模式中，可以将学生的主体地位发挥得淋漓尽致，让学生多练习，多提问，达到最佳的效果。在传统的教学中，教师在课堂上只是示范，而学生的动手练习却被安排在下一节课，这样会导致理论与实际操作相脱离，无法达到学习的目的。总体来说，翻转课堂模式将传统教学中师生的角色进行转变，它将教师的创造性充分地释放出来，同时还能将学生的积极性、自主性和创造性都激发起来，这对于促进计算机课程的教学改革有着非常重大的作用。

（二）翻转课堂在中职计算机软件教学中的优势

计算机软件课程内容多，学时短，具有较高的理论性和实践性。传统的教学方式,对实践的内容进行轻视,强调对理论的重视,导致理论与实践之间的相互分离,从而导致学生对知识的不了解,当他们在面对问题的时候,很可能会出现畏难的心理,这对他们的学习积极性和主动性造成严重的负面影响,从而导致他们的教学质量不高。在计算机软件课程教学中,将翻转课堂教学的整体情况进行彻底的改变,教师们不再是高高在上,对学生进行满堂的输灌,而是将自主权还给学生。由于在资源方面可以提前共享,因此学生可以先进行预习,并且拥有丰富多样的资源,还可以提升学生的兴趣程度,对传统课堂的教学环境与气氛有很大的改进,从而可以激发学生的兴趣,方便教师因材施教。

(三)翻转课堂教学模式在计算机软件教学中的应用设计

教学内容设计。在课堂教学中应用翻转课堂,也需要学生积极合作,才能使其发挥最大作用。比如,学生是否主动地进行预习,是否能够有效地将他们的学习兴趣激发出来,让他们的注意力尽可能地停留在这些内容上,是否能够对这些内容进行有效的理解,这都是很关键的一点,因此,对这些内容的选择和设计就显得尤为重要。为此,在实施"翻转课堂"的过程中,对课程内容进行设置时,要注重两方面:一是要创造关联性。按照教学心理学中的激励原则,通过调动学生的情绪,使其关注于所教的内容,而这些内容与学习者的日常生活密切相关,那么,他们就会将所学的内容与自己的生活紧密地结合在一起,从而产生相关性,更加能够激起他们的学习兴趣。二是教学内容组块化。在进行教学内容的设计时,教师要仔细考虑应当包括什么知识点,什么是必需的,什么是起到辅助作用的,什么是重要的和解释性的知识,应当怎样结合起来,让学生能够更好地接受。在进行设计的时候,教师可以采用程序性的教学方式，将一个大的知识点分成几个小的知识点，对其展开讲解，这对学生一步一步地掌握学习内容有所帮助。

翻转课堂在计算机软件教学应用的实施步骤：

（1）建立云计算网络教学平台。如果能够将当前的先进网络技术融入课堂教学中，特别是计算机软件教学课堂中，必将会如虎添翼。比如，在PHOTOShop上，学生们可以通过"云服务"的方式，获得相应的素材，比如，演示视频，教师的讲义，作业汇报等，这些都可以极大地提升学生的学习效率。教师还可以在百度云盘上注册一个账号，将这些相关资源上传到上面，只要有足够的条件，学生就可以在自己的家中练习。

（2）开展课前活动。教师选择一些好的开放式教学资源或者自己创造一些教学视频，并且按照"最近发展区理论"的原理来进行有针对性的课堂训练；学生要以自己的具体情况为依据，来组织自己的学习工作，从简单到困难，进行阶层性的挑战，并运用社会媒体来进行沟通与共享，一起探讨并解决一些疑难问题。如果是在其他同学之间，遇到解决不了的问题，可以通过远程的方式，将它们反馈到教师那里，展开师生的互动，教师可以对学生展开个性化的指导，并帮助他们将遇到的难题都迎刃而解。

（3）组织课堂活动。首先，在课堂上，教师对学生提出的问题进行解答，或在课堂上对学生的理论知识测试反馈后，对学生进行解释和总结。在此基础上，引入新的教学内容，使学生对项目课程的目标和任务有更清晰的认识；接下来，教师们按照学生们的不同特点，对他们进行质异分组，并给每个小组分配了探索性的问题，每组的人数通常控制在3~5人之间，并且在每组中推选出一名组长，用来组织这个小组的探索性活动，小组中的每一位成员都应该积极地参与到探索性的活动之中，并且在任何时候都要提出自己的看法和想法；在小组内，通过沟通与合作，达到学习的目的。而在这个环节中，教师起到一个导演的角色，要及时指出这个团队中出现的问题，并对其进行指导。最终，这个过程就会变成一个小组竞赛的模式。利用小组的成果展示，每个团队都会派出一个小评委来进行评分，最终以总分最高者为优胜队，如果能够得到奖励，那就更好。

（4）课后巩固。俗话说得好，"温故而知新""好记性不如烂笔头"，身为教师，要经常要求学生回顾所学的内容，多记录，多观察，多思考，多总结，如果对自己上一次所做的作品不满意，那么就可以进行第二次的创造，也可以经过修改后再提交上去。

课堂教学的模式会对学生学习的结果产生直接的影响，在各种课程中所使用的教学模式都是不一样的，没有最好，只有更好，身为一名教师，都应该去探索自己在这门课程中最好的教学模式。而笔者以为，在计算机软件教学方面，翻转课堂模式可以说是一种很好的教学模式。它的最大特点就是将"以学生为中心"的教学理念充分地反映出来，它对传统的教学过程进行变革，让教师和学生的教学主体的位置发生变化，从而使传统的师生沟通交流方式发生变化。将翻转教学模式运用到计算机软件课程的教学中，极大地提升学生的学习兴趣和学习积极性，与传统的教学相比，其教学效果有显著的提升。

第三节 计算机软件课程的实践教学研究

一、服装设计专业计算机软件课程的教学改革

在现代服饰设计中，电脑软件所扮演的角色日益为人们所关注。随着现代工业技术的不断进步，现代工业技术得到了越来越多的应用。当前，国内普通高等院校对服装设计课程进行了较多的研究，并对其进行了初步的探讨。如何让学生在最快的速度内，对服装设计类软件的应用有一个清楚的了解，同时还可以运用该软件来辅助他们进行高质量的服装设计，这是计算机软件课程中的一个关键环节，同时也是一个难题。

（一）计算机软件课程的特点及存在的问题

课程特色。计算机软件课程具有较高的实用性，只有在实践中不断地学习和运用，才能真正地消化和理解所学的知识，不然就只能是"纸上谈兵"。其次，计算机软件是一门非常专业的学科，计算机软件不仅包括服饰设计，而且包括各种艺术的运用，例如，广告设计、室内设计、电影动画、包装装潢、工业设计等，每个专业所使用的计算机软件都不一样。除此之外，计算机软件的升级速度也是很快的，在服装设计专业中，经常使用的一些软件，比如，PhotoShop、CorelDraw 等，每年都会有新的版本出现。

存在的问题：

（1）教材的局限性。首先，在设计软件快速更新的基础上，现有的教学

材料难以跟上；其次，目前高校普遍需要征集规划类教材、获奖类教材等，但目前在服装设计学中，能够满足此需求的计算机类教材寥寥无几，因而难以寻找到适合的教材。除此之外，在服装设计专业中，计算机软件是一种具有较高视觉和可操作性的课程，因此，在教学过程中，若采用传统的纸本教材，会让学生产生一种抵触情绪，从而导致他们在教学中缺乏针对性，而且在教学过程中，他们的阅读速度非常缓慢。另外，目前的纸质教科书中，有些服饰的画图步骤是一笔带过的，缺少具体的描述，因此，学生不能从教科书中学会该画图的方式。在教学过程中，针对某些特定的操作，只要教师演示一遍，学生在操作上就会产生各种各样的问题。综上所述，在服装设计专业的计算机软件课程中，教材是一个很大的影响因素。

（2）学生之间的差异。高校里的学生来自不同的地方，在经济发达的地方，学校的学生从小学开始就有计算机方面的知识，他们对计算机的运用和操作也有一定的了解，对计算机的软件学习也较快，有的学生还会使用一些常见的设计软件。另一方面，偏远地区的学生受各种因素的制约，对计算机知识的掌握程度较低，基本功较差。这些差别会对教学进程造成一定的影响，而且还会使学生产生不同的学习情感。

（3）同步教与学。目前，对《服装设计》电脑软件课的授课方式，多为"讲授+练"与"边讲边练"两种方式。采用"边讲边练"的方法，便于学员对所学知识的理解和学习过程的衔接，但只能用于小班化的课堂。在一次先讲后练的教学中，所讲授的知识内容相对较为完整，这有利于水平较高的学生，然而，这并不是一个很好的选择，此外，还存在着教学的同步程度较低的问题。

（二）服装设计专业常用计算机软件的特点

计算机设计软件的类型非常丰富，既不能够也没有必要将它们都当成是课程中的教学内容，而是要按照自己的专业需求来进行教学，这样才可以让学生们都能够掌握自己所学的知识，并将自己的知识运用到实际中去。

电脑设计软件主要有三种：影像处理软件、矢量绘图软件及文字排版软件。在此基础上，提出了一种新的计算机辅助设计方法。最常见的服饰设计辅助软件有 PhotoShop、CorelDraw、Illustrator、Corel Painter 等，这些工具在服饰设计中都有着各自不同的功能。PhotoShop 是 Adobe 公司旗下著名的图像处理软件，其功能强大，表达能力丰富，其已被设计界所承认，普及度也相对较高，将会是本课程的主要学习对象，在服装设计中，可以使用它来进行服装效果图和对服装面料的处理。向量绘图软件有 CorelDraw 和 Illustrator 两种，其功能相同，在服装设计中，Illustrator 常用来绘制服装效果图、款式图和花型图。Illustrator 在性能上远远优于 CorelDraw，所以现在有更多的人开始用 Illustrator 了。Corel Painter 是目前最完善的计算机美术绘画软件，可以用来画出一幅带有很强艺术感的服装画，是美术功底比较好的学生的第一选择，目前许多院校都将此软件融入服装画技法的课程中。

在大学服装设计教学中，必须明确大学生对电脑的需求，并结合自身的特点，选择合适的电脑辅助教学软件。在此过程中，将计算机软件教学与专业课程教学相结合，为今后的专业课的学习做好充分的准备。

（三）计算机软件课程教学改进的具体措施

发展数位影音教学。首先要处理的，便是教材方面的问题。介绍了一种基于多媒体技术的教学方法,并介绍其在教学中的应用。数码影音教科书的优势在于:①学员可以按自己的需求,自由地回放或反复回放授课内容;②在对一种特殊的应用进行研究时,可以更好地把教学资源从课堂上扩展到课堂之外,从而大大提高了学生的自主学习能力;③数码录像教学内容形象逼真,可以最大限度地调动起学员的积极性。

创新教学方式。在教学中,计算机软件的教学主要由四个部分组成:理论讲解,软件基础操作,实例操作,综合实践。以软件各知识点的性质和难度为依据,可以采用分层实训式的教学方式。首先进行演示操作,让学生学会基本操作,这种方式可以利用传统的计算机软件课程实训教学及数字化视频教材来实现。接下来就是示范互动环节,教师们通过实例的展示,把自己所教授的理论知识、练习作业等与学生展开互动,让学生掌握好基本的操作知识。最后,是学生的自主实训环节,它的重点是那些需要进行比较高难度的案例操作和综合训练,在教师确定好上机的内容和要求之后,就可以让学生自己去选择题目,这样可以让学生拥有一个可以尽情展现自己能力的地方,既可以让学生认识到自己的个性差异,也可以灵活地改变课程的内容。采用分层实训式教学,不仅可以激发学生的创新精神,还可以突出训练的侧重点,增加训练的多样化。

激发学习的热情和动力。在服装设计中,学生思维活跃,善于接受欣赏性和直观性强的学习内容。在课堂教学中,教师可以找到鲜活的教学素材,将抽象的理论转化为可以通过视觉、听觉来理解和吸收的学习内容。其次,在教学过程中,教师应提供一些实例,让学生认识到掌握该软件的意义及其对后面的教学有何影响,从而培养他们对学习计算机设计软件的兴趣。除此之外,在课程教学内容中,还将会展示出一些由国内外服装企业利用设计类软件完成的案例，以此来激发学生的求知欲。之后，利用对案例中的知识要点进行分析，可以举一反三，对自己的作品展开进一步的改进和拓展，最终实现让学生可以更快地掌握相关知识的目标。

利用电脑软件来扩充服饰设计的版面。使学生认识到，电脑只是服装设计的一种方式，在教学时，既要熟悉使用设计软件，又要具有一定的绘画能力（立意、构图、造型和色彩表现能力等），对服装造型、材料等服装设计的基础知识有一定的认识。学习计算机软件的基本操作，就是要在服装设计中利用该软件进行创作，实现手动绘画所不能实现的设计，从而解决传统的服装设计中的不足，提高设计的效率。运用电脑辅助服装设计，能更好地表现服装材质、色彩和风格，节约了许多手工作图的时间。特别是在对服饰材质的表达上，通常的手工绘制的针织类或图案类的服饰效果图，对于服饰的面料质地、图案、花纹等的表达都需要花费大量的时间，而利用PhotoShop、CorelDraw等常用的服饰设计类软件，配合优质的面料，通过定义图案、编辑图案等功能，可以直接设计出效果逼真、质地表达准确、图案精致的服饰面料，通过展现服饰面料的形态肌理、质感、色彩等，将多种造型语言结合起来，更好地表达出服饰的设计作品。此外，还可以利用网络技术，让同学们在课余时间内，去收集与服装设计相关的信息，鼓励同学们将自己收集到的信息，适当地运用到服装设计中，拓展服装设计的艺术空间。

除了上课以外，教师还应鼓励学生积极参加与计算机相关的各种考试和与自己的专业相关的设计比赛，如各类服装设计比赛、服装设计效果图大赛、面料设计大赛等，从而加深他们对计算机软件的理解，为后续的学习打下良好的基础。

在此基础上，根据高职院校的实际情况，提出了高职院校应用电脑软件的一些新方法。计算机软件应用课程对授课教师提出了这样的要求：他们不但要拥有高超的电脑操作技能，更要持续加强自身的服装专业知识，要熟悉服装的行业环境，拥有宽广的知识面，指导学生充分运用计算机软件这一辅助工具，更好地为服装设计服务。在教学过程中，教师们要根据自己的实际状况和特点，在教学内容、教学手段等方面，做出一些有意义的教学设计，这样才能让同学们对与服装相关的电脑设计软件有更深层次的了解。在授课过程中，应将教学内容与学科相结合，精心设计教学方法，采用多样化的教学方法，以提高学生对计算机学科的学习兴趣，提高其创新能力和应用技能。只有这样，才能真正地培育出一批具有创造性和开拓意识的服装设计应用人才。

从教育部的统计信息来看，现在已经有500多所高校开设视觉传达设计专业，由于各高校对视觉传达设计专业的定位和培养方案各不相同，因此，视觉传达设计专业中的计算机软件课的开设也有着很大的差别。很多时候，由于不会，不熟练，从而影响学生的设计技术和设计能力。视觉传达设计是一种将艺术和技术相融合的方式，应当在持续提升自己的艺术素质的同时，还需要对软件的操作技巧进行培训，这样才可以创造出更多出色的美术作品。

二、计算机软件课程在视觉传达设计专业中的重要性

视觉传达设计是一个很有实践意义的学科，其基础要素是文字、图形和色彩。从形式到思想和创意，一直都是视觉传达专业所需要的重要内容。但是，在现实生活中，很多时候，一些人已经在头脑中产生了非常好的创意，由于缺乏工具性的相关知识，最后无法将其转化为具体的设计成果。如果要进行

创新，必须通过画图或是计算机软件工具来进行，那么就必须对工具性的知识有很好的把握。目前，计算机图形技术可以做出十分真实、十分美丽的画面，这对视觉传达设计十分有利，因此，在视觉传达设计的教学中，计算机软件课程的开设是一个不可或缺的部分。

除此之外，随着多媒体技术、虚拟现实技术等日益完善，设计作品的创新表达手段也越来越多样化，这对学生对计算机软件技术的熟练应用的能力也就有了更高的要求。在这方面，我们必须有一种全新的思维方式，积极地寻求变革，把我们所学的学科知识框架打开，要转变我们只注重理论而不注重实际的思维方式。在教学过程中，注重对学生进行数字化和跨平台设计的教学。所以对计算机软件课程的学习非常关键。

三、计算机软件课程在视觉传达设计专业中的应用分析

比较常见的计算机设计软件有很多，在视觉传达设计专业中，设置的软件主要有三种：例如，Illustrator 和 Core-Draw 图形设计类软件，PhotoShop 图像处理软件，以及诸如 InDesign 排版软件。关于开设计算机软件课程，各个学校可以依据自己的实际条件来选取。

对软件的运用进行分析。在视觉传达设计专业中，图形处理是一门专业基础课程，Adobe 企业的位图图像编辑软件 PhotoShop 是当前应用最多，也是最强大的软件。这个软件可以很容易地进行图像编辑、图像合成、校色调色及图像色效制作等，是当前应用最为普遍的计算机图像处理软件。

Adobe 发布了一款以矢量图形为基础的制作软件。作为一款具有丰富的像素描绘功能和流畅灵活的矢量图编辑能力的专业图形设计工具，它可以迅

速地建立起一个设计工作流程，主要应用于出版、多媒体和在线图像的行业标准矢量插画的绘制。

CorelDRAW 是 Corel 企业研发的一款平面设计软件，具有与 Illustrator 类似的特性，并在业界得到了广泛应用。

InDesign 软件是一款专门针对排版领域的设计软件，它为企业提供了一种全新的出版方案平台。这是一种全新的、面向对象的系统，具有很强的可伸缩性，能够提供自定义杂志、广告设计、目录、零售商设计工作室，以及报刊发行计划等方面的服务。

课程模式实施策略。在计算机软件课程教学中，可依据视觉传达设计专业的人才培养计划，确定该课程的实施策略，建立"理论+软件"的教学模式。例如，"平面摄影+Photoshop"课程的结合，"标志设计+Illustrator"课程的结合，"版式设计+InDesign"课程的结合，从而有效地避免计算机软件课程与主修课程之间的分离，同时也扭转了计算机软件课程仅侧重于软件使用技巧练习的缺点。

四、计算机软件课程在视觉传达设计专业中的实践教学研究

制定科学、合理、模块化的教学大纲。软件课程具有很强的实用性，具有很强的功能，因此要求在一定的课时时间里，让学生能够熟练地掌握软件的操作技能，并进行一种具有专业性的创新设计。因此，在制定教学大纲的时候，要对此进行充分的考量，对基本讲解和软件操作技能与图形创作的课时进行合理的安排，并且要与社会的需求以及学生本身的特征相联系，按照先易后难、循序渐进、综合演练的原则，对其进行模块的划分，制定切实可

行的、模块化的、任务化的课程。

采用"设计案例"和"工具命令"相结合的案例教学法。在软件课程中，对于学生来说，工具命令的概念并不是很容易就能让他们明白，而困难则是他们对于技巧的运用。因此，在教学的时候，教师们要把注意力集中在技巧运用上。教师要突破以往那种只会讲解知识点，只会做一些书本上的练习的方式，要选取一些有意义的实例，并与工具命令操作相结合，从而提升学生的设计创造力和艺术表达能力。

引入企业真实项目拓展学习内容。在完成对软件课程的基础知识的学习以后，教师可以引进或者设计一些真正的项目，从而对课程的学习进行扩展。在项目教学的过程中，教师和同学可以一起进行一个完整的项目，以此来扩展学生的学习内容。在这个过程中，教师和同学可以一起开展一个完整的项目，从而将课堂上的理论和实践相融合，这样既可以拓宽眼界，提升学生的职业技能，也可以让他们对企业的基本工作流程有所了解，还可以激发他们的学习兴趣，将学生的创新潜力挖掘出来，从而提升他们解决实际问题的综合能力。

以学科竞赛为纽带促成教学成果。在许多高校中，逐渐出现一种正在逐渐发展起来的教学方式，它是一种对课程进行教学改革的大胆的尝试，它是在传授课程理论的基础上，与课程目标相结合，将本专业的高水平的学科竞赛引入到课堂中的一种创新性的教学方法。对于视觉传达设计类的比赛，教师可选择"金犊奖""全国大学生广告艺术大赛""中国大学生广告艺术节"，这些比赛在业界、学术界和市场的各个层面都得到广泛的认同，突出企业、资深广告人和高校教师三方的结合。

将赛事项目引入计算机软件教学课堂，并将其运用到软件课程的教学中，这就给教师们带来更高的素质。教师们需要拥有强大的实践技能，熟练的技术指导，要有良好的职业素质，要有敏捷的创造性思维。当学生对商业广告没有任何了解时，要对竞赛的命题进行解析，要针对每一位同学的个人特点，为他们提供差异化的创意意见，更关键的是要指导他们把握好创新的核心，不要脱离题目本身。

综上所述，伴随着文化创意设计产业的不断发展，该领域对人才的需求量不断增大，对人才的技术能力的要求也随之不断提高。因此，高校的视觉传达设计专业要满足当前社会对设计人才的需要，在课程设置的时候，可以适当地加入计算机软件，建立一个"理论+软件"的课程体系，让学生能够更快速、更好地利用软件来完成自己的创意。同时，在软件课程的教学中，还应在教学方式上进行改革，培养学生的思维方式的独创性和灵活性，引导他们的思考方式拓展到更广泛的领域。

第五章 网络教学软件的开发

第一节 网络教学视角软件开发的人才培养

伴随着教学观念和教学方法的变革，人才培养机制也一定会进行变革，特别是在计算机人才的培养方面，更要与时代发展的需求相适应，进行适当的调整与创新。为此，本节将研究以网络教学视角软件开发的人才培养机理，并对当前网络教学环境下的计算机软件人才培养的问题进行分析，推动计算机人才的创新化培养。

要想培养出一个能够胜任工作的软件人才，就必须对他们的计算机技术进行培训，特别是在当前网络技术飞速发展的年代，如果学校能够强化对软件专业学生的技术培训，能够切实提升这类技术人员的社会竞争能力，推动他们的职业生涯规划更加科学。在这种发展需要下，为了推动软件人才的培养，学校要适应时代趋势，进行网络教学的变革，需要在网络教学的视野下，对人才培养机制进行变革，进行教学模式的创新。所以，在接下来的一篇文章中，将从网络教学角度，对软件开发的人才培养中出现的问题及对策进行具体的剖析，从而推动软件人才的科学培养。

一、进行网络教学视角软件开发的人才培养机制研究的重要性

随着网上教育的逐步普及，高校必须与时俱进，不断地改革、创新教育方式，不断地提高教育质量。因此，本节对网络教学视角下软件开发的人才培养机制进行了研究，对于促进学校人才培养机制的改革与发展具有重要的意义。此外，在校园内进行网络教学时，也存在着一些问题，这些问题的产生将会对软件开发人才的培养带来很大的不利影响，所以，本节可以对网络教学视野下的软件开发的人才培养机制进行分析，并提出一些合理的发展建议，以促进网络教学环境下的软件人才的科学培养。

二、网络教学视角软件开发的人才培养过程中存在的问题

高校在管理理念上滞后于市场经济的发展。一所大学的办学理念与其教学质量、教学方式都有着密切的联系，假如一所高校的办学理念与当前的发展趋势相去甚远，那么它的办学品质就无法得到提高，更不可能对培养出高素质的人才产生不利影响。从当前的一些学校的办学情况来看，他们的计算机软件教学仍然停留在传统的教师讲授的模式，没有进行任何的创新和改革。特别是在网络教学方面，一些高校缺乏进行网络教学的意识和观念，造成人才的培养与社会的需要存在严重的差距。在网络教学不断发展的情况下，学校的软件开发课程如果不进行办学理念的变革，将会制约新型教学模式的发展与推广，还会对软件开发人才的培养与发展造成很大的障碍。

目前，我国的网上教育存在着教师队伍单薄、实践技能缺乏等问题。从

网络教学的观点来看，在对软件开发人才进行培训过程中，教师发挥着举足轻重的作用，教师的实践教学质量将会对其培训的效果产生很大的影响。由于网络教学的迅速发展与流行，使得高校在师资队伍的建设与培养方面发展滞后，具体表现为：教师缺乏网络教学经验，对网络教学的课程体系理解不够。要知道，无论教学模式如何改革，在实施教学活动中，教师始终是最主要的环节，更是最主要的执行者。可见，在网上教育过程中，教师们的网上教育应用能力欠缺，这对在校园网上教育环境中的软件开发人员的培训造成了很大的影响，大大影响了他们的培训质量和培训效果。如果要转变和发展学校的人才培养体制，就必须解决当前在网上教育中，教师缺乏实践技能的问题。

在软件课程教学中，有关教材的编制不够科学。目前，我国《软件开发》课程教材在编写上存在着一些问题，有的内容不符合社会发展的实际，有的缺乏先进的软件开发理念。从这一点可以看出，目前我国的软件课程教学中，有关教材的编制还不够科学，而且还不能很好地适应社会的发展需要。导致学校软件课程在教材编制上存在问题的原因，是因为学校的人才培养目标与社会的人才需要不符，即学校在人才培养上缺少与用人单位的交流，因而忽略了企业对人才的根本需要。在编制教材时，通常都是从教学的观点来设定课程的内容；而与此形成鲜明对比的是，企业更注重教学对于学生实践技能的训练，因此，两者在需要和目的上存在着一定的冲突。人才培养主体的目标需求并不相同，因此在进行教材编制的时候，就会产生与实际人才培养不相符的课程教材。

在当前的网络化教育环境中，高校教师的教育模式存在着一定的不科学性。从网上教育的观点出发，要把网上教育和培养软件开发人才有机地融合起来，在网上教育中加强网上教育的实践性，以提升网上教育的基础素养。

但是，一些高校在进行软件专业人才的培训时，仍然使用着传统的授课方法，这种方法与新型的互联网教育模式相脱节，而且这种方法也不能有效地调动学生的学习热情，反而会使他们的学习热情越来越低，从而对培养出的软件专业人才产生不利的影响。从网上教育的观点出发，对学校的软件课的教育方法也要做出相应的变革，由于网上教育与传统的教育方法存在着较大的差异，过于依赖传统的教育方法进行软件类人才的教育，这样就会扼杀了学生的创新精神，不利于人才的社会化。当前，一些学校在互联网的环境下，存在着一些没有科学依据的问题，因此，我们要让学校和教师一起努力，让他们能够持续地进行创新，让他们能够继续前进。

三、网络教学视角软件开发的人才培养机制的发展策略

创新学校办学思想，逐渐适应市场经济的发展。要推动软件开发人才的教学体制的变革和发展，就必须转变办学思想，特别是对软件开发专业的教学思想，在不断地进行变革和创新的同时，让软件开发专业的教学思想逐渐适应市场经济的发展，从而能够更好地满足社会对计算机技术人才的需求。具体地说，学校的课程负责人要与软件市场的发展需要和就业前景相联系，来设置与之有关的人才培养目标，让办学宗旨与软件市场的要求更加一致。此外，在网络教学的发展背景下，学校要利用网络教学的目的，对课程的教学目标和教学思想进行改革，提高软件开发相关人才的基本素质。只有学校持续地保持创新的学校办学思想，才能逐渐地跟上市场发展的步伐，从而有效地、科学化地对软件人才进行培养。

组建一支高质量的人才培养团队。从网络化的角度来看，构建一支高质

量的人才培养团队是实现软件开发人才培养问题的重要保证。首先，高校应引入专门从事互联网教学的人才，并采取委派制，对其进行审核；在聘请软件教学教师的过程中，除了对教师提出一些专业的计算机基本知识之外，还需要有非常丰富的互联网教学经验，同时也要有一套科学的互联网教学方法。

学校与企业共同合作，以确保课程内容的科学编制。随着网络教育的发展，软件工程越来越重视实践性的教育，为此，学校在编制教材时，应注意把理论和实际的知识有机地融合，提高学生的实际操作水平。要实现这个目标，必须加强学校与企业的关系，实现学校与企业的一致，并在此理念的指导下制定出相应的软件课程。例如，在编写软件教材的时候，对于一些实际操作案例的设计，可以参照企业的软件开发要求，之后根据这些要求和标准进行教学，这样既可以使学生们得到锻炼，又可以使他们更加清楚地认识到公司的发展情况以及他们所具备的具体的能力，进而提升学校软件人才培养的科学性。

结合现代教育技术，对现代教育技术进行了探讨。从网上教育的观点出发，目前在中小学教育中还存在着一些亟待解决的问题。网络化教学最明显的一个特点就是可以更好地仿真现实的操作，这样，教师们就可以充分利用网络教学的独特之处，变传统的消极的学习模式为积极的学习模式。

网络教育作为一种新型的教育模式，在各院校的教室中得到了普遍的运用，因此，利用网络教育来提高大学的软件专业能力是一个必然的趋势。本节对在网络教学视野下，对软件开发的人才培养过程中出现的问题和对策展开了详尽的剖析，希望可以对改进网络教学视野下的人才培养机制，起到一定的借鉴和帮助作用。

第二节　医学院校网络教学软件开发与设计

医学院校网络教学系统软件的开发与设计，开启了一种崭新的现代教学方式，其在高职教学中的不断深入、拓展和大规模普及，是今后发展的必然趋势。这一节从开发的必要性、教学设计与网络课件制作的实践入手，对医学院校的网络教学软件架构以及每个功能模块的设计进行论述，并对在软件开发设计后的应用前景进行分析，尝试为我国的医疗教学事业的发展提供帮助。

信息技术革命给人类带来越来越多的现代信息技术，同时也给人们的生活带来巨大的变化。它向教学领域的渗透，使网络教学在新时期成为一种不可缺少的教学手段。与传统教学相比，网络教学在时空上具有更多的灵活性。学生可以依据自己的实际条件，进行适当的选修，并制订出自己的学习规划，使用相关的网站和APP，更有效地使用校园里的教学资源。

网络教学是一种开放性的教学模式，它有着与时代同步（资源和材料更新速度快）、博采众长（信息交流性很强）的优点，对信息技术的充分运用，让教师可以在因特网和对应的客户端上对学生进行更加方便和高效的引导，与此同时，这种新的教学模式可以高效、高质量地进行，为终生教学和终生学习创造良好的条件。但是，随着医学技术的飞速发展，医学知识的内容越来越庞大，与此同时，在进行医学工作的时候，必须有一种严谨的态度，不能有任何的失误和纰漏，这也对将来要从事医务工作的医科学生提出了更高的需求,他们要在相应的医疗实践中获得更多的经验和教训。从这一点可以看出,对医科大学的网络教学系统软件进行开发和设计,是医科大学创新教学方法的一个重要方面。

一、医学院校网络教学软件总体框架设计

从对医疗院校的网络教学软件的定位出发,观察到它在展开软件的开发与设计的时候,应该将自主学习、自我测验、线上人工或 AI 讲解等知识讲授作为重点,针对学生用户的自定义学习计划,针对教师用户的方便备课,还有学习内容拓展等方面(医学院校的拓展学习要注重在临床结合上下功夫)。例如,某校医学微生物的网络教学软件架构,其主要内容有:最新咨询,资源下载,课程规划,在线测试,教学图谱,给我留言等,所以,在设计医学院校的网络教学客户端软件时,也应当将以上几方面的功能考虑进去。

二、医学院校网络教学软件各功能分析

(一)软件客户端人机交互接口设计

全面而系统的功能,人性化的人机交互接口,是开发出一款完整、成熟的网络教学软件的必备条件。比如,有些已有的网络教学软件就实现向学生端提供多种的学习功能,比如,课上讲义浏览、经审核报告预览、精准查找病例图示、辅助书写病例报告,自主学习框架定制等。在内容方面,医学院校的网络教学软件可以利用国内先进的互联网资源,把网络教学融入医学教学的各方面,不管是在线上、线下的教学,还是在学生的自主学习的专业计

划等方面，软件及网络系统都应该可以实现一种理性的设计与规划。

（二）医学院校教学影像资源存储模块设计

为了将课堂教学与课后学习相结合，在进行开发设计的过程中，可以将相对成熟的医学院校教学图像资源存储模块进行整合，例如，PACS（PACS系统是 Picture Archiving and Communication Systems 的缩写，意为图像保存和通信系统）：教学图像资源将基于开放的网页，将更易让学生接受的视频教学资源以傻瓜式的操作展现在学生面前，学生想要观看相关的医学图像，不需要复杂的计算机操作技术，只需像平常上网看视频那样，轻轻点击便可以得到自己所需的图像，从而实现理论教学与见习实践教学的同步。因为传统的教学方法，大课与实习课内容相同，大课上没有直观的图像，造成了理论与实践的脱节，网络教学系统与医院 PACS 系统，让学生在上课的同时，可以了解到教师口中的每一个操作的具体流程与步骤，让学生的理解更加真实。

（三）医学院校教学软件网络通信功能设计

除此之外，还可以对学校权威信息网站的超链接进行点击，将互联网的速度和庞大的数据量充分利用起来，为学生的线上学习提供巨大的理论延伸与开拓性。这就需要在软件的网络功能上下点功夫，利用公认的网页设计软件（如 Flash、Authorware、Dreamweaver 等），并利用 ASP 和 SQL 数据库技术，对软件后台网站进行在线保障。应适时地更新医疗教育资讯与有关通知，以提升医疗教育资讯的时效性与网站的运作质量。如果能够将网络上的远程教育资源的分享作用完全实现，将会使全球的医疗行业联结起来，形成一个具有生命力的、相互沟通的有机整体，从而使整个医疗行业都焕发出勃勃生机。因此，在不同的专业之间，既能相互渗透，又能与其他专业相结合，使得每一门专业都能与临床实践密切相关。只要有了新的想法，就会产生新的想法，将医疗领域的知识变成"一潭活水"，让所有人都能相互交流，相互借鉴，这对于两所学校来说，都是一件好事。

三、医学院校网络教学系统软件开发后的应用前景分析

在医科大学的网络教学系统中，能够充分发挥计算机高效的信息处理功能，使原来令教务头疼的教学管理，变得更加有力和可行。例如，发布考试要求，教学计划，课程大纲，在线辅导，在线答疑，公开考试结果等。通过该系统，教师们再也不用自己"写"一份教案，从而极大地缩短了教师们的准备时间，也节省了在资料整理过程中耗费的大量准备时间，充分发挥了现代办公的效能，使得教师们的工作效率与教学质量都得到了空前的提高。至于授课方式，则更加注重相互间的沟通与探讨，一改以往被教育界诟病的"填鸭"式授课方式，从一开始的消极到现在的积极，从消极转变为积极。在课后，这种新型的网络教学软件还能够通过电脑技术自行地对学生的练习、作业以及测验等进行批阅和修正，从而让医学教师能够将更多的注意力集中到临床和教学上，从而避免了对学生的作业进行无谓的重复。更主要的是，借助日益成熟的计算机仿真技术，使医学专业的学生在课余的时间内，可以得到一定的临床实践的体验。

为使网上教育更适应于医科大学的需要，医科大学的网上教育系统相对于其他专业大学来说，更多的是基于理论性的教育系统，同时也更注重将网

上教育系统应用到实践性课程中。然而，无论多么逼真的虚拟技术，都无法替代现实中的实际操作。因此，采用互联网上的教学方式，完全取代了传统的一对一的教学方式，显得有些可笑和不智。在教室里，师生之间的面对面的沟通，其沟通的效果要远远高于在虚拟的网络上，这是由于这种沟通是一种直接的沟通，而透过网络与软件的沟通则是一种间接的沟通。把网上教育与常规的教室教育有机地融合起来，"强强联手"，充分利用自身的优点，使医学教育走上新的台阶。因此，在转向互联网这种新型的教育模式时，怎样才能最大限度地发挥它的优势，同时又能保留它的优势，进而提高它的教育质量，这是一个值得思考的问题。

网络教学软件的开发和设计并不是一项单独的工程，而是一项涉及方方面面的综合性系统，尤其是在要求严谨的医学领域。随着信息技术在医学临床各个领域的广泛应用，医学院校的网络教学软件似乎也越来越适合医学教学。相信在不远的未来，医学院网络教学软件将会对我们国家的医疗教学事业起到更大的作用。

第三节 基于UML网络教学软件的设计

在面向对象程序设计中，UML属于一种图形化的教学软件，它是一种面向对象开发中的图形化的建模语言，而UML就是一种统一的建模语言，它在实际开发中具有较强的通用性。这一部分将从UML的基本原理开始，接下来将讨论的是，这一部分将首先引入到一个统一的图形化的模型语言

UML。本节介绍了 UML 建模技术，并探讨如何利用 UML 设计网络教学软件。

随着信息化的不断发展，高职教育的信息化也在不断地跟上步伐，把注意力转向了网络的建设上。而网络的教学平台是高职教育信息化建设的关键部分，它为高校创造了一个良好的网络环境，促进了高校的发展。通过使用网络教学软件，能够实现教学信息的共享，增强了教师和学生之间的互动，从而达到交互式的教学管理，大大提高了教师的教学效率。因此，开发一款以 B/S 模式为基础的网上教育系统是十分必要的。

一、软件建模技术

所谓的软件模型就是 SoftwarEmdel，它是用一种建模语言，用一种抽象的、标准化的方法来描述用户所需求的软件，它的建模方式有：功能建模、对象建模、数据建模、过程建模等。而软件建模技术指的是通过软件工程思想，对软件模型的过程和方法进行总结，选择一门建模语言，生成软件模型的过程。

UML（统一建模语言）属于一种通用的建模语言，在面向对象程序设计中，它可以将更加复杂的系统，更加清晰地表示出来，它的设计语言与软件的实现没有关系，所以可以被应用到任何语言平台上，该语言也与软件的实现过程没有关系，可以被应用到任何的软件开发过程。所以，本软件是一个易于使用，可视化的建模语言。

UML 是一种建模语言，由于其可视化、易于操作等特点，受到很多用户的青睐，可以用 UML 来定义十几种不同的模型，最常用的有范例图、对象图、类图等。通过这些建模用图，可以将一个可视化的系统抽象化，从多个方面展现本系统的功能，使其更为直观。在面向对象的系统设计中，首先要说明的是需求；其次，按照需求，构建一个系统的静态建模，并对该系统进行架构；接着介绍了该系统的行为。模型中有两步是静态的，即用例图，类图，对象图，组件图和部署图五图，UML 静态建模机制。该模型由状态图、活动图、次序图、协作图四部分组成，并使用 UML 进行动态建模。因此，UML 的主要内容可分为两类，一类为静态，一类为动态。

二、网络教学系统的设计

在高职院校的网络教学系统的设计初期，要进行现场调查，对目前的现状进行分析，在设计的时候要遵循教学规律，要使系统符合现代教学的理念，不仅要便于代课教师的工作，而且要让学生觉得效果好。最终网络教学系统的基本特性包括：

（1）在客户端中，学生可以查看到他们的课程信息和代课教师的信息，还可以按照自己的需求进行选择。在完成这些内容之后，还可以将这些内容都下载下来，包括他们的课表等信息。

（2）在前台，所有的代课教师都能够发表他们的课程信息，提出他们对于这一门学科的意见，并且能够对他们的教学材料进行发布、修改等，还能够看到他们选择这一门学科的学生的情况，在上课的时候能够回答学生的问题，并且还能够对学生上交的作业进行批改。

（3）在后台，本系统的管理员可以管理前台的数据，它具有以下几个功能。数据库管理模块：对数据库进行备份、恢复，并对数据进行初始化。基础工作单元：教师的私人资料的保存。保存学生的私人资料。

三、UML 建模技术在网络教学系统中的应用

在本网络教学系统中，在前期的需求分析的基础上，获得了本系统的业务流程图和数据流程图，通过对本系统流程的分析，获得了对系统进行操作的使用用户，并画出了本系统的用例图，之后，对每个角色和用户之间的关系展开了分析，并利用 UML 建模语言，获得了系统的用例图。因为这个系统本身就是一个"教"和"学"的结合体，所以在这个过程中，有两种作用：一种是"学生使用者"，另一种是"教师使用者"。学生可以根据自己的喜好进行选课，查询教师的简介，了解相关的知识，最后进行选课。教师的使用者可以把自己所讲的内容，发送到同学那里，让同学们自己去学，也可以解答同学们提出的问题，还可以对同学们交上来的作业进行批改。

（一）对系统进行分析，对类进行设计

在 面向对象程序设计中，最重要的一个概念就是对象，在进行设计时，要将实际存在的对象进行抽象分类。而且还可以通过对类的描述，来构建一个系统的模型，从而将各个类之间的联系表达得更清晰。这个模型的建立是从需求分析的问题出发的，以之前的需求分析为基础，详细地计划系统的设计，并进一步地分析出本系统的角色是学生和教师。

（二）网络教学平台的建模和分析

对网络教学平台进行建模和分析，目的在于对本系统进行解析，并进行评价，明确地分析出本系统要解决的问题以及本系统的实用性，这一过程可以用业务例图来表达，在整个网络教学平台中，教师、学生，以及系统管理

员三种角色。在此基础上，本节提出了一种基于目标的数据处理方法，即基于目标函数的数据处理算法，并将其应用到数据处理中去。通过案例研究，我们可以发现，针对这一类对象的远程教学系统，可以检查一个学期的课程，可以通过教师的角色来管理这一门课程，可以制订这一课程的计划，可以进行在线辅导，可以进行作业的批改等。同学们可以按照自己的年级选择课程。此过程可以使用以下操作。

使用案例的模式是以一种从上到下，逐步提炼的方式来完成的。

在设计这套软件的过程中，需要进行大量的前期工作，需要大量的时间和努力。首先，通过实地考察现有体系，发现其中的问题；在此基础上，根据使用者的需求，结合自己在实践中的实践，进行了一套较为科学的方案。最后，根据系统的特点，选择了UML模型，并对其进行了模型化与分析。从而提高了系统设计、开发、测试等部门对系统的认识，使系统开发流程更为清晰。为了让这个系统变得更加实用和先进，在接下来的软件开发过程中，要使用最新的开发技术，提高程序的质量，推动信息化高等职业技术学院的发展。

第四节　互联网经济下网络课堂教学的软件开发

本节首先对以互联网经济为基础的网络课堂教学的软件系统组成进行分析，并提出一种行之有效的资源整合模式，在此基础上，着重探讨如何提高网络课堂教学任务的软件系统设计方法,从用户认证和资源共享两方面入手,让网络课堂教学任务能够更加有效地开展。

一、基于网络经济下网络课堂教学软件系统组成

网络平台。要想完成网络教学工作,必须有一个稳固的网络平台作为支撑,要进行与教学有关的资源的采集和分享,不管是教师用户还是学生用户,通过这种方式,他们可以更有效地利用这些资源。网络平台是构成教学软件的基本部件,它也是进行后续系统设计开发工作的必要条件,通过网络平台所建立的资源数据库存储具有非常强大的功能,能够同时满足各种运行使用任务。

资料库。在建立了资源数据库后,能够与系统内的教学使用端口进行相互连接,当发生资源共享下载请求时,能够通过与资源数据库的连接,更加高效地进行传输,从而实现理想的设计控制,并且,现场的各项设计使用任务也与资源数据库有着一定的关系。实现资源库的共享,是开展下一阶段网上教育工作的前提,也是这门课程设置的重点。构建资源数据库,并将其运用到应用中,后续的网络教室可以实现远程教学和多媒体实时信息搜索。

教学课件层。教学课件设计属于网络课堂中的特定功能层,它包括自定义的内容,教师可以根据自己在教学过程中所需要的功能,来对软件展开开发,从而实现对资源的科学整合。在教学可见层中,教师以教学内容为基础,对其进行持续的开发和改进,并对在实施教学任务过程中所需的资源进行编排,以实现网络课堂教学任务。教学课件的设计也是建立在互联网的基础上进行的,这就要求教师进行持续的观察和改进,对其中所出现的技术方案的

缺陷进行剖析，以此来为软件系统的功能开发提供参考。

二、网络课堂教学软件开发中的系统设计方法

用户认证功能实现。在网络课堂教学工作中，使用教学软件时，要在软件中对用户的身份进行识别，并通过对学生和教师的身份验证，来访问到指定的教学资源，以达到更有效的运行和使用效果。由管理者来完成用户身份验证，并设计出管理者中的用户名和密码，利用这种识别方式来对用户的身份进行分析，并将其对接到合适的端口中，从而达到更有效地利用信息端口的目的。我们要通过调用一个数据库来实现这个过程，在这一过程中，教师和学生用户输入自己的信息，在进行用户名和密码的确认之后，就会进入这个系统的内部管理过程，最终实现用户使用功能。

对多媒体技术的开放性使用。在互联网上开展的所有教学方案，借助多媒体技术，将会获得更加完美的效果，通过多媒体教学课件中的资源共享以及多种形式的课堂操作，可以仿真现实的课堂教学，使学生的学习效果更加理想。在网络课堂中，大部分都是通过远程教学进行的，在这样的条件下，对于一些对知识不了解的同学，也可以通过这个网络平台，来向教师提问，建立起一个更具实际意义的多媒体教学体系。

系统发展的编程语言的选取。在系统程序设计语言中，需要同时满足对图片、音频、视频和文字等各种资源的使用，通过 Visual FoxPro 软件来完成对数据资源库的管理工作，在任务的开发中，要在现场中，为该任务提供一个适合的环境，并充分发挥各个系统间的互相协同作用，来实现更有效的运行和使用工作。软件可以同时进行多个数据库管理工作，而且与之相匹配的

资源共享也可以在里面更有效地进行，在各系统间的互相合作和互相帮助的情况下，可以更好地实现教学工作。在教学过程中，对数字资源的选择和对接工作，在程序编译阶段就应当将其展示，进而构建一个更合适的网络教学课件的运行和使用环境。通过网络课件展开多媒体教学和网络教学，让教学的手段变得更加现代化，使教学方式更加多元化，从而增强学生的学习热情，降低教师的工作压力，提升教学的效率和质量，同时还对学生在数据库应用开发中的创新思维能力和实践操作能力进行全面的提升。

总体来说，在网络课堂教学计划中的软件系统可以为远程教学活动提供技术支撑，这对于提升教师的教学效率有着非常大的作用，同时也是实现远程知识传递、导学和远程管理的基础。在实现远程教育和远程管理的前提下，尽可能地构建一个具有虚拟现实性质的网上教育和学习环境。要把传统的学习方式的优势与互联网、媒体环境的学习优势结合起来，为学习、教学、服务和管理提供全面的支撑，为学习者创造一个完美的在线学习空间。

第五节　社会化网络软件开发的文科计算机教学设计

我国普通本科文科大学生的计算机教学急需进行改革与创新。在对目前SNS站点的发展动向以及用户的使用要求进行分析和研究之后，南京信息工程大学计算机与软件学院的计算机课程团队建议，将文科大学生的计算机公共基础课的教学内容与SNS站点的开发和使用有机地融合在一起，以有针对性的、系统的、实用的方式进行文科计算机的教学和实践，优化课程设置，改革知识体系，促进文科大学生掌握好计算机知识，提高他们的实用能力。

因特网的发展已逐步进入到一个社会化的发展时期，其中建立在"六度分割"理论基础上的人际交往是因特网的具体表现。社会化网络软件Software是一种Web2.0平台上的技术应用架构，它是一种以"六度分割"理论思想为核心的、以个人关系脉络为基础构建的互联网基础软件。SNS本质上就是以社会化人际关系为核心，融合各种不同的服务与功能，利用分布式的程序设计技术，将个人的社交圈子持续扩大，最终形成一个庞大的网络。维基百科上关于SNS的一个比较流行的解释是："社交网站是一个由许多人参与的网站，其中的用户可以发布他们自己创造的内容，也可以和别人共享他们的私人或者专业信息"；而"社交网络服务"是一款用于创建并确认在线社会网络的软件。

伴随着越来越多的企业和投资机构加入进来，SNS的功能模块、服务模式和业务模式逐渐成形和变得更加完美，同时，其对用户群体的定位也表现出显著的不同。SNS站点最突出的特征就是增加用户之间的互动，按照其主要的功能模块以及用户群体来分类，现在的SNS站点有以下几方面：一是以休闲、娱乐为主题的SNS站点，比如，"开心网"，其打破这类站点的业务模式以及赢利模式；二是以校内网和QQ交友为主要服务对象的校园SNS网站，能够持续地吸收大量的新兴势力，并在高校中长久地占据一席之地，具有较强的竞争力；三是像Linkist这样的校园SNS网站，主要用于商业交流和交友，这些网络都是为让客户能够更好地了解到各种有意义的内容，帮助企业有效投递信息给特定的背景用户。

目前，中国各大社交网络服务商可为用户提供三种不同的业务，即传统的社区业务、新型的互动业务以及娱乐性的插件性业务。在开发新用户及整合旧用户上，网站的交互能力逐渐显示出明显的优点。最近几年，各大网络企业纷纷推出社会化服务，以提高用户黏性；电信运营商和通信设备制造商还会以合作或自主研发的形式，向社会提供社交服务，从而提高用户对该服务的认识。

一、SNS 平台发展需求可驱动高校大学生的计算机知识学习

在 SNS 站点的不断普及和使用过程中，一些主要的 SNS 站点已经拥有一个固定的、占据市场比较大比例的用户基数，但是，由于用户的使用经验越来越丰富，用户的要求也越来越合理化和个人化，因此，SNS 站点要求能够为用户提供更详细的、更有针对性的服务，建立起面向不同人群的 SNS 平台的运作思想和方法。当前，主流 SNS 网站已占据一定的市场份额，并在一定程度上形成自己的品牌，而新加入的社交网络则处在相对劣势的位置，并且要面对很高的壁垒。所以，怎样才能更好地发掘出更多的用户需求，将用户群体分为不同的类别，从而达到针对用户的个性化服务，建立并完善 SNS 平台的运作思想和方法，就是 SNS 站点要想可持续发展，迫切需要思考与探讨的问题。

在马斯洛需求理论中，大多数的 SNS 站点都已经完成"交朋友"这一目标，也就是满足社会的三层面的"社交需求"；而在交友之后，他们会"干什么"，也就是他们在建立社交关系后，想要达成什么样的目标，想要达成什么样的"自我实现"要求。所以，怎样才能持续地扩大 SNS 网站的业务范围，扩大 SNS 网站的服务种类，怎样才能将更多的具有实际意义的互联网应用进行有效的融合，这就是 SNS 网站在朝着务实的方向发展，并持续提高其用户的聚

合性和持续性所要做的工作。

SNS网站的注册使用制，还有在非亲朋好友之间建立的消息封锁制度，经常会对用户所创建的有价值的信息进行广泛的扩散造成不利影响，从而造成用户所创建的内容不能得到及时、顺畅的传播，只能局限在亲朋好友和平台内部。由于网络的传播半径较小，大量的有效资讯无法在短时间内对广大用户产生有效的结果，这对网络市场的推广和用户的口碑产生不利影响。怎样才能建立起一个开放性的平台，让平台内的用户和平台间的信息的流通和资源的整合更加高效，确保平台中的用户互动信息的畅通性、可靠性等，这些都是SNS网站信息平台的扩展和开发需要进行的一项关键技术。

个人化、娱乐性的插件应用增加SNS站点的使用忠诚度；此外，让第三方软件开发者为每个SNS站点开发出一个具有普适性的软件，还可以减少SNS站点的网络应用的开发费用，可以有效地进行资源的整合，推动用户的信息在不同的平台之间的流动和传输，从而拓宽信息的传播范围。在实现SNS站点可持续发展的过程中，迫切需要解决的问题就是，如何根据SNS站点的用户群体来设计或移植一个具有应用价值的插件。

在SNS网站中，以大学生为主的用户群体，由于他们的直接用户体验和实际需要，促使他们研发出更多更具实用性的应用；而要对SNS站点的生存现状、发展趋势以及提高其竞争优势所需的技术与技能展开系统性的学习与培训，尤其是那些对计算机方面的知识比较薄弱的高校文科学生，要使他们能够熟练地运用社会化网络软件技术，这将有助于他们进一步充实自己的计算机理论，提高他们的信息素养。

二、结合 SNS 平台发展需求完善文科计算机教学内容体系

文科计算机教学的特点是知识性、技能性和应用性的统一。它是以实践为基础的，在实践中获得知识，并在知识中获得实践和经验。文科计算机课程的建设和教学改革本身也会对其他文科课程的建设和改革产生积极的促进和推动作用。

当前，我国高校文科大学生的计算机教学还存在着理论性和实践性较强、内容单一和孤立等问题。大多数的学生都是为了应付与学位挂钩的计算机等级考试或计算机认证的需求而去学计算机知识。每一所高校在文科计算机教学工作中都在试图找到一个适合自己的教学出发点，或者说是一种能够推动学生学习知识的动力，找到一种可以较为全面地覆盖高校文科计算机的教学内容，同时还可以与学生兴趣相结合，实现"以用促进学，学以致用"的教学模式。

南京信息工程大学计算机与软件学院一直以来都是为学校文科大学生提供计算机基础课教学，主要授课内容包括：计算机基础，编程基础（C语言程序设计），数据库基础（VFP 程序设计），以及电子商务等。学校已经建立起与之相关的公共基础课程小组，并聘请具有丰富计算机教学经历的高级职称教师作为这门课程的负责人，对教学大纲、教学要求、教学进度、命题、批卷等方面进行统一，确保在这门学科中培养出一名优秀的文科大学生。但是，在进行教学的时候，我们也会发现，在文科大学生的计算机知识学习中，仍然存在着许多的问题，比如，基础知识缺乏、学习积极性不高、将所学知识与实际应用相结合的意识薄弱、学习方法不合理等。

第五章 网络教学软件的开发

鉴于 SNS 网站的发展势头良好,开发需求旺盛,因此,在社会化网络软件模块开发与应用的基础上,计算机与软件学院试图建立起一套以社会化网络软件模块开发与应用为基础,以现实的应用需求为导向,来进行计算机知识的教学与学习。计算机教学课程组梳理、筛选并调整在本校文科学生中所涉及的计算机教学内容和知识体系,并将 SNS 网站开发和应用的平台功能和服务模式等作为基础,探讨诸如网络媒体开发、网游设计与开发、电子商务、插件开发与应用等的计算机类教学知识模块的划分,完善知识体系,对教学过程进行优化。在对 SNS 网站技术构架展开全面的介绍和展示的基础上,任课教师还可以鼓励学生对现有 SNS 网站(例如,人人网、豆瓣网、开心网等)的网站结构、主要应用平台(个人展示平台、交流相识平台、协作合作平台)的应用功能、服务提供模式、技术应用和盈利模式等深入了解。引导学生以研发团队的身份,运用他们所学到的东西,试图对 SNS 网站进行模拟设计和开发,对 SNS 网站平台的功能进行拓展,对插件应用的设计与开发、研发移动社交软件等进行探索,以此来提高他们在计算机方面的学习兴趣和积极性,让他们认识到信息技术应用在社会发展中所起到的重要作用,让他们认识到信息技术与人文社科等之间的互相渗透与交叉,让他们明白计算机的思维模式,让他们学会使用计算工具来解决他们所面临的问题。

大学计算机是一种针对高校非计算机专业的计算机教学系统。对文科院校计算机课程的知识结构和课程体系进行科学的规划,对文科计算机教学的规律和方法进行深入的探究,对文科院校的知识体系、课程建设和立体教材进行深入的研究,为培养文科大学生的多样化思维,探讨一条行之有效的路径,促进高校根据文科的不同专业和应用需求,进行大学计算机的教学改革,最后就是知识体系、课程建设和立体教材建设。满足大学计算机"服务于学生社会就业及专业本身所需的计算机的知识、技术及应用能力的培养,以造就更多的创新、创业人才"的教学总体目标要求,重点提升大学生的信息素养和信息应用能力。

南京信息工程大学计算机与软件学院建立的文科计算机教学课程体系,试图将 SNS 网站的建设需要与之相联系,把对学生的信息素养和运用能力的培养作为主要内容,对文科大学计算机教学改革进行探索,它与文科大学计算机教学实践相吻合,具有很好的可操作性。并从贴合互联网的应用实践入手,从传统的计算机教学模式入手,对知识体系的建构与教学课程设置进行创新,从而建立起一套切实可行,教学目标明确,知识体系完整,知识模块划分科学,课程设置合理,具有一定实践意义的、具有创新性的、具有一定实用性的计算机教学知识体系。

第六章 计算机远程教育模式

第一节 计算机实验室远程控制模式

针对目前计算机实验室缺少基于移动终端设备的远程控制与管理系统的问题，本节采用5层结构，使用 Web Service、Socket 等技术设计并开发了一套计算机实验室远程控制与管理系统。系统采用移动终端和 PC 机加互联网的管理模式，突破了传统的 PC 机加校园网的模式；并对传输的数据进行加解密，保证了数据的安全。该系统具有跨网段、跨区域、跨操作系统、可移动性等特点，可以做到一机在手、尽在掌握的泛在管理。为智慧校园中各种智能设备远程控制管理系统的设计与开发提供了思路。

目前计算机实验室基本都是以计算机和软件来模拟仿真的应用场景，管理和维护计算机是一件烦琐又繁重的任务，同时传统以 PC 端加校园网的管理模式存在使用不便和效率较低等问题，如何减轻实验室工作人员的负担，提高实验室管理的效率，是每个实验室管理人员都要面对的问题。随着移动互联网和现代网络通信技术的快速发展，智能移动终端设备的不断出现，使用智能移动终端设备作为管理端的工具，可以做到一机在手、全面掌控，提高了管理效率。本节以手机作为移动终端,设计了一种能跨网络、跨操作系统、泛在管理的计算机实验室远程控制与管理系统。

一、系统需求分析

(一)实验室现状

以经管实验中心为例,实验中心共有12个实验室,其中计算机实验室(机房)有5个,共276台电脑,经管类很多实验课程需要各种不同的软件来模拟和训练,通常根据安装软件的不同来划分实验室的功能。实验中心存在实验室维护和管理工作量大与实验技术人员少的矛盾,每学期期末或开学初需要整理机房、安装更新软件等。学生上机量大,经常出现下课后忘关电脑,或部分学生由于各种原因不能及时完成实验任务而拖堂的情况,这给实验室管理人员造成了额外的负担。

(二)实验室管理软件现状

目前很多高校都有实验室管理系统,有的独立设计开发,有的购买现有的产品,大多数实验管理系统只是信息管理,如信息的维护、发布、查询统计等,很少涉及对设备的控制操作等管理,如设备管理、资产管理、实验室课表预约管理、实验室基础管理、实验室建设管理、实验室开放管理、实验室安全管理等。也有小部分实验室管理系统涉及对设备的控制操作,如计算机实验室的相关管理软件,但都有局限性,有的管理软件对单个实验室设备管理较好,但是不具备跨网段功能,只能管理一个网段,从实验室网络安全的角度考虑,实验中心每个实验室的网段一般都是不同的,这样该软件就不能同时对多个实验室进行集中管理。也有一些管理软件可以不受网段的限制，采用PC加校园网的模式，可以集中管理实验中心的所有实验室，但存在可移动性比较差、没有手机版的软件等问题。

可移动性、智能化程度是当前计算机实验室管理软件的必然发展趋势。可移动性。目前市面上实验室管理软件大多采用PC加校园网的模式管理，现在智能手机的使用非常普遍，能使用手机等智能终端设备管理实验室是必然的趋势。智能化程度。计算机实验室管理软件的智能化是一个发展趋势，如实验室管理软件能根据实验课预约系统中的数据自动编制实验室开放时间表，根据这个时间表通过智能门禁系统，自动打开实验室，自动打开终端设备，实验结束后自动关闭终端设备等。

（三）系统功能需求

为了解决目前计算机实验室管理存在的问题，根据现有的机房管理软件的特点，实验中心需要一种能远程控制计算机的机房管理软件，需要以下基本功能：远程关机、开机、重启、发送消息、预约关机等。其中预约关机的功能尤为重要，它可以在规定下课时间前一段时间，及时提示学生注意保存数据，防止数据丢失；下课后如有部分电脑未关闭，管理人员可以远程批量关机，从而提高效率，降低工作量。

另外还需满足以下需求：安全性需求。保证系统的数据是安全的，包括数据传输安全、数据存储安全。稳定性需求。软件要运行稳定。便利性需求。终端管理需要可移动性，能使用智能手机管理机房。经济性需求。控制软件开发成本，由于是自己开发，满足主要的功能需求，功能简捷，具有较好的经济性。兼容性和易维护性需求。目前微软的Windows操作系统在PC机中占主流地位，Android 系统在手机操作系统占的份额也是最大的，所以系统要能在这两种操作系统中运行，并且访问数据不能受操作系统的限制。

二、系统设计

（一）系统架构设计

整个系统采用 5 层结构的设计方案：管理层、Web 服务层、数据存储层、应用监控层、终端控制层。系统包括 3 类重要设备节点：管理端设备、服务器、终端电脑等。各类设备在学校内部使用校园网连接，如果管理者在外地，可以利用互联网通过访问 Web Service 服务连接到系统，当然为了更加安全，可以通过 VPN 连接到校园网。为了系统及数据的安全，各节点传输的数据在发送前经过加密程序处理，接收后由解密程序进行解密。

终端电脑是整个系统中重要的网络节点控制器，安装控制端程序，终端电脑接收应用服务端或管理端的命令及数据，调用相应的控制程序指令，完成控制过程。应用服务器上安装应用服务端软件，主要接收管理端的命令，经过处理后，向终端电脑发送命令，同时也将终端电脑传回的数据进行分析及存储。管理端设备安装管理端软件，管理人员可以通过应用服务器批量控制终端电脑，也可以精准定点控制单个终端电脑。

移动终端与服务器之间通过 Web Service 连接。Web Service 是一种独立的平台，它是跨平台的、跨操作系统的、跨编程语言的，包括 XML、SOAP 和 WSDL 技术。利用 Web Service 技术可以很好地解决计算机实验室远程控制与管理系统的跨硬件平台和跨操作系统，不管使用者选择何种管理设备（台式电脑、平板电脑、智能手机）和操作系统（Windows、Android、Apple）

都能连接到该管理平台。

（二）功能模块设计

根据系统需求分析，系统需要包含以下模块：用户管理模块、控制端模块、服务器端模块、管理端模块。用户管理模块包括以下功能：用户新增、删除、修改、密码管理、权限管理等。控制端模块包括以下功能：自动运行功能、信息监控功能、计算机控制功能等。服务器端模块包括以下功能：远程信息接收功能、数据处理功能、远程信息发送功能等。管理端模块包括以下功能：实验室管理、计算机管理等。

控制端模块与服务器端模块之间的数据通信是整个系统设计的关键。根据OSI网络7层模型，从低到高分为：物理层、数据链路层、网络层、传输控制层、会话层、表示层、应用层，其中底下3层主要解决网络设备的物理连接问题，上面3层（会话层、表示层、应用层）可以归为应用程序部分。所以采用TCP/IP协议进行数据传输，Socket封装了TCP/IP协议，使用Socket可以在服务端程序与客户端程序之间建立连接通信。

控制端模块部署服务端Socket，应用服务器端模块部署客户端Socket。服务端进程始终处于侦听状态，客户端进程发起请求，服务端进程侦听到客户端Socket后，服务端进程会新建一个线程Socket，发出响应给客户端Socket，客户端Socket确认后，这两个Socket就建立了连接。然后客户端Socket向服务端发送命令，发送的命令经过数据加密后，发送给服务端Socket，服务端接收到数据，然后解密数据，按照命令执行操作，并且返回结果。

（三）数据库设计

根据系统功能设计，系统主要数据表有：计算机信息表、实验室信息表、用户信息表、权限表、数据字典、实验课程表等。计算机信息表主要包含以下字段：电脑编号、电脑名称、IP 地址、MAC 地址、电脑状态、所属实验室、备注等。实验室信息表主要包含以下字段：实验室编号、实验室名称、电脑总数、实验室状态、备注等。用户信息表主要包含以下字段：用户编号、用户名、所属部门、权限组等。权限表主要包含以下字段：权限组号、权限号等。数据字典主要包含以下字段：表编号、字段名、字段描述等。实验课程表主要包含以下字段：表编号、实验课名称、授课教师、授课地点、班级、人数、授课周次、授课星期、授课节次等。

（四）数据加密设计

随着计算机运行速度越来越快，使用 DES 算法加密变得越来越不安全，而 RSA 算法受密钥长度的限制，密钥长度越长，安全度越高，计算量越大，算法速度就越慢。为了取长补短，本系统采用的设计方案是 DES 与 RSA 混合加密，密文采用 DES 加解密，密钥采用 RSA 加解密。

三、系统实现

系统主要包括 3 个模块：控制端模块、服务器端模块、管理端模块。

（一）控制端模块的实现

控制端模块安装在终端电脑上，操作系统为微软的 Windows 操作系统，开发工具为 Delphi。控制端模块在终端电脑启动后会自动运行，等待接收应用服务器上服务端监控模块发送的指令，收到指令后，执行指令操作，反馈信息给应用服务器。

（二）服务器端模块的实现

服务器端模块安装在服务器上，多个服务器可以组成服务器集群，主要包括：应用服务器、Web 服务器和数据库服务器，应用服务器上部署服务端监控模块、Web 服务器上部署 IIS、Web Service，数据库服务器上部署 Microsoft SQLServer2008 数据库。开发工具 Microsoft Visual Studio 2012，采用 C# 语言，使用 ASP.NET 技术。

（三）管理端模块的实现

根据管理端设备及操作系统的不同，使用相应的管理端模块，如 PC 电脑加 Windows 操作系统，手机加 Android 系统等。管理端 PC 版的开发工具为 Microsoft Visual Studio 2012、Dephi7，移动版的开发工具为 Android Studio 3.0。通过 PC 电脑管理端模块，管理员可以对实验室进行管理，如新增、删除实验室；对实验室的电脑也可以进行管理，如新建电脑、删除电脑，可以批量新建，也可以单个建。实验室信息发送管理，可以选择已编辑的信息模板发送信息，也可以自己新建消息发送，可以对单个实验室发送，也可以对多个实验室批量发送。实验室预约关机，选择实验室，再确定关机的时间，等到离关机时间还有 10 min 或 3 min，系统会自动发关机提醒消息，提醒上课的教师和学生，这样就有足够的时间保存文件。

手机端管理模块与 PC 端管理模块的功能相似，由于 PC 机屏幕大，在文字处理、输入方面比手机要方便，所以把实验室、电脑新建、删除等信息编辑的功能存放在 PC 端管理模块，其他功能 PC 端与手机端是一样的。

这套计算机实验室远程控制与管理系统已在实验中心各个机房得到有效的应用，从使用数据来看，系统运行稳定、已达到设计目标。该系统规范了学生上机习惯、大大减轻了管理人员的工作量，使用手机作为终端管理工具，具有很好的可移动性和便利性。本节设计的基于 5 层结构的远程控制系统的设计方案较好地解决了对设备的远程控制跨平台、跨网络、可移动性等问题，为智慧校园中各种智能设备远程控制管理系统的设计及开发提供了思路。下一步可以把门禁管理系统、实验预约系统、实验室视频监控及报警系统集成到该系统平台中去，提高系统的智能化程度。

第二节　远程教育直播课堂的教学模式

随着现代信息技术的迅速发展，促进教育信息化，共享教育教学资源，远程教育直播课堂应运而生。直播课堂拓展了教育教学的时空界限，改变了传统的教学方法，是一种新型的远程教育模式。本节主要对远程教育直播课堂的教学模式进行研究，通过对传统课堂和远程教育直播课堂的教学模式系统要素进行分析，构建出远程教育直播课堂的教学模式基本框架，并对成都七中网校和安徽在线课堂两个典型远程直播课堂教学进行案例化研究，探讨并验证所构建远程教育直播课堂教学模式基本框架的实践可行性。本节旨在为远程教育直播课堂在实践中产生的问题提供参考借鉴，同时也丰富了远程教育直播课堂建设的理论研究。

第六章 计算机远程教育模式

进入 21 世纪后，现代信息技术的迅速发展给社会带来了空前的变革，世界正大踏步走进"信息化时代"。计算机网络、信息技术正悄然改变着人类社会的面貌以及人们日常的生产生活，并且深入到了教育教学领域当中。教育信息化正成为全球社会关注的重要内容之一。互联网的迅猛发展使得网络技术为教育构建起了一个有无限潜力的平台。在这个个性自主、共享开放的平台上，教师和学生的角色定位更加清晰，稀缺的教育教学资源将得到更充分的利用，教育不再一味地千篇一律，它突破了时间、地域、等级与方法的界限，以一幅崭新的景象出现在人们的视野里——偏远地区的教师和学生们通过计算机网络聆听千里之外的优秀教师的讲课。当下教育均衡化发展是我国教育的现实需要与战略选择，现代远程教育则是推进教育均衡化发展的有效途径之一。由此可见，远程教育在我国教育系统中占有越来越大的比重，是一个重要的组成部分。从函授教育到广播电视教育，从广播电视教育到网络教育，都借助信息技术的高速发展并切入教育领域而后带来了巨大的影响。因此，对于远程教育方面研究的开展具有极大的必要性。

一、远程教育直播课堂

远程直播教学课堂是在科学技术发展和社会需求推动下形成的一种新型远程教育模式，与传统的远程教育模式有所区别。它是以计算机、多媒体和现代通信技术等信息技术为主要手段，将信息技术和现代教育教学思想有机结合的一种新型教育模式，能够有效地利用各种教育资源。而飞速发展的各种网络技术，为信息特别是多媒体信息的传播提供了可靠的技术支持，也为远程直播教学的发展提供了更加丰富的技术手段，极大地推动了远程直播教学的发展。

二、远程教育直播课堂的教学模式研究

(一) 传统课堂教学模式要素分析

在教育文献中，通常相对地把校园的课堂面授教育称为传统教育，"传统教育以学制统一、班级授课、分科教学和认识优先为特征，注重对受教育者的直接塑造或改变，是'以教定学'的教育形式。"

1. 教师

在传统课堂中，教师一般是课堂上的主体，主要负责进行知识的传递，传统课堂是以教师为中心的课堂教学。在课前，教师进行备课并向同学们布置预习任务；在课堂中，教师花费时间与精力进行授课，向学生讲授知识并提问，接受反馈回答；在课后，教师布置作业要求同学们完成。传统的课堂教学是以教师的单向传授为主，较为依赖教师个人的知识能力，强调教师"教"的过程。

2. 学生

在传统课堂的教学过程中，学生往往进行被动式的学习。在课前，接收教师布置的预习任务，进行课前预习；在课堂上，认真听课，快速进行知识的吸收与消化；在课后，完成教师布置的作业。在传统课堂这种单一性的教学方式下，学生被动地接受知识，缺乏"学"的主动过程。传统课堂注重知识的传授，一般以统一的标准来衡量和要求学生，单一的书本知识的讲授。学生能够很大程度上系统、牢固地掌握相应的学科知识，但实践能力和问题解决能力都有待提高。

3.教学内容

在传统的课堂教学中，教学内容一般是固定的，教师依据教学大纲和教科书确定教学内容。教学内容强调知识系统性的传递，以书本知识为主。学生在教学完成后能够掌握系统化的基础知识，一般能在考试中拿到满意的分数。传统课堂的教学内容难易程度一般，能够满足大部分学生的学习需求。

4.教学媒体

在传统的课堂教学中，教学媒体的使用较为单一，一般是黑板粉笔加幻灯片。教师们习惯于旧式的教学方式，能够按照传统的教学模式进行知识的传递。教师使用幻灯片播放课前准备好的课件，向同学们进行知识的讲解，在讲到关键内容或遇到同学们不懂的情况下，书写板书，进行更加详细的讲授。"所有人类经验都受到我们使用的工具和符号系统的制约"。虽然在现阶段，我们绝大多数的教学仍旧处于计算机辅助教学和计算机辅助学习，但教学媒体作为信息传递的工具，在教学中一直具有重要的地位。

（二）远程教育直播课堂的教学模式要素分析

1.教师

在远程教育直播课堂教学中，相较于传统课堂教学，这里不止有一位教师，理论上可以说是一种教师们的协作教学。远程教育直播课堂主要是以校本部的授课教师与远端的辅助教师为中心，课程把关教师、技术指导教师为辅助形成的一个"四位一体"的教学体系。教师们更致力于构建一种以学生为主体的集体教学。在课堂前，教师们同时备课，用以沟通教学过程中各个环节设计；在课堂上，授课教师按照教案，通过远程直播，同时面对多个班级授课。远端辅助教师在远端课堂全程协助，以便于远端学生更好地进行知识的消化吸收；在课后授课教师布置相应任务，远端教师辅助学生完成课后任务。在远程直播课堂，教师的主体地位逐渐减弱，更多地以一种"主导"的地位呈现，尤其是远端学校，远端教师在课堂上更多地倾向于帮助引导学生进行自主学习。

2. *学生*

在远程直播课堂上，准确地说，有两类学生，一种是校本部的学生，另一种是偏远地区的远端学生。远程直播课堂的开展主要就是为了教育资源均衡化，可以说主要是为了偏远地区的远端学生能够与发达地区优秀学校的学生共享优质教师教育资源，所以在分析远程直播课堂中的学生要素时，我们重点分析的是远端学生。在课前，由于远端学生在很大程度上与本部学生有一定的差距，远端学生要比本部学生更加注重课前的预习，尤其当授课内容与远端学校的授课内容有较大差距时，远端学生更要好好利用课前的预习时间，在辅导教师的帮助下，努力缩短差距，更好地吸收消化授课内容；在课堂上，远端学生自主学习，收看远程直播视频；在课后，远端学生要及时与辅导教师沟通交流，完成课后任务。远程直播课堂是以远端学生为主体，辅导教师为主导的课堂教学。

3. *教学内容*

在远程直播课堂教学中，教学内容的确定是最为复杂的，因为要充分考虑到偏远地区的远端学校的教学进度问题。而且远端学校与本部学校很有可能不处于同一个省市区域，所使用的教材差异性也要考虑到。授课教师与远端教师在进行集体备课时一定要充分考虑远端学生与校本部学生认知水平的不同，保证远端学生在教学中能够接受所学的新知识。笔者认为，校本部学校在确定合作的远端学校的时候，最好选择教材相同的区域。在进行直播授课前，要充分了解远端学校的教学进度，以便展开教学。

4. 教学媒体

远程直播课堂教学依托优质教育资源，综合使用现代信息多媒体技术，并结合相关软件硬件，致力于打造一个综合性的学习系统平台。校本部采用演播室电子白板教学，并设有控制与通信设施，以完成视频、音频的采集与传输。信息一般通过卫星传输系统向远端学校发送。远端学校相应地配置地面卫星接收系统，用于对直播课程进行接收。此外，远端学校还设置了终端同堂系统，以便能够达到异地同步的效果。在远程直播课堂中，学校投入并使用了大量现代多媒体设备，以便于教学内容的传递，与传统课堂单一的教学媒体模式相比，各类教学媒体的使用极大地促进了教学信息的传递与吸收，有助于远程直播课堂教学的开展。

（三）远程直播课堂教学模式基本框架构建

笔者通过对传统课堂教学模式与远程教育直播课堂教学模式进行教学系统要素分析与研究，并结合自身的观点得出，远程教育直播课堂教学模式的基本框架主要包括教师、学生、教学内容和教学媒体四部分内容。其中教师部分分为两类，授课教师与远端教师。基于课前、课中和课后三个环节对授课教师和远端教师进行角色定位，分别为课前备课（教师们同时备课，进行教学设计）、课堂授课（授课教师讲课，远端教师远端课堂协助授课）和课后评价（授课教师布置任务，远端教师辅助远端学生完成），并加入了反馈环节；学生部分也同样分为两类，本部学生与远端学生。以课前、课中和课后三个环节主要针对远端学生进行角色定位，分别为课前预习、课堂听课和课后作业，同时加入了课后答疑解惑环节；教学内容部分主要是本部学校和远端学校在基于两类学生认知基础上设计合理的教学内容进行同步教学；教学媒体部分主要包括要进行远程教育异地同步直播所必需的多媒体信息技术设备等。在此基础上笔者结合动机理论、建构主义理论和有意义学习理论,以及维果茨基的"最近发展区"理论,构建出远程教育直播课堂教学模式基本框架。

教师、学生、教学内容与教学媒体不仅是传统课堂教学模式中教学系统的必备要素,同样也是远程教育直播课堂教学模式中的必备要素。授课教师与远端学生通过教学媒体进行非面对面的同步教学并传递教学内容构成了远程教育直播课堂。在任何一种远程教育直播课堂上,都有授课教师与远端教师在课前、课中和课后相互协作教学,教学内容通过计算机、通信卫星、多媒体设备等教学媒体进行远距离传输,远端学生异地同步进行学习。

第三节 计算机远程教育翻转学习模式

随着信息技术的日益发展,2012年,国际教育领域掀起了一场"慕课运动","翻转课堂"(Flipped Classroom),一种新的教育理念和学习模式应运而生。翻转课堂,顾名思义就是将传统教学活动程序颠倒过来,在信息技术的支持下,学生利用微视频、课件、练习等学习资源进行自主学习,完成知识的传授;课堂教师针对学习过程中存在的问题或需要深入的内容进行答疑解惑、协作探究等活动,以完成知识内化,达成教学目标的教学模式。其实质依然是一种传统课堂与网络教学活动相结合的"混合式"教学模式。真正让翻转课堂引向巅峰的是2011年爆发的一场开放教育资源(OER)运动,催生了大量优质教学资源,为翻转课堂的广泛开展提供了资源支持。而微课(Micro-lecture)是一种新的数字化资源形态,以其"短、小、精、趣"的特征,在这场运动中赢得了广大教师的喜爱,并在国内外教育领域迅速发展。因此,探索远程教育环境下翻转课堂学习的微课资源设计研究,对促进技术的深入融合和提高远程教育教学质量有着十分重要的意义。

但纵观已有的研究,可以发现将翻转课堂和微课置于远程教育环境中研究的并不多见(将"微课"和"翻转课堂"分别于"开放大学"或"远程教育"在 CNKI 期刊网中进行检索,总计 8 篇);而将此三者结合,探索新的远程教学模式和资源设计研究则更显空白。本节将深入分析三者间的联系与耦合机制,探索微课资源的设计方法,试图引入翻转教学理念进行微课实践,以期许为后续研究的开展做铺垫。

一、"翻转课堂、微课"与"远程教育"的契合点

"互联网+"时代来临,翻转课堂、微课、MOOC 等纷纷来袭,远程教育领域不断吸收新理念、融合新技术,正发生着巨大的变化。通过深入剖析翻转课堂、微课、远程教育三者的内涵,追根溯源,不难发现它们之间存在先天的耦合性。

(一)一种耦合:翻转课堂、微课与远程教育完美结合

自 2007 年美国化学教师乔纳森·伯尔曼录制在线视频课程,开创了一种颠覆传统课堂结构的教学形式,即"翻转课堂";随后,美国戴维·彭罗斯教授首创微课,并称之为"知识脉冲"。随后"翻转课堂、微课"风靡网络,引起教育界学者们的关注。远程教育作为一种新型的教育形式,以信息技术

为支撑，采用线上网络视频课程学习与面授课堂相结合的混合式学习，翻转课堂本质是教学流程的颠倒，亦是一种混合式学习，而微课的核心要素是微视频，从其本质分析，他们存在先天的耦合性，可相互促进、共同发展。

（二）满足远程教育学习者的需求

远程教育的学习者以社会成人为主，他们具有工学矛盾、自我导向性强、学习注意力分散、持续学习时间较短等特征，过去传统远程教育的面授和网络课程难以适应和满足学生学习需求。微课具有"微型化、碎片化"的特征，学习者能够随时、随地灵活地进行在线学习、移动学习，这种"见缝插针"式的学习，充分迎合了他们的学习需求。

（三）促进远程教育变革，转变教育观念

过去远程教育惯于使用"网络课程＋面授"式教学模式，试图使用视频课程让学习者预先自主学习，获取课程知识或发现疑难问题，待集中面授时由教师答疑解惑，以获得更深刻的理解，隐含着浅层次的翻转味道。但现实中的网络教学流于形式，缺乏系统设计，面授则过分注重考核知识点讲授，师生热衷于划重点、讲考点、押题等，长此以往，混合式教学在远程教育教学过程中被扭曲异化了。自2012年"翻转课堂、微课"被教育界学者广泛传播后，开放大学的教师们也开始反思自己的教学。因此，我们认为在远程教育引入"翻转课堂、微课"新理念是推动远程教育变革一个很好的切入点，也是一次对开放大学办学理念的深化与具体落实。

二、远程教育中微课开发设计的原则

（一）以远程教育学习者特征为导向，突出开放理念

任何教学形式的教学设计都是从学习者特征开始的，远程教育也不例外。远程教育本着开放理念，对入学者的年龄、职业、地区、学习资历等方面没有太多限制，多数为半工半读的成年人。针对这些特征，教师对不同学习背景、学习环境、学习内容、学习任务等学习者，应考虑其学习需求也是不一样的，学习资源也可能存在差异性。

（二）以教学目标为重心，强调内容针对性

成人学习者对自己的学习目标往往更为清晰，需要什么想学什么，他们就学习什么，这就要求课程设计突出针对性，课程设计需紧紧围绕教学目标将学习内容根据教学任务或主题进行合理分解，将复杂的教学目标、教学内容拆分为单一的知识点或概念，每一节微课应有明确的主题和教学目标相对应，以利于成人根据自身的需要有选择地进行针对性的学习。

（三）碎片化与结构化相统一，坚持课微力不微

碎片化是为了便于成人学习者能够在零星的时间里随时随地学习，也是为了减轻成人学习者的认知负荷，提高学习效率的正确做法。当然毫无结构、散乱的微课也不被广大教师认可，还会对学生理解课程知识的全貌造成障碍。能否做到课微力不微，关键在于微课设计的碎片化与结构化的统一。国内学者认为微课不仅仅是微视频的呈现，应有一套完整的教学设计和学习支持服务体系，全面完善的学习支持服务是实现有效远程教育学习不可或缺的要素，

比如，学习指南、测试练习、任务单、学习导航等。

（四）注重交互设计，营造体验式学习

远程教育最大的缺陷是由于时空分离导致师生互动缺失，学生容易产生学习孤独感。为了消除这种孤独感，课程活动内容的设计显得尤为重要。在远程教育中，交互主要体现在课程学习资源及学习活动的设计上，特别是线上师生活动以及面授教学应当营造体验式学习氛围，让学生主动参与课程学习，鼓励师生互动、生生互动，及时反馈学习进度、效果等，形成学习社群，弱化远程学习的孤独感。

三、微课开发设计的流程与制作方法

微课资源建设是一项系统的较为复杂的项目，包括序列化的微视频、教学情境设计、交互活动设计、学习评价等。国内学者姜玉莲认为基于ADDIE模型进行分析、设计、开发、实施与评估的系统方法，对微课的实践指导更具有操作性和指导性。根据上述远程教育中微课开发设计原则，结合ADDIE开发设计模型，构建了以下微课开发模型。

分析阶段（Analysis）：分析作为微课资源建设的前期准备工作，包括成人学习特征分析即年龄、职业、原有认知水平、学习内容分析（包括重难点、考核点）等，思考什么样的内容、用怎样的表现形式适合他们，这些都是教师前期必须掌握的。

设计阶段（Design）：制订可行性方案，包括课程计划、教学策略、学习目标等拟定。一方面课程内容的碎片化、精细化和结构化是该阶段中一项重要的任务，需依据课程大纲和教学目标，划分知识点，制定课程知识图

谱。另一方面微课的主题选择、情境设计、内容交互设计都需要进行全方位思考。

开发阶段（Develop）：待教学设计和学习主题确定后，收集相关素材，制作多媒体课件。同时，根据学习内容和媒体呈现形式，撰写微课脚本，确定微课开发技术路线。目前，微课拍摄模式主流的有录屏式、抠像式、访谈式、画中画式等，形式灵活多样。

执行阶段（Implement）：执行阶段就是将建设好的微课运用到远程教学实践当中，需要结合学校的各类教学平台作为支持，便于学生视频自学、课程测试、协作讨论、线上求助等，满足在线网络学习需求。比如，福建电大建有电大在线、开放大学学习平台、微电大、微课在线等多种学习平台，能够很好地在这些平台中开展微课教学实践。

评价阶段（Evaluate）：从分析阶段开始，贯穿于整个流程中，对开发的微课进行教学实践，实时监测其应用效果，除了自评，当然还可以广泛收集同行专家、技术专家、学生的反馈意见，结合迭代开发思想，促进微课不断完善。

四、远程教育环境下翻转学习模式的微课应用实践

学习资源的应用效果是评价资源质量和有效性的关键指标。近年来，我国微课的数量迅猛增加，人们开始探索如何在教学实践中应用。翻转课堂教学模式的理论基础是掌握学习理论、建构主义理论、混合式学习理论，本节基于理论分析结合远程教育学习者特征和课程教学实践研究，引入翻转教学理念，试图构建一种新的微课应用模式。

当然，任何教学模式都首先是分析学习者特征、学习内容性质，阐明课程学习目标，然后根据分析结果开发微课学习资源。远程教育提供给学习者的不只是课前设计好的微视频，还包括网络课程学习指南、资源链接、PPT课件、试题集锦、实践项目任务单等全套学习资源。课前，学生使用在线学习资源，自主完成学习任务，进而习得相关知识。在线或面授课堂上，教师依据学生自主学习情况，了解学生学习效果，结合学生提出的疑问，设计一些有意义、有价值的探究性问题，开展小组协作、讨论、竞答等活动，以深化知识建构。评价是针对整个学习过程的，采用过程性评价结合期末终结性评价，根据评价结果来调整资源建设和整个教学方案。下面以《计算机网络》课程的实践教学为例，探究其应用。

（一）《计算机网络》课程特征

《计算机网络》课程是四川电大计算机科学与技术专业本科二年级的必修课，具有知识面广，理论性和实践性强等特点，教材选用王兆青主编的《计算机网络》。课程对象主要为在职成年人，这些学生的学习目的明确，以提升自身职业技能为主，自主性强，有较浓厚的学习兴趣。因此课程内容应坚持"实用、易用、必需、够用"原则，坚持理论与实践并重，将课程中的概念理论与网络实操项目相结合是一种有效的举措。

（二）细分知识点，确定学习主题

教师依据《计算机网络》的教学大纲将总目标进行分解，梳理知识点的内在逻辑，合理划分知识点，设计与绘制知识图谱，既可减轻学习者的认知负荷，又有利于掌握课程内容知识全貌。该课程包括：概论、网络体系结构、数据通信技术、局域网技术、计算机网络协议、网络安全与管理技术、网络发展趋势和新技术等7个模块，并将其分解成更细的知识点。例如，教师讲解"计算机网络概述"模块，首先让学生了解计算机网络产生和发展过程，然后让学生掌握计算机网络的功能、定义、分类等，教师根据细化的知识点，确定微课的学习主题。

（三）围绕主题，开发设计学习资源

待学习目标和学习主题确定后，教师收集、整理相关学习内容和素材，制作微课课件。有研究表明微课时长15~20分钟较为合适，因此设计的微课不超过20分钟，同时为学习者提供学习指南、实践任务单、测试练习等学习资源，帮助学生对知识的掌握，提高学生的项目实践能力。例如，讲授"网络拓扑结构分类"时，教师收集各类典型拓扑结构案例，以典型"办公室网络"的打印机、扫描仪等设备接入创设情境，录制微课，并设计"归纳分析典型拓扑结构的优缺点"任务单供学习者线上讨论，让学生更加深入地理解学习内容。

（四）远程教育环境下翻转学习模式的微课应用

两年多远程学习，学生已经习惯了这种教学形式，具备较强的自主学习能力，为开展翻转课堂教学实践提供了条件。翻转教学强调前期的自学效果，学生课前的自主学习质量直接关系线上或面授课堂的教学效果，一般教师会在课前提供丰富的学习资源，支持学生自主学习，并布置一些检测性练习，纳入形成性考核；线上或者面授采用小组知识抢答，协作探究等活动调动学生的学习积极性，以促进知识内化。例如，教师在讲解"网络传输介质"时，

利用微课呈现双绞线和光纤接头的制作步骤，提供双绞线、光纤接头制作注意事项文档，并设计实践项目任务单，课后让学生将完成的实验作品在平台晒一晒，评一评，既可检验学生的学习效果，也有助于促进学生掌握实操技能。

此次研究，依托在线学习平台尝试在远程教育环境下开展翻转学习模式的《计算机网络》课程微课实践，借助微课将图像、声音、动画、微视频等多种媒体元素结合起来，极大激发了远程教育成人学习者对课程的学习兴趣和积极性。碎片化微课翻转学习既满足了他们的个性化需求，又有效地提高了学生的自主学习能力。同时，教师精心为学生提供完整教学设计和学习支持服务体系，比如，学习指南、测试练习、任务单、学习导航，有效地帮助学生解决了在学习过程中存在的问题，促进知识内化，提升了课程学习质量。

微课、翻转课堂作为信息技术与教育融合的新生事物，是一种非常有应用价值的新的资源形式和教学模式，对提高远程教育学习效果，提升远程教育质量具有重要意义，也为我国远程开放教育教学改革提供了新思路。2011年以来，电大推行"颗粒化"资源建设模式，大力推进微课资源建设，探究微课应用模式，积极引入翻转学习理念，取得了一定成效。当然，并非所有课程都适合微课或者翻转学习，它们自身就存在许多的局限性，这是不容忽视的，所以对于未来开展微课、翻转课堂的研究来说，任重而道远。

第四节　计算机远程教育微课程教学模式

目前，我国对微课程教学模式的应用已经有了一些实践与研究，并取得了一定的成绩。微课程教学模式为课程教学与计算机信息技术更深地融合带来了新的机遇。为迎合我国教育改革与发展的方向，本节通过介绍远程教育学生的特点以及现行远程教育存在的问题，指出微课程发展的必要性，最后提出微课程的发展对策，以期为微课程教学模式常态化实施提出建设性意见。

随着经济的高速发展，社会对人才的需求日益增长，传统的高等教育难以适应时代的发展。20世纪以来，电子信息技术迅猛发展，教学媒体日益丰富，多媒体为函授教育由现实的课堂授课模式向远程教育授课模式转变提供了可能。高校作为高等教育的主战场，发展网络远程教育势在必行，针对现行网络教育受众的特点，学习时间少，学习时间与学习方式不一样，理解能力有限等对远程教育提出了挑战。在这种时代背景下，微课程教学模式应运而生，本节主要研究微课程教学模式的远程教育教学改革与探索。

一、远程教育受众的特点

（一）远程教育的受众分散在社会各行各业，教育背景、就学目的等不同

远程教育受众多是一些成人学生，以前的教育背景不相同，基础不一样，接受知识的能力也不相同，学习进度必然有差异，且他们都承担着工作责任，分散在社会的各行各业，只能利用业余时间去进行学习，这就存在学习时间不统一的问题，他们进行学习的场所也不统一。与此同时，学生学习的目的也不同，但多数不仅是为了获得文凭，更重要的是提升自身的实际工作能力，因此每位学生所需要的知识重点不一样，但是目前的远程教育是针对每个专业开设课程，每个专业的课程是单一的，难以满足学生工作岗位所需。

（二）工学矛盾突出，学生的自学及理解能力有限

接受远程教育的学生的社会背景具有多样性的特点，生活、学习经历各不相同，有些工作时间长、工作压力大，这些学生减少业余学习时间，降低学习质量就在所难免了，网络学习主要依靠学生的自主性，有些学生就会出现惰性，因此，必然存在工学矛盾突出的弊端。由于知识都是环环相扣的，在学习过程中，如果因为工作原因导致学习中断，就难以再往下进行，影响学习质量。所以，采取整齐划一的学习方式对学生进行管理，难以达到教学目的。

二、远程教育现行教学模式存在的问题

（一）远程教育资源质量不高，制约网络教育的发展

要提升远程教育质量，教育资源是关键。教育资源质量的高低决定远程教育是否能因人而异地满足学生的需求，更关乎着网络教育的有效性和社会认可度。目前，网上的教学资源虽然很丰富，但是适合教育教学的却不多，教育内容陈旧，制作粗糙，教育内容多是教材的复制品，包括课程精讲、课程的重点难点介绍、习题课或是教师面授课程的讲稿再现，缺乏创新性，更重要的是教育内容没能根据教学对象的基础和学习能力有的放矢地进行制作，教育资源呈现静多动少的特点，难以因材施教，导致远程教育效果不佳。

（二）师生缺少沟通，难以适应学习环境

目前，我国的网络远程教育基本上是采用分点式的教学方法，师生在沟通上存在一定的障碍，教师对学生的辅导与面授相比次数要少得多。由于网

络教育的受众比传统教育要多，教师对学生的辅导时间分摊到每个人身上就会很少，必然导致辅导效率低下，学生若是在一个问题上没能理解，就会影响以后的学习积极性。此外，由于受传统教育模式和学生思维与心理定式的影响，他们接受网络教育的自主性较差，这是导致网络教育效果差强人意的又一原因。

（三）远程教育模式化，造成资源浪费

目前，各个高校都开展远程教育，同一专业领域教育内容相似，缺少个性，高校为了盈利盲目招生，招生门槛低，生源质量参差不齐。冗长枯燥且偏离实际生活的教学内容难以激发学生的积极性，参加远程教育的学生一部分是为了获取文凭而非提高自身的知识储备与实践能力，远程教育目的的偏离，造成教育资源的严重浪费。

（四）微课程对传统远程教育教学模式的影响

针对传统远程教育的弊端，微课程凭借强大的优势如火如荼地发展以来，已经成为知识社会必不可少的教育手段。微课程是指建立在建构主义方法论基础上，通过在线学习或移动学习来达到实际教学目的的一种教学手段。凭借其短小精悍，随时随地可以进行学习的优势定会成为炙手可热的教学手段。

三、微课程的特点

（一）微课程具有明确的目标，内容短小精悍，独立性强

微课程是由相对独立的知识专题构成，容量小、针对性强、课程时间短、学习目标清晰。目标小而清晰，可以准确地对学生进行定位，可以创造性地

根据每位同学的需要使用 ICT 工具获取与分析知识信息，并运用计算机信息技术解决问题。有效地解决了传统远程教育模式目标泛泛的弊端。

（二）微课程的教学内容可供选择的范围广泛且教学内容集中

微课程可供选择的范围广泛，可以针对不同的人群。微课程的教学内容基本上都是一个具体的点或是具体的专题，不像传统的网络教育是一个大的知识面。学生可以通过手机、电脑等完成学习，学习内容多是学生日常所需的专业性问题，短小精悍且针对性强，不仅可以解决工作中的困惑，而且简短的内容制作不至于令学生感到厌烦。

（三）微课程教学模式的优势分析

1. 微课程教学模式强调以学生为中心

微课程是将学生群体进行划分，以具体的某一专题为核心，进行组织设计，对学习情境、资源十分重视，使已经与社会脱离的知识学习回归到真实的生活源泉中来，使学生由单一被动地学习转变为积极主动地学习，通过教师的指引帮助学生形成不同形式的学习框架，开发学生的思维，使学生知道如何学习，学习什么。教师通过设计一些和现实生活密切联系的专题来激发学生深层次的思考学习，不仅能够解决生活工作中的困惑，更能提高学生的实践能力。

2. 微课程教学模式具有很强的实践性、实用性与可操作性

智能手机的普及为微课程的发展提供了广阔的土壤。移动学习将引领网络学习的热潮。智能手机和微课程的完美结合为学生提供了一个新的学习环境和学习方式，具有很强的实践性、实用性与可操作性。

3.微课程可以因材施教,引领学生自主学习

随着现代人生活节奏的不断加快,人们面临的工作压力也不断增大,人们许多知识的获得都是通过非正式学习的渠道,例如,和朋友之间的聊天,上网浏览网页、报纸、信息牌等,像这种非正式学习的渠道,微课程也可以做到。微课程可以将原有的课程拆分成不同的知识点和专题,形成一个个理论解析、flash演示、实战案例、情景模拟等片段,形成一个拥有大量视频信息的数据库,通过搜索引擎学生可以根据自己的需求自行选择,真正地做到因材施教。

四、远程教育微课教学模式的发展探索

发展微课程教学模式离不开计算机技术。计算机技术的运用主要体现在微课程的设计与制作过程中。首先,要利用计算机多媒体技术对微课程方案进行设计以及利用计算机数据技术对微课程的开发模式进行设计与制作。例如,利用计算机技术对教程的文本文字、图形文字、动画文字进行编辑,根据微课程的教学目的、对象、内容选取不同的计算机技术进行开发制作。其次,微课程的整个过程包括课程选题、制作教学、习题等课件、拍摄教学实施过程、视频处理、视频传输等都需要计算机技术的支持。可以说微课程离开计算机技术将无法生存,本节在运用计算机技术的基础上探索适合远程教育微课程的发展对策。

(一)强调人机互换,微课程设计从细节充分进行深度设计

微课程的妙处在于将某个专业或是某个课程划分为一个个小专题,使学生理解更透彻,这就要求教师必须从细节出发,在整体把握教材的基础之上

制作微视频，使教材的重点更突出，提高学习的有效性。与此同时，教师在制作微视频的时候要注重教学的二次开发，即制作可以使学生在终端设备上通过鼠标和键盘完成操作的视频动画，模拟现实实验，使学生对知识掌握得更牢固。例如，初中化学课程的实验室制取氧气的实验，可以通过动画视频模拟操作的方式引导学生进行学习，实验操作中的每个细节和注意事项在视频中都设计语音提示，一旦出现操作错误，系统可以及时进行纠正，模拟实验视频动画不仅可以给学生留下更直观的印象，而且与课程实验相比安全性更高。此外，视频动画可以根据学生的理解能力，进行反复的观看和实验操作，不仅节约成本，而且可以因材施教。人机交互型的动画视频对学生主动思考，深入理解问题起到了重要的激励作用。

（二）加强微交互反馈系统建设，加强师生间沟通

提高学生学习效率的重要措施主要有两方面：一是提高学生学习积极性，激发学生自主学习；二是教师对学生学习过程及时地监督、督促，发现问题，解决问题。微课程有助于这两方面的提升。学生可以根据自己的兴趣和需求进行学习，通过搜索引擎的设计，学生可以快速地找到自己所需的知识点。通过账户管理，微课程教师可以及时地掌握学生在线学习动态，对学生学习需求和薄弱环节进行指导，并为学生扩充相关联的知识点，为学生知识点的学习进行补充。例如，通过微课程学习英语发音，通过师生互动，可以在学生发音不准时及时纠正，可以随时随地地帮助学生学习英语，当学生发音标准时通过赞美或是打高分给予鼓励，提升学习的积极性。通过建立有效的激励平台，可以将学生的学习表现转化为网络积分或是奖状，不仅便于监督学生的学习过程，更能够起到激励作用。

（三）利用信息技术的普及，开拓新型微课堂

由于信息技术的普及，绝大部分的人都拥有智能手机，每个学生自带信息设备进行学习终将成为现实，传统课程的组成机构将会发生变化，那就是学生可以随时随地地利用自己的移动终端设备（例如，手机、平板电脑、MP4播放器等）学习原来在课堂上教师教授的内容；而教师可以改变自己的教学方式，将课堂上需要讲解的教材重点、易错点、难点制作成PPT或者"微视频"等让学生自主学习，而在课堂上通过师生互动讨论主要帮助学生解决不懂的问题，可以大大提升学生学习的积极性，极大地激发追求教育改革的人们的浓厚兴趣。

（四）增强数据资源建设，更好地满足学生学习的需求

丰富的微课程数据资源越丰富，越能满足学生的个性化学习需求，实现按需求选择性学习，既可查漏补缺，又能强化巩固。教师把学习内容进行示范性说明，做成微课程视频展示给学生，再给学生制作表格用于记录探究过程，学生填完表格就完成了数据收集，再根据记录数据来"大胆猜测"和"小心求证"，最后，教师组织学生讨论研究过程和结果，得出一些结论，生成相关的陈述性知识。多增加可操作性的学习内容，对于可操作性强的教学内容，可放手让学生通过操作来学习相关知识，教师的作用就是向学生提供探究学习材料和做一些引导，使学习有较强的目的性，可以更好地实现互动学习。

计算机技术在教育教学中的应用探索

第五节 教育计算机网络课程远程实验模式

教育是我国高等教育的重要组成部分之一。教育的健康发展，对提高在职人员的职业素养，推动经济建设和社会发展有着重要作用。对于参加信息技术类继续教育的成人学员来说，计算机网络相关课程是重要的、基础性的课程，这类课程的实践要求特别高，实验教学是课程学习中重要的、必不可少的环节。面对教育计算机网络课程实验教学存在的问题，如何构建远程实验平台，设计适合成人学习的实验内容和项目，研究符合成人学员特点的远程实验模式，本节进行了有意义的探索和研究。

一、教育实验教学存在的问题

教育一般有专门的学校，如国家开放大学、各级广播电视大学、成人文化技术学校等。普通高等学校一般也都设有教育学院或继续教育学院。但是，教育的教学模式往往是高等教育的翻版，在教学内容和教学模式包括实践教学环节方面，通常沿袭了普通高等教育的做法，在实验教学上存在着不少问题。

（一）实验教学不受重视

教育面向的是已离开学校的社会从业人员，注重学习内容与实际应用相结合。但传统的教育往往照搬全日制普通高校的教学内容，重基础理论，轻实践应用，很难满足学员的愿望。

（二）实验课程的安排存在难度

教育有网络教育、开放教育、函授、夜大等不同的形式。学员边工作边学习，难以保证集中授课的到课率，也难以采用传统教学方法安排实验课程。

（三）不具备实验教学支撑环境

计算机网络实验教学设备价格相对较高，设备、设施的数量和实验场地的空间有限。特别是网络教育的终端教学点和成人文化技术学校，很难为成人学员提供专业的实验室。

缺乏实验辅导师资传统的教育往往缺乏专职教师，课程教学和实验指导一般聘请高校或公司企业兼职教师。短期的教学过程结束后或课外学习中，学员难以获得相关的实验操作指导。

二、教育远程实验的内容设计

（一）实验内容设计原则

1. 实验要求与工程需求相结合

从教育的特点和计算机网络课程本身的教学目标看，实验内容需要注重新颖性和实用性。计算机网络实验教学生命力的关键在于教学要求与工程需求相结合。网络技术发展快，设备更新快，实验项目必须跟上现实的工程需求，要注重实验项目的实用性。通过实验，成人学员学会独立完成网络的设计和组建过程。

2. 实验目标是培养动手和解决问题能力

在学习了计算机网络理论知识之后，网络实验是为了让学员掌握计算机网络的设计、组建、配置、管理与维护，培养学员的动手、分析、解决问题的能力。实验内容可以分为基础型、网络配置型、综合型等类型。基础型实验主要是为了促进理解，熟悉实验环境等，网络配置型和综合型实验则是为了加深理解，提高动手和综合解决问题能力。实验平台的教学内容应偏重于网络配置型和综合型实验。

3. 实验形式符合成人学习特点

实验平台上的实验项目是多种形式、循序渐进的。基础型实验和网络配置型实验最好能借助仿真和虚拟现实、图形图像等技术，拆分成多个短小、界面美观、多平台支持的实验单元，让学员在短时间内掌握单个网络基本操作技能。实验项目是平行或递进的，实验项目之间有先做后做之分，符合教学要求和最近发展区理论。而综合型实验则按任务进行设计，以项目驱动教学的形式供学员汇总融通和应用探索。

4. 实验内容包含实验前测和具体操作

计算机网络课程概念多，协议抽象，原理复杂。为了提高成人学员动手操作成功率，加深学员对相关知识点的理解，实验内容可以分为两部分：实验前测和实验操作。只有事先部分或全部掌握了实验过程中需要的前期技能要求，才能开始实验。实验前测就起到了检测的作用，既可检测基础理论知识，也可以检测实验的相关要求。实验前测应当有及时反馈功能，以便学员尽快掌握具体知识点。

（二）远程实验项目具体设计

在三种类型的实验项目中，基础型实验以计算机网络原理演示类实验为主，共计21个，包含网线及其制作过程、邮件传送协议、分层传输、连续

ARP 协议、交换式虚电路服务等项目。网络配置实验主要为服务器和网络设备配置实验。其中，DNS、WEB、DHCP 等服务器的配置实验共计 5 个，路由器配置实验、静态路由的配置实验、交换机的端口配置实验等共计 27 个，另有网络安全类实验 11 个，如密码算法实验、虚拟专用网实验等。基础型实验和网络配置型实验均以虚拟仿真实验为主。综合型实验主要有嗅探、防火墙配置等实验项目，建立于锐捷实验网络平台，既可以远程预约完成，也可以在本地实验室完成。

三、教育远程实验的教学方式

四川德阳广播电视大学远程开放实验室抛弃传统实验教学的模式，探索了一条适合教育计算机网络课程远程实验教学的新模式，发挥了远程网上实验对成人学员网络技能培养的重要作用。

（一）实验项目的选择方式

计算机网络远程实验平台实现了时间、地点、实验项目开放。学员可以在平台上由教学单位统一注册。实验责任教师开放所有可选的实验项目，教学单位实验辅导教师选择发布合适的实验任务。学员完成必做的实验项目，可以选做其他的多个项目。辅导教师还可以根据选课情况，对学员进行合理的分班和分组。

（二）实验教师的远程辅导

实验辅导教师录制有与实验项目匹配的微视频资源，供学员线上学习。微视频资源是教师的实验指导视频，也是实验项目的操作实录。学员在实验平台的实验过程中，教师通过平台的监控功能以及"即时通"和"实验社区"模块，随时给予帮助，排除实验障碍，让学员顺利完成实验，掌握技能。实验辅导教师还可以适时地开展网络设备使用和组网实验重点难点的讨论，组织实验后总结点评，帮助学生积累经验。远程开放实验室组织了多次师资培训，以提高实验辅导教师的实验教学和远程辅导水平。

（三）成人学员的实验方式

成人学员学习了网络基础知识之后，首先进行实验前测，前测合格后，可以在网络环境下观看实验项目操作微视频，也可以根据实验任务，在实验操作平台直接开始实验项目的操作。实验平台充分赋予学员自主学习的权利，基础型实验和网络配置型实验不需要预约，可以随时操作，也可以实验多次。综合型实验由于涉及实验设备的远程配置，往往以小组为单位进行，需要教学单位或学员个人进行实验预约。

（四）远程实验的考核方式

计算机网络实验的主要目的是提高综合素质和创新能力。考核可以面向实验过程，也可以面向实验结果，可以是定性考核，也可以是定量考核。基础型和网络配置型实验中，实验过程事先精心安排，演示型和验证型实验居多，考核成绩可以由平台及时予以反馈。综合型实验中，需要进行实验方案和实验路线的设计，实验内容具有探索性，考核的重点是实验过程环节，考核方式以实验报告为主。实验结束后，可以在实验社区由学员重点陈述遇到的问题和采用的解决方案，教师进行点评。

基于网络的虚拟实验模式，既是网络教育发展的主流和趋势，也是实验教学改革的主导方向。计算机网络远程实验平台自从面向电大系统投入使用以来，还在教育、开放教育、中小学教师领雁工程培训、电大系统师资培训中进行了多次运用，取得了很好的教学效果和社会效益，同时也提高了教育计算机网络课程的实验教学水平。今后，将进一步探索新的远程实验教学模式，改革实验教学内容，为教育、继续教育、非学历教育搭建更完善的计算机网络实验实训支撑环境。

第六节 计算机应用基础远程互动教学模式

教育事业的不断发展、新课程标准的不断改革，对计算机应用基础课程也提出了更高的要求，远程互动教学模式更适用于目前的教学现状。本节从计算机应用基础特点出发，对教学模式存在的问题进行初步探析，并对如何开展计算机应用基础远程互动教学提出建议，希望有所帮助。

计算机作为信息化、科技化的产物，已经极大地提高了人们的生活、工作效率。而信息技术的普及使得计算机人才亟缺，各大院校为了培养人才，均开设了计算机应用基础相关课程。在当前背景下，学生计算机能力的好坏直接关系到将来的就业前景，加强学生的计算机实践能力培养应该是远程互动教学关注的重点问题，也是顺应当今时代社会发展的必然趋势。在这样的背景下，如何开展计算机应用基础远程互动教学，将直接影响计算机教学效果和学生的计算机应用能力。但《计算机应用基础》课程与其他课程有一定区别，不仅要求学生掌握理论知识，更要有一定的实操能力。为了规避现阶段计算机教学模式存在的问题，全国多数院校正在向远程互动教学转变，将在线教学与传统教学相互融合,以丰富计算机教学体系,丰富学生的创新能力。

一、计算机应用基础课程的特点

计算机应用基础是职业教育、高等教育和开放教育等的专业必修基础课程,主要包括计算机基础知识、操作技能等诸多方面,具有较强的实践性。该课程旨在通过学习、实践,提高学生的计算机应用能力和水平。计算机应用基础课程具有以下特点。

学习内容的全面性。虽然现在很多学校在小学就已经开设计算机课程,但学习内容却有很大差别。以中学为例,中学的计算机教学内容缺乏深入性、全面性、系统性,而中职以上的计算机教学将计算机知识系统化、模块化,能让学生对计算机的使用方法,如 EXCEL、ACCESS 等更加熟悉,为今后的学习、工作奠定基础。

学习内容的整合性。与其他课程相比,计算机应用基础课程能够将教学资源整合,教师可以充分利用计算机技术进行教学,以便更好地实现教学目标和教学效果的统一。

学习内容的实操性。计算机应用基础的实操性较强,仅仅掌握理论知识是远远不够的,其核心目标就是培养学生运用计算机解决问题的能力。较之其他课程,计算机应用基础需要死记硬背的知识点很少,不需要以枯燥的考试卷来评价学习效果,更重要的是教会学生如何运用计算机解决实际问题。

每个学生的能力层次不同,计算机水平参差不齐。虽然随着网络的发展,一部分学生能够对计算机和智能手机游刃有余地操作,但仍有一部分学生对计算机不够熟悉。如果按照传统的"一刀切"的教学方式,学生的差距会越来越大,不仅表现在打字速度、办公软件、操作系统的使用上，甚至会影响到日后的计算机学习。此外，对计算机基础薄弱的学生来说，很容易产生厌烦情绪甚至逆反心理，觉得计算机教学内容枯燥乏味，久而久之，失去学习动力。

教师教学方法单一。计算机应用基础课程的实操性很强，但是目前仍有大部分教师沿用传统的教学模式，一味地向学生灌输课本知识，忽略学生的吸收能力。甚至是照本宣科讲理论，很难满足学生的学习需要，在课堂的趣味性、互动性方面也做得不够。

教学管理松散。虽然诸多院校将《计算机应用基础》设为必修课程，但该课程与其他专业课程不同，无论是学校还是教师，没有将其视为与其他专业课程同等重要，而是有所侧重。这就导致教师在开展课堂教学时只管完成教学任务，对教学质量的好坏高低一概不关心，对学生的表现也是不闻不问，长此以往放任下去，不仅没能培养学生的计算机应用能力，反而助长了学生的懒散、不求上进心理。

二、计算机应用基础远程互动教学特点

基于以上计算机应用基础课程特点和存在的问题，很多高校引入了先进的互动教学模式，有条件的院校专门设置了交互式多媒体教室，这种新的教学模式对教师来说也是一种挑战，教师不仅要亲自设计教学课件，还要准备多种多样的教学示例。其教学环节主要包括以下几方面：第一，利用多媒体技术进行课件展示，教授学生知识；第二，利用事先准备好的示例演示教学；第三，根据每节课的教学内容和知识点的差异，调整课程教学示例，并选择适当的方法和技巧进行课堂演示；第四，在课堂上或者课余时间，给学生布

置与教学内容相关的实验习题。与传统的教学模式不同的是，新型教学模式更加直观，不再是单纯的粉笔加黑板、教师加学生，而是充分发挥了学生的主体性作用，让学生主动参与到课堂教学中来，过去一节课的内容，现在可能十几分钟就可以完成，大大提高了计算机课堂的教学效率。

三、如何开展计算机应用基础远程互动教学

在远程开放教育背景下，实践教学应该与理论教学一样受到重视，加强学生计算机应用能力培养，利用好远程互动教学模式必要且重要。

进一步明确教学目标，围绕目标设计内容。加强计算机应用基础课程教学实践符合社会发展的需要，特别是在开放教育背景下，计算机教学被提出了更高的要求。一方面，教师和学生要掌握丰富的理论知识；另一方面，要将所学的理论知识转化为实际应用，并灵活运用这项技能来解决学习、生活乃至工作上的问题。因此，有针对性地培养学生的实操能力，帮助学生形成良好的信息素养，是教师应尽之义务。作为教学活动的设计者，教师先要了解学生的能力水平，掌握所教学生的层次差距，结合实际教学情况和学生的吸收能力，明确计算机应用基础课程教学目标，同时根据教学目标灵活设计教学内容。与传统的教育模式相比，开放式教育高度关注学生教学主体性作用的发挥，教学不拘泥于课堂，学生可以在任何有网络的地方满足对知识的渴望。如果在学习过程中出现疑难困惑，则可以通过QQ、微信、电话等通信方式向教师和同学寻求帮助，第一时间解决存在的困惑和难题。因此，教师不仅要完成课堂教学任务，发挥教学指导作用，还要学习适应新的教学方法，不断完善教学内容、优化教学中存在的问题。

第六章 计算机远程教育模式

《计算机应用基础》课程作为各大院校的公共基础课,有很多院校要求学生报考全国网络统考,通过无纸化考试则可获取相应的证书。远程互动教育与传统教学模式不同,受年龄限制较少,任何年龄段且符合条件的学生均可以通过这样的形式进行学习。由于部分学生已经步入家庭、走向工作岗位,对计算机的投入精力不多,这就导致了学生之间的差距较大,教师在设计教学目标时,理应结合学生的生活、学习实际情况,根据学生的能力水平划分小组,比如,学习互助组等,督促学生通过互相帮助的形式来完成学习任务,不断提升自己的学习能力、计算机应用能力和协作能力,从而提升计算机教学效率。总的来看,这种教学优势较为明显,教师一定要注意教学目标的设计,因材施教,切不可脱离学生实际。

教师要不断提升自己的专业素养。虽然远程互动教学模式注重学生主体性地位的发挥,但教师仍然是教学过程的主导者、教学节奏的掌控者,其专业素养的高低将直接影响到计算机教学的效果和水平。作为教师,要不断提高自身的专业素养、理论水平和实际操作能力,同时要掌握一些心理学等方面的知识,抓住学生的心理特点,才能有的放矢。要根据教学实际情况,联系学习、生活、工作实际,为远程教学积累丰富的经验,以便更好地站在学生的角度,了解学生教学所需,在提升计算机教学质量的同时,提升自身的专业素养和解决实际问题的能力。此外,各大院校要多给教师创造进修学习的机会,鼓励教师参加学术性会议,及时了解最新的学科发展动态,将课本上的理论知识深度融合,确保理论知识紧跟时代发展的步伐,保证教学的时代性。

要注重计算机应用基础的课程实践。理论教学是基础,实践教学是理论的升华。教师应根据不同的教学对象,选择不同的教学方法,更好地激发学生的自主学习能力、创新能力,在培养学生自信的同时,实现理论知识的内化升华。目前,多媒体技术被广泛应用于各学科教学中,信息技术也被充分利用在各行业各领域,网络教学、网络办公的优势不言而喻。借助远程互动教学来拓展教学时间和教学空间,能够给学生更多的思考时间,层次差的学生可以有充分的时间来消化吸收所学,层次好的学生则可以利用较快的时间完成教学任务,将注意力放在课程实践上。比如,教师可以根据学生的平均水平来设计教学内容,再根据教学任务布置在线作业,让能力好的学生拓展知识点,能力差的学生巩固课堂所学。总之,远程互动教学模式给予学生更多自由锻炼的空间,既可以摒弃传统教学模式带来的枯燥乏味,又可以让学生发挥教学主体性地位,以便更好地培养他们的计算机应用能力和实践能力。

利用好 WWW 技术进行远程互动教学。目前的远程互动教学基本都是基于 WWW 技术,根据不同的教学模式可以将课件分为超文本编排和协同模式两种,超文本编排的课件交互性较差,师生交流存在一定的异步行为。而协同模式是将教师和学生置于"虚拟教室"中,利用网络来模仿传统意义上的面对面教学行为,这种情况下的课件要求更高,不仅要涵括基本的知识点,还要具备协同交互功能。教师在制作课件时,要包括以下几方面:通过 HTML 设置页面学习;通过 BBS、FAQ、聊天室设置网上讨论功能;预先设置习题库供学生练习,并给出答案供学生判断;在课程最后设置网上测试,对学生的学习效果进行摸底。

总之,远程互动教学使得教学关系发生了诸多变化,教师一定要不断探索教学方法,以更好地培养学生的创造力、计算机应用能力。

第七节　远程开放教育计算机课程实践教学模式

本节结合远程开放教育计算机课程实践教学，主要阐述了计算机实践教学既是理论教学的继续与补充，更是对理论教学的深化。任课教师必须更新观念，创建理论与实践紧密结合的教学新模式，要精心设计实践教学全过程，认真抓好实验的每一个环节。实践教学不仅可以提高学生的动手能力，还可以提高学生对计算机的学习兴趣，为了提高学生的应用能力和创新精神，必须加强实践教学，计算机实践教学改革能否顺利进行，关键在于教师。

实践教学是高等学校实现人才培养目标的重要教学环节，对学生的创新精神、实践能力和综合素质的培养有十分重要的意义。学生通过实践进一步理解和巩固所学的计算机理论知识，掌握基本技能，激发学生的创新精神，提高学生应用能力，增强学生的综合素质。笔者就自己多年来在教学工作中的体会，浅谈以下几点。

一、更新观念，创建理论与实践紧密结合的教学模式

实践教学在培养学生操作技能的同时，又能更好地促进学生吸收、理解、掌握专业理论知识，使学生在理论基础上得以提高，并在此基础上不断补充理论、新知识，用于指导新的实践。实践教学是基于理论教学基础上的知识迁移过程，提供学生巩固理论、联系实际的机会，学生通过应用理论教学中的知识模型，树立专业知识结构，完成理论与实践的融合。

（一）明确培养目标，加强实践教学

针对开放教育学员大部分是工作多年的职工，他们与普通大学生相比有年龄差距大、基础参差不齐、理解能力较强、记忆力减弱等特点。按照教育部应用型高等教育人才培养的导向性，改革了计算机专业以理论为主的传统培养方式，提出以应用型为主的新的培养方式，将计算机专业人才培养目标定为信息技术应用人才。根据目标细化提出相关的理论知识模块，再结合实际案例进行讲解分析，并在教师的指导下进行模拟操作，最后由学生独立完成课程相关的项目，以使学生学有所用。加强实践教学就是要本着学用结合，按需施教和注重实效的原则，使学生真正学到目前社会需要的知识和技能，应特别重视技能的培养。

（二）理论与实践紧密结合

计算机科学的课程不但有较强的理论性，也有较强的实践性，理论和实践是紧密相关、相辅相成的，理论指导实践，实践加强对理论的理解。实践教学是与理论教学相对应的概念，两者区别的根本点在教学的形式上。实践教学是学生在教师指导下以实际操作为主，获得感性知识和基本技能等一系列教学环节的组合。它是为配合理论教学，培养学生理论联系实际提高分析问题和解决问题的能力。加强专业实践能力训练是计算机教学不可缺少的重要环节，也具有举足轻重的作用。

二、精心设计，提高实验课堂教学质量

计算机课程是实践性非常强的课程，也是着重培养学生实际应用能力的课程。在实验教学中应坚持指导与辅导、教师演示与学生操作相结合的教学方法。教师既要做示范手把手教学生操作，又要从引导学生发现问题、分析问题和解决问题的角度进行有针对性的指导，直到学生通过实验、相互探讨完成所规定的实验任务，有意识地培养和提高学生分析问题和解决问题的能力。加强上机实验环节的教学是培养学生应用能力和创新能力的关键环节。抓好这个环节，就可以使学生的应用能力扎扎实实地得到提高。

教师应根据教学内容精选一些案例做演示，还要精心设计任务，每个任务要求学生掌握几个技巧，"任务驱动"对学生来说，开始是模仿，制作出与教师的"作品"一样的作品，当积累了一定的经验和技巧后，学生便可创作出丰富多彩的个性作品，创新能力便可得到发展。如在开放教育 2020 年计算机科学技术本科班《VB 程序设计》课程教学过程中，讲到 VB 数组的应用时，采用了"任务驱动"教学。总任务是输入一个班的成绩并进行求和、排序等，要求第一步任务是将一门课 20 名学生的成绩输入到数组 A 中；第二步任务是对输入的成绩求和、求平均；第三步任务是对成绩从高到低进行排序；第四步任务是设计窗体界面、相关控件及其属性设置；第五步任务是将成绩求和、平均的数据在文本窗口中输出。整个过程是在完成前一步任务后才能进行下一步的任务，在教师的演示和对学生完成每一步任务过程中存在的问题进行实时辅导，大部分学生能按时完成教师规定的任务，少数学生由于基础差还需要课后个别辅导，才能完成本次实验任务。通过"任务驱动"教学，更能有效地调动学生的学习积极性，激发学生的学习潜能，同时能培养学生养成自我认识、自我进步和自我教育的良好习惯，整个过程收到了很好的教学效果。所以在"任务驱动"的选取方面要精，要具有代表性和典型性，同时要考虑到学生的认知特点。

三、加强实践教学，培养学生创新意识

（一）利用现代教育技术，提高学生实践技能

教师应改变传统的授课方法，合理利用互联网、多媒体教室等先进设备来开发实践性教学，调动学生的积极性，锻炼和培养学生的独立操作能力，强化技能训练。尤其是随着现代信息技术的快速发展，网络技术在教育中应用日益广泛和深入，特别是 Internet 为教育教学提供了丰富的资源，网络教学更能为学生提供一个建构主义的学习环境，充分体现学生的首创精神。比如，在 Internet 应用课程中讲到共享与交流——FTP 内容时，通过综合性实验来考核学生的学习效果。在实验机房准备一台计算机作为 FTP 服务器（IP 地址 10.71.228.16）并进行允许访问的设置，学生通过浏览器进行网上浏览、文件共享和下载资料等计算机技术实验操作。既培养了学生网上获取信息、处理信息的能力，同时培养了学生的观察能力、思维能力。Internet 课程的学习从课堂拓展到网络环境，不仅仅是一个教学方式、方法的改革，更重要的是通过网络的交互性，培养学生的自主性学习、研究性学习的能力。通过实践再认识，逐步形成学生大脑的知识网络，使学生的思维得到升华。

（二）通过综合实习，培养学生创新意识

综合实习突出了学生在教学过程的主体地位，能培养学生的良好职业行为习惯，在综合实习中学生的参与程度大大地提高，学生独立地完成一项又一项的工作任务，在这一过程中能激发学生的责任感，也有利于学生对职业的了解和良好职业行为习惯的培养。学生在实习过程中完成一项工作之后会

产生一种发自内心的喜悦，这种成果后的心理体验逐渐积蓄起来便成为继续学习的强大内驱力，从而积极探索，自觉地汲取知识，提高分析问题和解决问题的能力，增强学生的综合素质。教师也可以通过这一过程检验学生是否真正掌握了所学的知识，以及是否具备运用所学知识解决实际问题的能力，也培养了学生的创新意识。

（三）通过毕业设计，提高学生创新能力

毕业设计要求学生综合运用所学的理论和技术知识，相对独立地、创造性地解决过程设计、技术应用等问题，从而得到独立工作能力的锻炼，并取得设计成果。将所学的知识进行全面综合，用来分析、解决实际问题并且为解决问题而去自学一些新的知识，这本身就是一个创新能力形成的过程。在整个毕业设计完成的过程中，学生会受到提出问题、检索资料、分析解决问题的各种途径及关键要素、实验验证、撰写说明书和毕业答辩等基本训练，从而培养学生具有优良的思维品质，勇于探索和开拓的精神。

四、加强实践教学，应做好以下几点

（一）重视计算机实践教学

学生与教师必须在思想上充分认识到计算机实践课的重要性，同时学校要从物力、财力、人力上加大投入力度，确保计算机的先进性与完好率，真正形成一种良好的实践教学氛围。从学生的角度来说，学生应在开课前通过参观历届学生的实验成果和认真听学校举办的计算机讲座等方式，充分认识到计算机实践课的重要性。从教师的角度来说，教师要通过灵活多样的教学方法引起学生对计算机实践课的足够重视，激发他们的学习兴趣和求知欲望，

充分调动他们的学习积极性。如成立兴趣小组、开展丰富多彩的竞赛、带领学生参观附近企事业单位计算机应用实际等。

（二）编写有特色的实验教材

实验指导书是教师教学的参照物和基本依据，其质量直接影响教学效果和教学质量。第一，改变教材内容，按照基础类实验、综合类实验、设计类实验来安排教学内容。第二，精简一些旧的实验内容，合并那些内容相近的实验，避免重复，增加计算机发展过程中新的实验内容。例如，将陈旧的16位微机接口实验设备更换为32位接口实验设备，Internet网络课程的实验环境应更新为Windows系统，改变原来的Win98环境。因此，应在保证基本要求不变的情况下，根据实际情况编写具有各自特色的实验教材。

（三）创新教学组织形式

对不同类型的实验，教师应采用不同的组织形式。学生对基础部分实验掌握的程度直接影响到后续编程实验能否顺利进行。因此，在学生做完基础部分实验以后，教师应组织操作考试，了解学生掌握的情况，对不合格者要督促其重做。对于程序设计类实验，教师可采用学生独立完成为主、教师指导为辅的教学方式。在实验方案确定以后，教师可根据任务量大小来分成不同的学习小组开展实验的各项工作，并把所有的工作都放手让学生自己独立去完成。实验完成以后，学生要写出实验报告、总结和心得体会。教师要多采用启发式和讨论式教学法，尽可能地引导学生积极思维。

（四）要有一支业务素质好的教师队伍

计算机实验教学改革能否顺利进行，关键在于教师，计算机实验教材和教学方法的改革，必然对教师提出更高的要求。因此，开发教育要采取切实有效的措施调动教师的积极性，提高教师的教学水平。同时，要创造条件让教师经常参加有关计算机实验教学的培训和学术研讨会，使他们掌握新知识，开阔教学视野，及时了解计算机理论与实验课的发展趋势、动态。一直以来，克拉玛依电大的学校领导积极组织教师申报相关的科研项目，以科研资金促进实验室建设，用科研成果充实、改进实验内容，使教师在科研中提高自身业务水平，更好地为教学服务。

总之，计算机实践教学既是理论教学的继续与补充，更是对理论教学的强化和深化，在计算机专业教学中起着非常重要的作用。教师只要认真把握实践教学的特点和规律，抓好实验的每一个环节，计算机课程的实验就能获得成功。实践教学不仅可以提高学生的学习成绩，而且还可以提高学生对计算机的学习兴趣，既培养了学生的观察能力、动手能力，又提高了学生分析问题和解决问题的能力。为了提高学生的实践能力和创新精神，必须加强实践环节的教学。

第七章　计算机远程教育考试

第一节　远程教育考试的改革

现代远程教育是现代信息技术发展带来的新型教育模式，是人们选择终身学习的主要途径之一。现代远程教育是通过互联网技术，利用多种媒体承载课程内容，通过网络建立师生关系的一种教育方式。它可以让优质教育资源得到有效的发挥，为不同的学习对象提供方便、快捷、广泛的教育服务。考试是现代远程教学重要的组成部分之一，考试的意义不能仅仅停留在分数上，而是通过考试激发学生的学习兴趣，培养学生的创新意识和能力，进而实现人才培养目标。

一、现代远程教育考试现状和存在的问题

考试职能是考核学生在一定时期内的学习情况，针对考试结果给予客观、公正的评价，使学生意识到学习存在的问题和不足之处，及时改正。目前现代远程教育考试还是采用传统的模式，采用传统模式有以下几个弊端。

规模大、成本高、环节多、保密难、工作效率低。随着教育事业蓬勃发展，

选择现代远程继续教育的学生越来越多,热门课程学生有几千人,采用传统的考试模式,在印制试卷、分发试卷、组织监考教师、回收试卷、清点试卷等方面工作量巨大,考试成本高。现代远程教育大部分学生是利用工作之余学习,传统考试时间固定,这样容易和学生工作时间冲突,造成学生缺考,外地学生考试成本更高。传统的考试方式要求同一门课程在不同考点必须同一时间段举行,由于考试规模大,考点分散,考试中间环节多,保密工作难。试卷发放、回收都需要人工清点数量,按科目整理试卷耗时耗力,还容易出错。试卷全部回收齐全,整理清点无误后,方可进入阅卷环节,导致工作效率低。

考试题型单调,技巧性差、考风考纪差。目前现代远程教育考试题型单一,依然以填空、单选、多选、简答、论述等题型为主,成绩主要靠记忆性的知识点得分。命题没有考查学生对知识点的运用能力,更没有将知识点延伸到实际,因此采用传统的考核方式难以检测出学生的学习能力和应用能力。由于考试的知识点都来自书本,夹带字条作弊的现象非常普遍。随着科技不断进步,很多学生使用电子设备作弊,使远程教育学历的含金量大大降低,因此考风考纪一直困扰着现代远程教育。

现代远程教育注重考试结果,轻视学习过程。很多学生接受现代远程教育的目的仅为一张文凭,而不是获取知识,所以他们非常重视考试结果,对求学过程漫不经心,没有把学习落到实处,直接影响现代远程教育的教学质量。如果考试成为考核学习效果与评价学生能力的唯一标尺,那么学生的学习只会停留在形式上,进而带来很多负面影响,导致考试不仅没有发挥它的功能和作用,还使现代远程教育越办越差。因此,现代远程教育必须淡化考试结果,注重学习过程,让学生回归学习。

二、现代远程教育考试改革措施

现代远程教育是开放式的，对学习能力提出了更高的要求。如果现代远程教育继续沿用传统的考试模式，考核死记硬背的知识点，以分数定优劣，势必使学生思维僵化，培养不了学生分析问题、解决问题的能力。因此考试必须改革，注重培养学生的综合能力，使学生真正能做到学以致用。

（一）实行过程考核，强化过程，弱化考试结果

考核应贯穿学生的整个学习过程，而不仅仅表现在期末考试上，因此只有实行过程考核，才能实现现代远程教育的人才培养目标。过程考核是指对学生学习的整个过程进行分层考核，主要从课堂表现、专题讨论、调研报告和撰写小论文等方面考察。

课堂表现和专题讨论是指授课教师在利用互联网上课的过程中提出问题，学生用专业知识思考问题并发表看法，同时鼓励学生主动提出问题，针对问题展开讨论，这样既可以锻炼学生的表达能力、思维能力，又可以培养学生运用知识解决问题的能力。教师根据学生的表现进行评分，进而提高学生提出问题和参与讨论的积极性。调研报告和撰写小论文是指在授课教师的指导下，从专业视角观察生活，调查生活中的现象，再运用专业知识分析问题，形成总结性的报告和撰写小论文。

过程考核由过去一项考核指标变为多个教学环节的考核，一般过程考核占比为70%。提高过程考核的占比，增强过程考核力度，目的是使学生把精力集中放在对知识的理解和应用上，进而完成学习目标。

（二）注重考试命题的灵活性和技巧性

考试命题对学生学习起指导作用，现代远程教育考试的命题必须与人才培养目标相一致。接受现代远程教育的学生与在校大学生不同，他们积累了一定的社会经验和工作经验，学习目标明确。因此在试卷命题上，应注重考核学生对课本知识的理解，运用专业知识解决问题的能力，而不是单纯的考核死记硬背的知识点。在命题题型上，侧重综合性题型，尽量避免单纯的填空、名词解释等老题型，要依据学科特点确定题型，增加主观题、案例分析题和综合性题型的比重。只有采用这样的命题，才能检测出学生对所学知识的理解程度和运用能力，实现人才培养目标。

（三）考试方式的多样性

现代远程教育以互联网和多媒体为媒介，打破时间和空间的限定，学生分布各地，采用传统集中考试方式和现代远程教育的特点不相符。针对远程教育的特点应采取多种考试形式。主要有以下两种形式：

1. 开卷考试

现代远程教育对象主体是成人或者从业人员，因此，课程考核内容应避免死记硬背的知识点，主要倾向分析问题、解决问题和综合应用能力的考查。基于这样的特点，可采用开卷考试。开卷考试允许学生携带资料进入考场，但试卷主要考查学生运用专业知识分析问题的能力，所以携带资料进入考场，没有参考价值。考生要想取得好成绩，必须全面掌握知识点和熟悉教材内容等。开卷考试不仅能促进学生主动学习，还能降低考前试题泄露的风险，更能有效地抑制考试作弊现象的发生，减轻工作人员和监考教师的工作量。因此开卷考试既能准确反映学生的综合素质，又能防范考试作弊。

2. 线上考试

线上考试是指利用互联网技术，在计算机上考试，只要有网络的地方就可以在规定的时间段参加考试。线上考试使异地同时考试成为现实，大大地节省了考试成本，减轻了考务人员的工作量。授课教师组卷后，只需在线组织考试，考试结束统一在线收卷。机考让印制试卷、分发试卷、回收答卷的工作不复存在。因此线上考试一方面可以节约考试成本，降低工作强度，另一方面通过技术手段保证考试过程的安全性，防范作弊。考试结束便可以在线统一收卷，与在线阅卷系统对接，将试卷打包发送给阅卷教师。只要有网络的地方，阅卷教师可随时阅卷，在线阅卷提高了阅卷的工作效率，更能保证考生成绩的准确性。在线阅卷系统可以多指标地统计数据，分析数据，形成具有一定意义的指导意见。教师通过成绩分析报告，能够准确找到学生学习的薄弱环节，针对问题改进自己的教学方式，进而提高教学质量。

现代远程教育是实现继续教育的主要手段，其根本目标是普及大众教育，提高全民素质。考试是教学过程最重要的组成部分之一，现代远程教育考试既要符合现代远程教育自身的特点，又要实现考试的真正价值。提高教学质量，必须加大过程考核所占的比例，注重对学生分析问题、解决问题能力的培养。基于现代远程教育学生的分散性，尽量采用多样化考试，如开卷考试、线上考试和撰写论文等形式。

总之，如何用高质量、高效的考试激发现代远程教育学生的学习热情和创造激情，是现代远程教育面临的难题，现代远程教育工作者必须不断创新，牢记使命，建立一套适合现代远程教育发展的考试体系，才能实现人才培养的目标。

第二节　远程教育考试模式

考试是评估、检验和诊断教学质量的重要教学环节，教学质量是远程教育存在和发展的生命线。我们以"远程教育"和"考试"为关键词，在"维普"数据库进行搜索，共找到320篇相关文献，文献前期研究以如何研发考试平台为主，后期研究以探索远程教育考试模式和完善考试制度为主。目前关于远程教育考核模式的研究尚处于探讨阶段，还没有形成意见一致的考核模式。

一、远程教育考核模式存在的问题

（一）考试及评价理念具有明显的滞后性

目前远程教育考试模式主要包括在线考试、集中点考试和到校集中考试三种形式。在考核中，网上考试仅限于非学历教育或学历教育中可以适合在线考试的课程，所占比例较少。对于大部分课程，仍采取集中点考试，考试形式为"笔试"。这种考试与"确定时间、确定地点、统一试卷、限定人数"的院校教育传统考试模式相似，一般都是只关注分数，而对其他方面考核比例偏少，其考试及评价理念具有明显的滞后性，使得学员的学习无法得到考试的有效激励。

（二）考核模式设定过于僵化死板，不适合远程教育特点

"确定时间、确定地点、限定人数"的考核模式使得学员只能在固定的时间段内预约考试，到指定的地点参加考试。由于远程教育平台在考试报名方式、时间安排等方面还存在诸多问题，往往会出现学生因为错过信息而不能报名，或者因为"工学矛盾"导致时间冲突而不能报名，不适合远程教育"时空分离、师生分离"的实际情况。

（三）考试形式单调，缺乏对学习全过程的评定

目前，远程开放教育考核主要包括终结性考核和形成性考核。终结性考核以笔试为主，题型以名词解释、填空题、判断题、选择题、简答题等类型为主，客观题题量偏多，主观题题量过少，导致学员死记硬背基本理论知识，缺乏解决问题、分析问题和创新意识的能力培养，不利于自主学习习惯的养成。并且"统一试卷"考核形式没有发挥出远程教育考试的优势，不符合远程教育学员"年龄跨度大、素质参差不齐、培养目标不同"的特点。形成性考核以课件学习情况、作业情况和论坛活跃度等评价为主，考核维度简单，无法涵盖学员的学习全过程情况，不能完全反映教学效果及学习结果。

二、远程教育现有基础

（一）硬件条件

硬件设施主要包括电脑设施、网络设施、信号接收设施、网络教室等一系列教学活动必备的硬件设备。随着军队信息化建设的快速发展，尤其是军事综合信息网的建设，架起了部队和院校之间的"飞行通道"，目前全军网

络带宽可达百兆，网络覆盖率达90%以上，为远程教育提供了良好的硬件基础。

（二）软件条件

软件条件主要包括平台和资源环境、教员和学员个人素质以及教学管理等方面。依托全军教育训练网，总参军训和兵种部在2000年开始在全军推行"军队院校网络教学应用系统"。经过十余年的建设，培养了稳定的教学团队，建设了一大批高质量的网络课程和学科网站，实现了全军信息资源共享。形成了具备网络教学系统、拥有雄厚的师资力量、覆盖多层学习终端的远程教育体系，为探讨远程教育考试模式提供了可能。

（三）院校教育考试现状

为提高考试评价的准确性、客观性、可靠性，使考务工作向标准化、科学化和规范化方向发展，全军各院校均进行了考试模式的改革探讨。目前院校考试多采用外购或自主研发的平台，从试题（卷）库随机抽题，由学院统一组织考试和阅卷，实现"教考分离"，这在一定程度上提高了考试的公平性和有效性。考试模式也由单一的最终考核向注重知识掌握、能力培养和个性化方向转变，并采取课程论文、口试等多种考核方式，加强对学员综合素质和能力的考核。

结合院校考核模式改革的趋势和院内网络教学积累的丰富经验，针对远程教育的特点，我们进行了现代远程教育考试模式探讨。

三、现代远程教育考试模式探讨

依托"军队院校网络教学应用系统"，以"形成性评价和终结性评价"

为主线，按照"集中统一、分散预约"相结合的原则，采用现代化信息技术，全方位跟踪学员"线上学习"和"线下学习""院内学习"和"院外学习"情况，对学习的全过程进行质量监控和客观评价。

（一）形成性评价

形成性评价，侧重对学员学习过程的关注，对其学习过程、学习策略、参与学习的交互程度、学习态度和效果进行综合评估，采用"任务驱动式"教学方式，实现"边学边测边评价"，将每次任务的结果记录下来，最后按照一定的比例计入成绩。

1. 学习过程评价

学习过程评价包括网上作业和网上考试。网上考试包括章节测试和期中考试。考虑远程教育学员层次不一，入学门槛低等实际情况，对网上考试不通过的学员，允许其多次考试，做到"因材施教，因材施考"。

学员必须完成一定数量的课程作业才能达到巩固知识的目的。为弥补系统平台的局限性，计算题、作图题通过其他软件完成，存储成图片格式，上传即可；其他题型直接输入答案。由于网上作业一旦批阅，学员即可看到正确答案，为防止出现抄袭现象，对网上作业限定时间，要求在限定时间内必须完成作业。教员在截止时间对作业统一批阅，并将优秀作业设为全班可见，同时将作业分析结果截图，通过论坛发布，让学员可以看到所有的网上学习记录，并可了解自己的不足，以此来激励学员，形成良好的学习氛围。

党的十九大报告指出："中国特色社会主义道路是实现社会主义现代化、创造人民美好生活的必由之路，中国特色社会主义理论体系是指导党和人民实现中华民族伟大复兴的正确理论，中国特色社会主义制度是当代中国发展进步的根本制度保障,中国特色社会主义文化是激励全党全国各族人民奋勇前进的强大精神力量。全党要更加自觉地增强道路自信、理论自信、制度自信、文化自信。"在"四个自信"中,理论自信是根本,道路自信、制度自信都建立在理论自信的基础之上,同时,理论自信又是文化自信的精髓。

章节测试评价。章节测试在每章结束后进行。对于章节测试不通过的学员,不允许进入下一章的学习。学员可根据自己的时间预约补考,直至考试通过,考试成绩为该章节所有考试成绩的平均值。考试期间教员在线了解学员交卷情况,对试卷的命题质量和学员的答题情况进行定性和定量的分析和统计,根据每次考试的题量大小和学员交卷时间,对试卷不断调整优化。定期公开全班成绩,使学员了解自己在学习中存在的问题及需要改进的方面,以便对学习方法及策略进行自觉调整。

2. 学习策略评价

为提高学员的理论运用能力、综合分析能力,按照贴近实际的要求,增强教学内容的针对性、实用性和前瞻性。充分利用系统平台论坛功能,在教学中采取案例教学、专题研究和集体讨论等多种形式。例如,组织学习小组,在指定时间内对案例或者专题进行分析,提交小组分析结果,其他小组可随时质疑。教员以引导和鼓励的态度参与讨论,对较好的帖子设为精华帖,激发学员讨论的热情。通过小组学习形式,有效地消除了学员学习的孤独感,帮助其找到归属感。学员在团队合作的基础上,通过整理、综合、推论当前的实际问题,形成自己独特的假设和解决问题的方案,从而使分析问题、解决问题及创新的能力得到提高。教员通过学员在论坛中的发帖数量和质量、小组合作学习记录、学习项目完成效果及参与度进行成绩评定。

3. 学习态度和效果评价

考试模式弱化了考试结果，强调了学习的过程性，督促学员注重平时知识的积累，将功夫花在平时。教员通过电子邮件、即时通信软件、电话答疑、留言和论坛讨论等形式进行在线指导，引导和鼓励学员进行自主学习，主动查阅资料，参加小组讨论，进行知识拓展；营造自发的研究性学习氛围，激发学员争先恐后地学习正能量，培养其严谨的科学态度，以及综合运用相关知识的能力。教员通过学员的网上学习痕迹、学习行为表现、远程学习咨询和互动信息对其学习态度和效果进行评价。

学员的思维火花与教员的教学引导之间反复碰撞、交融、升华，不仅有效地提高了学习效率，更有利于教员不断总结教学经验，及时发现教学中的不足和薄弱环节，改进教学方法，切实提高教学质量。

（二）终结性评价

终结性评价不再采用单一的方式，而是展开全面客观、多元化的评价，可选择口试、小设计、小论文和网上考试等多种形式。

为达到"宽进严出"的目的，切实提高学员的综合素质，要求只有完成学习过程的全部任务并且通过章节测试和期中考试的才有资格参加终结性考试。由学员提交考试申请，教学管理部门网上审批。

终结性考试也不再是"一锤定音"，对于由于工学矛盾导致无法在指定时间参加考试的情况，允许学员预约甚至多次预约考试时间，根据学员的任职需求、岗位需求以及部队的实际情况，学员还可选择考试形式，由考试组织人员根据学员的实际考试需求安排个性化考试。

四、应注意的几个问题

（一）加大试题库建设力度

目前题库平台主要有院校自建或外购平台、"军队院校网络教学系统"和正在推行的"全军网络教学平台"等，不管哪个系统平台，都需要将试题库导入才能进行网上考试。所以在平台研发和完善时期，要注意提供兼容接口，增强其通用性，减少重复建设。

网上考试需要高质量并达到一定数量的试题库才能开展，所以要加大试题库建设力度。在建设使用过程中，积累题目数量的同时，要注意题目质量的优化，不断更新剔旧，以适应知识的快速更新。

（二）全面衡量教员工作量

传统考试是由教学管理部门组织的，远程教育考试中，教员成为考试的主要组织者。新的考试模式的设计、准备工作是大量且烦琐的，需要教员全身心地投入，精心地组织策划，建设、维护和更新网络试题库和案例库等。院校对教员教学工作量的考核上，要根据远程教育的特点，全面准确地衡量，而不能简单地等同于院内课程教学。

（三）加强反馈信息分析研究

在课程前期、中期、结束和毕（结）业后等各个时间段，应当跟踪联系，及时进行问卷调查和部队调研，召开教学双方座谈会，了解学员对考试改革的意见和建议。相关管理部门要及时对反馈信息分析研究，从政策导向上对新的考试模式倾斜，鼓励教员进行创造性的尝试。

远程教育考试是一个开放性系统，目前还没有形成意见一致的考核模式，我们也只是提出现代远程教育考试模式的构想，以期满足现代远程教育考试的需要和对现有的传统考试模式改革有所启发。

第三节 远程教育考试评价

考试是教育中不可或缺的环节，考试评价是判断教学效果的重要标准。近年来，国家对考试及考试评价制度的重视程度日益提高，远程教育教学过程中建立科学可行的考试评价制度成为教务管理研究的重点。本节阐述目前国内外考试评价发展的现状，初步探讨远程教育考试评价发展和改革的方向。

考试是指根据特定的教育目的和需求，由考试主体选择使用适当的教学资源和合理的评价手段来衡量考试对象某一方面或各方面的质量和水平。考试评价即以考试这种测量活动为评估对象，判断其考试目标是否具备合理性、考试手段是否具备可操作性、考试过程是否符合规律性及考试结果是否具有科学性。其功能主要体现在三方面：一是将评价结果反馈至教学，有效地促进教师的教学改革，改善教学方法，优化教学质量，反馈和改进衍生出来的相关问题；二是根据评价结果对学习成效进行评估，选拔和甄别学生，为不同群体的学习效果提供调整依据；三是通过对不同考察群体和划分区域的结果的比较，挖掘影响学生学习力的因素，为国家和地区制定相应政策提供教育服务的功能。因此，科学的考试评价形成的结果会对整体的教学管理工作产生极大的导向和调控作用。

近年来，国家对考试及考试评价制度的重视程度日益提高。2009年10月底，教育部副部长陈小娅明确指出，"下一步要充分发挥考试评价制度改革的引领和导向作用，深化考试评价制度改革"。《国家中长期教育改革和发展规划纲要（2010—2020年）》明确表示，"改革考试评价制度和学校考核办法"。以上均表明国家对考试评价改革的高度重视。教育部考试中心戴家干主任提出"从考试到评价"的命题，认为在当前考试改革进程中最重要的问题是如何从考试向评价过渡，他指出"利用考试的数据开展评价工作，是实现教育科学的重要途径"。考试评价制度改革已进入历史的新阶段，改革和完善考试评价制度是历史发展的必然趋势。

远程教育得益于信息技术的应用和发展，其开放性的教学模式及教学理念得以推广并受到广泛关注。随着远程教育的深入和终身教育观的确立，原有开放教育考试模式的弊端逐渐显现，成为制约远程教育发展的重要因素。本节通过研究国内外考试评价的现状，分析我国远程教育的考试评价机制的发展情况，初步探讨远程教育考试评价制度改革的方向，使远程教育的考试评价机制适应时代的发展要求。

一、国内外考试评价制度的发展现状

（一）国外考试评价机制的发展情况

发达国家一直都相当重视对高等教育规律和教育模式的研究，国外学者对考试评价机制研究比较早，对评价机制的合理性和有效性都进行了分析和梳理,形成了行之有效的测评系统和评价机制。纵观发达国家的考试评价制度,灵活性、开放性和多元化的特点十分突出,提出的各种新理念更是值得学习和借鉴。其中,美国高等教育历来注重考试服务的发展,特殊的政治经济体制进一步加速了考试服务业的发展。考试评价是考试服务业的重要组成部分,一直以来被看作是美国考试服务机构的科研和发展重点。考试评价制度的显著特点在于:考试评价方式多样,特别注重实际能力的培养,如电子档案袋评估、技能评估等评价方法,考试内容主要集中在调查学生分析和解决实际问题的能力,要求学生从多维度进行问题探讨而不做标准答案,允许学生运用所学的知识对题目进行阐述和分析,培养学生的实际操作能力;采用累积累计计分法,避免单指标评价,反映学生的过程性学习效果,在学习过程中体现对教学反馈,保证考试成绩不仅是某次考试的结果的反映,杜绝"一考定终身"的机械性考核机制;考试反馈制度非常完善,教师根据不同的考试结果与学生做进一步沟通,判断其对问题的理解和分析能力,达到真正意义上的考评,有助于充分利用考试评价的检查、诊断和反馈的功能。

教育计划和评价系统(EPAS)作为美国考试服务机构 ACT 公司的旗舰项目与产品,是该公司秉承的"为了学习的评价"的理念的完整体现,同时也向社会充分展示考试服务应具备的服务功能。专业的考试服务机构的考试评价标准及机制中有相当一部分都是面向社会的大型成人考试,服务的考试评价理念与我国建立的学习型社会的服务理念不谋而合,对于远程教育极具借鉴价值。

(二)国内考试评价的研究现状

国内高等教育普遍存在的考试评价制度一直过分强调终结性考试的作

用，即重视考试的功能远大于考试评价的反馈作用，评价选取的指标单一，评价效果片面，最终导致考试评价制度僵化、机械，普遍缺乏检验和反馈机制，结果表现为"为考试而教学"，考试的考点即是教学的知识点，导致考查的重点倾向于学生的认知和记忆能力，忽视处理实际问题的能力锻炼。考试结果既没有对考试本身做出评价和分析，也缺乏对课程教学质量的有效反馈，导学作用缺失，引致教学与考试之间出现恶性循环。尽管设立了一系列专门的考试机构，但功能不够专一，以考试管理为主，测试设计和开发投入相对薄弱，尤其是考试评价的反馈作用研究薄弱。ATA公司是中国目前较为成熟的考试服务机构，但与美国考试服务相比对考试评价机制的科学研究较少，主要致力于改革考试技术手段。

分析造成远程教育考试评价机制僵化的原因，其中一部分就在于接受远程教育的学生的特殊性。远程教育是面向成人的开放性教育，成人学生的特点是：社会背景来源的差异性造成学习目的多样性，远程教育的学生来自不同的职业和社会阶层，与普通学校学生相比，他们往往对于学习"功利心"都比较重，心理浮躁，学习上各方面的需求较普通高等教育学生复杂；成人学员的工学矛盾非常突出，学习的持续性不强，必须兼顾学习和工作，多方面的压力使他们不能够很好地进行系统学习，缺乏学习的持续性，加重了对学习的思想负担，只重视考试而忽略了学习过程。因此，考试评价为迎合招生需求，大部分考试评价仅以终结性评价为主，或简单几次形成性考核作业合成一个最终成绩，确定学生对所学知识的掌握程度。这种简单的评价方式只能是一种静态指标，只反映某学期的考试结果，没有对该学生的综合素质和能力进行评定，缺乏对学生个体动态发展中差异的测定，更不能对该教学点整个群体差异进行评价。它是考试工作的结束，没有或只是粗略进行考试分析，没有真正发挥考试评价在教学反馈中的作用。

远程教育考试评价指标单一是远程教育考试评价改革的突破点。目前用于远程教育课程成绩分析的统计参数主要为常见的实考率、及格率及相关的均方差，评价指标相对简单。不同的课程间，不同的专业间缺少有效的评价方法及指标，不能对课程教学做出有效反馈。因此，考试评价的粗暴简化造成远程教育考试评价机制未能得到有效发展。

在终身教育理念普及的背景下，传统的考试评价方式在很大程度上制约着远程教育的可持续发展，考试评价应突破局限性，从静态走向动态，从单一走向多元。如何适应成人在职学习者的特殊性，满足学生自主学习模式要求，运用现代教育测量和评价理论对远程教育课程考试进行分析和评价。

二、远程教育考试评价制度改革方向

（一）更新考试评价观念，树立"以人为本"考试评价理念

当今社会，终身教育理念深入人心，老年教育、社区学校应运而生，这些不同的教育类型的诞生归根结底来源于人。不同的人类群体产生不同的教育需求。终身教育理念倡导人的一生是一个不断学习、不断发展的动态过程，在这个动态过程中，不同年龄、不同地区、不同背景的人对教育的需求不同。而教育就是帮助和促进不同人类群体实现自身发展的重要手段。因此，教育是为了育人，人是教育的对象，与之相适应的，作为教育重要环节的考试评价同样必须首先树立"以人为本"的理念。通过建立科学的评价机制，实现对于不同人类群体的有效评价，找出不同类型教育过程中的薄弱环节，通过不断反思与改进达到素质的提高和能力的提升，使每个人都能根据自己的个

性和专长进行规划和发展，切实为"人"服务。

为了更好地为社会教育服务，解决远程教育中成人学习工学矛盾突出的问题，有效提高成人学习的毅力和热情，远程教育考试评价制度的改革方向应更加注重实际能力的考查，与时代社会接轨，与行业发展接轨，结合社会发展和行业发展需求，重视过程性学习，加强过程性考核，减少重复死板的记忆类知识点，以培养和拓展实践技能为主，促进实现成人学习与专业技术双重能力的提高。另外，改变教学、教授方式，从知识的点对点传授，转变为开放式、启发式学习、网上互动等多种类型的教学模式，与社会行业并轨，加快行业知识的更新，结合行业标准的评价考查，使成人学员尽快掌握与行业相关的发展资讯，激发学习的热情，引导学员有意识地提高自身学习的内在要求。借用网络实现对成人学习的考试评价，还可以在很大程度上缓解成人学生工作与学习之间的矛盾，保证学习持久性，提高考试评价的效果。

（二）完善考试评价标准，引入多元评价体系

考试评价标准是考试评价制度的关键，应对考试评价标准的科学性做出更深入的研究。其中一个具有启发性的改革方向为多元评价体系。多元评价体系是指评价必须关注评价主体的动态发展过程，从多个角度、多个层次认识问题，收集发展过程中各方面的信息。作为考试评价主体的成人学生具有复杂性和动态发展性，决定考试评价的标准必须是多元、立体的。国际上在这方面的研究已经取得了许多研究成果和经验，借鉴国外多元评价理论，完善远程教育考试评价体系。

引入多元评价体系，实行考试评价标准多元化。远程教育考试评价应注重提高学生学习过程中的实践能力，结合社会对不同专业的定位和发展需求，

制定不同的评价目标，改变当前过分注重理论考试的局面，通过科学评价甄别行业需求的人才；综合考量国内外的考试评价的研究成果，结合远程教育的特色，引入专项技能考核等多元化的评价方法，加强远程教育的过程性评价；根据不同的群体目标制定不同的评价标准，通过数据收集与分析，多维度考查目标群体，形成能够对教学有反馈作用的评价结果；考试评价不仅局限于考务管理部门的职责，应从学习、教学、考务管理三个层面上对考试进行反馈评价，评定考试评价标准的制定是否合理有效，监督考试评价过程的正常进行，维护远程教育考试的良好声誉。

（三）迎合社会发展需求，强化考试评价的服务功能

目前的考试评价集中于对人才的选拔，对于学生实践能力的培养要求不高，职业适应能力相对薄弱，国家产业调整升级，对应用和技术人才的需求越来越迫切，考试评价的社会服务功能被提升到更高的层面上。为了培养符合社会发展需要的人力资源，应合理利用考试评价制度，加强运用考试的技术手段开展评价工作，进一步深化考试评价体系建设的研究，提高远程教育的社会服务功能，促进远程教育的发展。

作为学历补偿的有效手段，远程教育必须建立开放学习和开放考试的新型机制，实施适应性的考试管理。完善现代远程教育课程考试的评价机制就显得尤为重要。建立科学可行的远程教育考试评价机制对实现远程教育的教学目标、改善教学方式、优化教学模式，发挥教学效能等具有积极的意义，真正做到教学和考试相互支持，有助于提高办学质量，体现办学特色，更是巩固学校社会声誉的有效保障。

第四节　远程教育考试文化建设

考试作为教育过程的一个重要的环节，在教育发展的过程中，积累了厚重的考试文化，并发挥着巨大的作用。现代远程教育虽然起步不久，但同传统的教育形式一样，考试文化成为衡量现代远程教育水平的重要标尺，加强现代远程教育的考试文化建设，已成为现代远程教育科学发展的必然要求。因此，梳理现代远程教育考试文化的现状，设计现代远程教育考试文化建设路径是每一个远程教育工作者的担当和义不容辞的责任。本节的立意也就在此。

考试作为检验教学水平与教学质量的重要手段，在我国浩渺的教育发展史中星光璀璨，形成了底蕴厚重、作用巨大的考试文化。随着现代远程教育逐渐成为我国教育事业不可分割的重要组成部分，其考试文化也日益得到人们的重视。由于现代教育技术的介入，引发了现代远程教育考试环节、考试要求与考试形式的多元化，使得考试贯穿于教学始终，不仅成为检验教学质量的重要手段，也成为教育质量提升的重要措施。由此决定了现代远程教育考试文化的建设与积累成为教育质量提升的不二法器。梳理和建设现代远程教育考试文化，可持续地提升教学质量，实现"美丽的现代远程教育"目标，已是当下时不我待的大事。

一、现代远程教育考试文化建设与提高教学质量的现状

现代远程教育在发展中，也在积淀着以在传承中国传统考试文化内涵的基础上，借助现代教育技术，在教学及考试过程中形成的物质与精神财富积淀为核心的现代远程教育考试文化，它不仅是对中国传统考试经验教训的消化，更是对传统考试精髓的传承；不仅是对教学质量直面考量的实践、积累、沉淀，更是检测教学过程、教学环节的指南；不仅是促进教育教学理念创新、改进教学手段的助推，更是彰显现代远程教育软实力的绿色通道。

二、加强现代远程教育考试文化建设与提高教学质量的路径选择

尽管现代远程教育发展时间不长，考试文化的积累尚不那么厚重，但其内涵在继承基础上的实践历练中也渐渐褪去神秘的面纱，灵动地展现在我们面前，形成了以物质文化、精神文化、制度文化、"温馨"文化、网络文化、队伍文化、传媒文化、评估文化、安全文化、交通文化、设计文化等为主要内容的考试文化系统群，并在发展中衍生出新的文化内涵，在聚合、升华中构架出主流文化和核心文化。

（一）以"木桶效应"清除现代远程教育考试文化建设的短板，为教学质量的提升开好题

所谓"木桶效应"也称短板原理。是讲木桶装水的最大值取决于组成桶壁的木板是否等齐，绝不应有短板。现代远程教育考试文化建设，在思想上高度重视，统一认识，端正态度，用整齐划一的观念消弭短板，用坚定不移

的投入开展建设,实现现代远程教育考试文化建设效益的最大化。

广大远程教育工作者要高度重视考试文化建设。教学质量的提升,广大现代远程教育工作的参与者将是最大的受益者。要实现这一目标,就要求广大现代远程教育工作者在考试文化建设中,思想要高度重视,观念更新要与建设同步,要用高度的责任感与使命感,直面现代远程教育考试文化建设,提升教育质量的命题,不间断地探索积极向上的现代远程教育考试主流文化与核心文化的内涵与构架,在思考、实践中,实现建设,促进教学质量的提升。

实施"一把手工程"。对加强现代远程教育考试文化建设,提升教学质量要在高度认识,形成共识的基础上,实施"一把手"工程。由党政主要领导挂帅,从思想认识的提高、建设思路的设计、建设经费的投入、建设宣传、建设过程的落实、建设结果的评估、建设队伍的考核,建设机制的升华,教学质量的测定等方面做全面、详尽的安排、督察。"一把手"要成为考试文化建设的擎旗者、掌舵者、领航者,同时也要成为通过考试文化建设,促进教学质量提升的把关者、淬火者、执法者。使"一把手"成为现代远程教育考试文化建设的主心骨,从根本上消弭现代远程教育文化建设的短板。

科学设计、全面规划。科学设计也就是顶层设计,是开展现代远程教育考试文化建设,提高教学质量的实践指南。包括相关建设概念的定位、建设的理论基础、原则、要求等。要求现代远程教育考试文化的建设者、设计者全方位理解现代远程教育考试文化建设与教学质量提高的重要性与关系,结合本土实际,设计出科学、规范、具有针对性、操作性的通过考试文化建设提高教学质量的路径体系框架,从而合理布局建设层次、科学分布建设重点、适度掌控建设进程、综合使用建设方法、适时总结建设内涵、不断探索建设路径、规范升华建设机制、及时考量教学质量,使教学质量的提高与考试文化建设"无缝隙""无差异""无损耗""无折扣"地对接。

（二）以"渔网效应"落实现代远程教育考试文化建设的环节，为教学质量的提升铺好路

"渔网效应"是指渔民在捕鱼时用网格稀疏的渔网，滤掉小鱼，捕获大鱼的做法。其意义是抓大放小，以大带小。加强现代远程教育考试文化建设，提高教学质量，考试文化强调建设的全面推进是必要的，但重点是考试核心文化、主流文化的构建及教学质量的提升。由于考试文化建设内涵多元，现代远程教育机构开展考试文化建设侧重的差异，必然导致文化建设各不相同。借助"渔网效应"，目的是抓核心，带全面；抓主流，上水平，将考试文化的建设贯穿教学过程与教学环节，为教学质量提高服务。

将考试文化建设覆盖于教学过程。从实践看，现代远程教育考试文化的建设并非只局限在考试过程中，恰恰大都在重要的教学过程中结合教学完成。这些建设既有实物的再造，思想的灌输，更有精神的凝聚；不仅有课堂的系统讲授，也有网络的资源传递，也有专题的剖析，离开了活生生的教学过程，考试文化的建设不可想象。加之现代远程教育考试理念，尤其是现代教育技术赋予现代远程教育多样的考试要求，必须在教学过程的实践中掌握，这才能为考试的实施奠定基础。切实有效地抓住教学过程，将考试文化建设覆盖于教学过程这个主战场是建设现代远程教育考试文化，尤其是构建主流文化，提高教学质量的重要环节。

将考试文化建设全覆盖于考试过程。考试过程是积淀考试文化的重要环节，也是展示、创新考试文化，全面考量教学质量的主渠道。这一阶段的考试文化建设要本着突出重点、规范全局的宗旨，以务实、严肃、缜密、安全、

温馨、量化、及时、全面的原则开展。考前准备、考风考纪教育、考场内外围的布局、考试的总体安全、考试制度的贯彻、考试水平的量化公正、考试结果的"温馨"反馈、监考队伍的积极向上、监考思想的形成和发展创新等都要在实践中验证、在验证中凝练、在凝练中升华。抓住考试环节，不仅是对考试文化建设的检测与再造，同时也是印证考试文化，特别是考试主流文化，更是教学质量提升的核心试金石。

将考试文化建设覆盖于总结评估过程。这里讲的总结评估既包含个体考试过程的总结评估，考试文化建设整体工作的总结评估，也包含教学质量提升的总结评估。总结评估是按照各自的评价标准，全面考核各自工作过程与水平的阶段，在总结评估中发现问题，积极整改，弥补缺失，促进发展，丰富内容，概括凝练，从而指导下一轮次的工作开展。因此，总结评估的过程本身就是文化建设的过程，就是以文化建设提高教学质量的过程。

（三）以"烟囱效应"，聚合现代远程教育考试文化建设的动力，为教学质量的提升储满油

"烟囱效应"是指气体从底部到顶部靠密度差的作用，沿着通道扩散或排出的现象。也就是在密度差的作用下，形成排除气体的动力。在现代远程教育考试文化建设，提高教学质量的命题中，应用"烟囱效应"原理，重点就是借用其动力效应。现代远程教育考试文化建设不能只强调建设。没有动力，这些建设都将付诸东流。一方面，积极探寻考试文化建设的原动力。要在远程教育机构、办学单位的办学指导思想、办学理念及广大远程教育工作者对远程教育考试文化建设的重视度和社会对现代远程教育考试文化建设的认知度上做文章。另一方面，积极探寻现代远程教育考试文化建设的助动力。

要在规划设计、制度完善、宣传力度、内涵提升、过程落实、方法丰富、结果反馈、社会评价、科学奖惩、机制创新等层面下功夫,通过合理统筹、科学分工、有序实施、公正评价、正向奖励,激发现代远程教育考试文化建设主体的积极性,用建设的正能量推动现代远程教育考试文化的健康发展。

(四)以"夹板效应"整合现代远程教育考试文化建设的结果,为教学质量的提升执好法

"夹板效应"顾名思义,就是两块板材,同时发力作用于某一物体的现象。刚性范式、同时发力的要求,是"夹板效应"的特点。运用这一原理,就是掌控两块板,把握发力度,通过刚性的规范,考核现代远程教育考试文化建设的结果及教学质量提升的水平,并将考核结果反馈建设过程,强制约束考试文化的再建设与教学质量的再提高。"夹板效应"就是执法效应、规范效应。两块板即远程教育机构、办学单位及社会。发力度即双方对远程教育考试文化建设及教学质量提升的客观评价。刚性规范即双方对现代远程教育考试文化建设与质量提高考评、奖惩的评价标准。随着现代远程教育的快速发展,加强考试文化建设,提高教学质量,已不再仅是办学单位与办学机构的独有的事情。实际上,社会对现代远程教育考试文化建设的参与和评估已使远程教育考试文化的建设及教学质量的提高有了实质的变化。在今后远程教育发展的过程中,对社会而言,一方面在传媒文化、评估文化、安全文化、交通文化等层面的建设上多做工作。另一方面在对通过考试文化建设,促使教学质量提高的落脚上多做客观、公正、及时的评价。对办学单位来讲,一是及时概括、总结社会对现代远程教育考试文化的发展内涵,凝练其精神实质。二是及时分析社会对远程教育考试文化建设、教学质量提高评价的结果,借

助刚性的制度、标准认真整改。三是办学单位与社会及时沟通，办学单位不仅要接受社会对现代远程教育考试文化建设总体的评价，也要定时、不定时的走出校门，适时、非适时地听取社会对远程教育考试文化建设、教学质量提高的专项或随机评价。将社会的总体评价与随机评价相结合，将社会评价与自我评价相结合，及时整合评价的结果，引导现代远程教育考试文化建设。

第五节　远程教育考试方式

自1892年美国威斯康星大学（Wisconsin）正式提出远程教育这一术语以来，远程教育已经历了一个多世纪的发展历程。开展远程教育的根本目的是全面提高国民素质，使包括最边远地区在内的广大公民共同享受到国际最前沿的人文理念与科技信息。作为远程教育的一个重要组成部分，课程考核在教学活动中发挥着举足轻重的地位。当然，考核的意义不仅在于对学生成绩本身进行检查、评定与分析，而应该在激发学生学习积极性的同时，能够促进学生知识、能力、素质诸方面的协调发展，并使学生的创新意识与创新能力得到培养。本节拟在把握远程教育学生特点的基础上，重点对远程教育的考试方式做一探索。

一、远程教育学习的特点

（一）成人学习是功利性的学习

从宏观视角看，人类的所有学习活动都带有一种功利性目的，即通过间接经验的继承与直接经验的积累，以对作为活动主体的自我进行能动改造，使自我在对外环境消极适应的同时能够对其进行积极的改造。但是，如果我们对当下远程教育学员的学习情况进行仔细研究，便会发现成人学习与全日制学生的学习活动存在着很大的差异。如果说，普通大学生是在拥有一定知识的基础上才寻求与所学知识相关的工作的话，那么，成人学员则是在一定工作经验的基础上寻求有助于自己实际工作的具体知识。从这个意义上说，成人学习较之其他学习表现出更为明显的功利性。

（二）成人学习是自我导向式学习

成人由于在长期的学习实践中已经掌握了一定的学习经验，因而区别于全日制学生的另一个特征便是学习过程中的自我导向性，它不是在教师的指导下严格按照学校制定的教学大纲进行有条不紊的学习，而是根据自己的个性特点、思维能力、兴趣爱好、知识结构等选择相应的学习方法、学习内容。同时，由于大多数成人在从事自主学习的同时并没有脱离原来的工作岗位，因而他们会适时地调整学习与工作之间的矛盾，以便使两者能够协调发展。另外，由于成人对自我认识建立在理性思维的基础之上，因而在他们的学习中少了盲目性而多了自我导向性，能够有针对性地选择自己较为薄弱的知识环节进行重点操练，以弥补自身知识的不足。

（三）成人学习注重不断改进认知策略

学习策略是指"学习者在学习过程中积极操纵信息加工过程，以提高学习效率的任务活动，其核心成分是认知策略及反省认知"。从本质上讲，学习活动是一个反复认知的过程，人脑机能在认知的基础上通过信息加工程序将瞬时记忆对象转化为深层记忆材料，记忆材料的不断积累便构成了人的知识体系。相对于全日制学生而言，成人的学习活动由于在许多环境下采取自学为主的学习手段，因而他们更注重认知策略的选择。总体来看，大多数成人往往会选择视、听、练结合的综合性学习方法。当然，视、听、练三者在成人学习活动中并不是占有同等的比重和地位，学员会在不断操练的基础上选用不同的学习方法，并根据自己的学习实践对认知策略进行改进。

（四）成人学习是注重合作、交往的学习

德国社会学家哈贝马斯指出，人类的存在并不是以一个独立的个人做基础，而是以"双向理解"的交往为起点的。如果对于全日制学生来说，他们可以利用丰富的教学资源进行独立自主的学习，那么，成人则由于学习条件的限制而在学习中表现出更为强烈的合作倾向。从当前实际情况来看，成人在学习中可利用的资源除网络、电视、电话等远程设备以外，便只有他们身边可以获得的有限资源。另外，与全日制学生相比，成人缺乏与教师面对面的直接交流机会，学习中有了疑问多数情况下只能向周围的人请教。由于上述两方面的制约，成人在学习活动中必然会加强相互沟通与交流，彼此为师，以在有限的学习空间中最大可能地实现知识信息的流通与学习资源的共享。

二、目前成人教育考试的现状

（一）学习现状：工学矛盾

成人考试之所以存在许多严重问题，首先是由成人学习的特点所造成的。从总体看，成人区别于普通全日制学生的一个根本特点是在工作之余从事学

习，这样便不可避免地在学习与工作之间产生矛盾。如何在不影响工作的前提下进行有效的学习，是每一个成人学员都必须面对的难题。应该承认，由于当前激烈的岗位竞争与来自家庭的各种压力，成人平时能够用来学习的时间是非常有限的。从目前的形势看，大多数远程教育学员只能在完成本职工作之后利用剩余的短暂时间从事学习，这样必然对学生的正常学习造成很大的负面影响。也正是由于工学之间的尖锐矛盾，使得学生平时难以打好坚实的专业功底，更谈不上学习视界的开拓，因而为将来的考试埋下了隐患。

（二）考试类型：闭卷和开卷，记忆为主，综合为辅

从目前远程教育的考试类型来看，大多是闭卷考试与开卷考试相结合；从考试方式看，考察对象仍以通过记忆获取的知识为主，综合性的考察相比之下较为薄弱，大都处于辅助性地位。

（三）考风情况：违纪行为严重

远程教育考试中最令人担忧的一点是考纪考风问题。由于远程教育考试大多在考生所在地进行，组织方受各种条件的限制弱化了对考试工作中每个环节的有效监管，因而给了许多考生可乘之机。从目前实际情形看，考生利用夹带进行作弊的现象非常普遍。另外，随着现代化通信工具的出现，许多考生还利用高科技手段如手机、窃听器等进行作弊。除此之外，在局部地区，考生还通过贿赂监考人员以达到作弊的目的。上述种种现象表明，作弊行为在现代远程教育中已经愈演愈烈，使得远程教育学历的含金量大大降低。

三、改革传统考试方式，加强综合应用能力培养

长期以来，我国学习评价沿用传统模式，以考试成绩定优劣，评价一般通过考试的形式来实现，评价主体由教师单独担任，以及格线作为学生能否过关的标准。而考试的内容又往往是学生依靠死记硬背所获得的知识。这样一来，学生都成为"死读书，读死书"的书呆子，对所学到的知识不知如何运用，学生思维僵化，解决实际问题能力差，更谈不上实际动手操作能力，学生的真实水平也因此得不到客观的体现。由于上述种种因素的出现，使得学生作业很难真实反映学生平时的学习情况。解决这类问题的根本途径是对考试方式进行彻底改革，改变传统的考察、考核办法，加强对学生综合应用能力的培养，使得学生真正能做到学以致用。具体说来，改革传统考试方式我们可以从以下方面着手。

（一）大力推行开卷考试

开卷考试方式的引进是对传统闭卷考试方式的一次大胆突破。具体说来，其优点主要表现在以下几方面：

第一，与闭卷考试相比，开卷考试不是让学生把通过背诵获取的知识写在卷面上，而是要求学生在掌握基本知识点的基础上，重点考查学生对知识的综合运用能力。因而，开卷考试往往看似简单，要答好却有一定的难度。学生如果缺乏一定的分析综合能力与实践经验，往往对这类题无从下手。开卷考试的大力推行必然将学生学习的重心转移到对所学知识的实际运用中来，而不是像过去所做的那样单靠死记硬背来取得高分。

第二，开卷考试的推行有助于培养学生的创新思维。如果说，在传统的

闭卷考试中学生仅凭死记硬背现成的标准答案便可以答好试卷的话,那么,在开卷考试中,学生由于没有标准答案可依,所有的问题便需经过自己的独立思考才能完成。这对中国学术传统中唯权威是从的思维方式是一个大大的突破。由于在开卷考试中学生的自主性得到了彰显的机会,因而,学生可以面对一个没有统一答案的问题畅所欲言,通过自己的独立思考去找问题的突破口,从而使学生的独立思考能力得到有效的锻炼,学生的创新思维能力也从中得到了积极的培养。

第三,目前作弊之风之所以在考试中十分盛行,一个不容忽视的原因是学生能够根据问题在课本中找出相应的标准答案。换句话说,如果学生面对试题时没有可以直接获得的现成答案,所有的问题都带有一定的主观性,必须靠考生自己的独立思考才能完成,那么,这种局面的出现便必然会大大减少学生携带夹带进入考场的比率。从这个角度看,开卷考试由于在命题时大都定位在主观性试题上,这些试题在课本或笔记中没有相应的标准答案,因而可以有效地杜绝作弊行为的泛滥。

(二)淡化考试结果,注重学习过程

目前在远程教育学员中存在一个很大的误区:参加远程教育的目的仅仅是为了拿到一张高等教育文凭。表现在教育的各个环节中,是绝大多数学员对最终的考试结果给予了过分的重视,反而对平时的学习掉以轻心。按理说,学习与考试之间本应存在着一定的必然联系,学习不重视,考试肯定不能取得好成绩。但是,由于当前成人考试中存在的许多漏洞,使得许多学员可以通过作弊等手段最终以优异成绩通过考试。因此,在成人考试的改革中,必须有意识地淡化考试结果,让学生的注意力回到平时的学习本身。

（三）以考促学，重视学生综合应用能力的培养

考试作为教学活动的一个基础环节，其基本职能是通过对学生一定时期内学习情况的量化考核，以对学生的学习情况给予一个客观、公正的评价，使学生意识到自己在学习中存在的问题及需要改进的方面，以便对学习方法及策略进行自觉调整。长期以来，我们对考试的这一根本职能在认识上存在较大误区，考试不是促进学生学习的动力性因素，而被简化为确定学生考核过关与否的指标。

具体说来，我们在考试中可以通过以下途径来实现这一目标：

改革考试方案，培养学生的学习兴趣。学生之所以重视考试结果而忽视学习过程，主要原因在于他们对学习本身缺乏兴趣，学习的动机仅仅是为了获取一张文凭。由于学习兴趣在学生学习活动中有着举足轻重的地位，我们在考试中应该有意识地激发学生对于学习过程的兴趣，而不仅仅是对学习结果的重视。为了实现这一目的，我们可以改变传统的考试方式，在一些更为宽松、自由的氛围中进行考核。

利用现代教育技术，加大对学生应用能力的培养。受各种主客观条件的制约，我国考试机制中长期存在的一个严重弊端是对学生实际应用能力的重视远远不够，造成了许多学生理论素养高而操作技能低的不良现象。在现代远程教育考试中，由于各种现代化教育技术的应用，因而我们可以有效地杜绝这些现象。比如，利用计算机网络系统，主考官可以通过网上聊天功能对远程教育学员进行一对一或一对多的"面试"，从而对学生的各种潜力进行直观评价。

需要指出的是，同整个远程教育一样，远程教育考试也是一个开放系统，

其中一些前沿性的理论问题还需要我们不断地去探索。笔者上述所提出的仅是一些商榷性意见，某些问题的思考可能还不够成熟，亟待有更多的学生能参与到这一论题的讨论中来。

第六节 远程教育考试管理的宏观控制

远程教育采用学院与校外学习中心合作办学方式。远程教育学生分布广，针对远程教育考试的管理，必须有一套控制措施做保障。主要包括考试时间节点的控制、考试方式控制、考试类型控制、考试资源建设控制、考风考纪控制、考试结果反馈控制。远程教育考试各项工作的控制，是远程教育考试工作正常运行的保障，是科学进行考试管理，提高远程教育教学质量的有效手段。

远程教育侧重于成人教育，培养目标是为区域经济发展培养应用型人才或工程型人才。因此，应该根据成人特点和课程性质，设置灵活的考试方式，广泛采用半开卷、开卷、论文、大作业等形式。考试以理论知识够用为原则，重点考查学生应用知识解决问题的能力。我国目前有68所高等院校开展远程教育，一般采用远程教育学院与校外学习中心合作办学方式。学生分布在全国各地，考点较为分散，考试人数众多，考试时间统一，应基本参照国家考试规定，制定远程教育考试的规章制度，以加强考风考纪建设，保证教育教学的质量。

一、远程教育考试时间节点控制

远程教育考试管理要有一个清晰的管理流程，其中一个重要的环节是时间节点。在开学前公布考试时间表是弹性学分制远程教育考试的特点，是一项重要工作。同一门课程，所有注册考试的学生都要考试，必须安排在一个时间段进行考试，任何一个校外学习中心考试时间不一致，都可能出现漏题情况，不符合试卷保密要求。考试时间表可以合理避开学生考试冲突的发生，是学生选课的参考。

注册考试截止时间，是学生有效注册的一个重要时间点。经常出现学生在考试注册截止后，以各种理由要求补注册的情况，校外学习者中心在注册截止前要检查学生注册情况，做到没有遗漏。

试卷寄出时间，也是一个重要的时间点。由于路途上需要时间不一，试卷的运送需要一定的时间，因此，要保证试卷考前运达校外学习中心。

远程教育教师承担试卷命题，试卷批阅任务。一次考试，教师应命制两套试卷。教师应在开学前将考试方式通知考务相关部门，以便考务部门制定考试时间表。在考前按规定时间将试卷交考务部门。教师阅卷，一般在假期进行，因采用灵活的考试方式，尤其是开卷考试、半开卷考试、论文形式考试，教师批阅花费时间长，阅卷工作量大，教师要有足够的耐心和责任心。教师至少在开学前一周将成绩公布于网站。

其他，如学生要在开学后留意考试方式，以便准备考试相关材料，查看考试携带文具，在规定的时间对考试疑问成绩查询等。

校外学习中心承担考场安排、监考等具体任务。学生选考结束后，要对学生的选考情况进行确认，避免学生漏选等情况发生，要提前安排考场，考试结束后要准时将试卷寄出等。

二、考试方式控制

远程教育学生为成人，考试应以考察应用知识的能力为主。远程教育的考试方式可以设置闭卷考试、半开卷考试、开卷考试、论文、大作业考试等。闭卷考试，是一般考试中常用的考试方式，一般适合于纯记忆的课程，如《英语》《民事诉讼法》。半开卷考试，允许学生携带一张记录知识点的 A4 纸进入考场，对于一些计算公式烦琐的理工类课程尤其适用。也适合于理论与实践紧密结合的课程，如财务会计。开卷考试，适合于突出实践、注重应用的课程，如司法文书。写论文的课程及做作业的课程，一般是对本门课程的综合考察，需要学生在读懂教材的基础上，抽象出自己的观点，或需要花费一定的时间完成某种课程作业。开卷是一种考试形式，因不在课堂完成，学生可以有更加充裕的时间和精力搜集信息，更能考查学生的真实水平。缺点是，少部分学生可能存在侥幸心理，直接拷贝别人的资料，或简单罗列，导致成绩无效或很差。

三、考试类型控制

远程教育学生分布在全国各地，以自主学习为主，辅导为辅，形成性考核可以有效激励学生自主学习，调动学生学习兴趣，督促学生跟上学习进度，检查阶段性学习效果。目前，形成性考核根据课程性质，应采取灵活多样的考核方式，可以采用在线作业、书面作业、课程实践及学生到课情况综合评定。形成性考核在远程教育中所占比例为 20%、50% 不等，以英国等发达国家远程教育为例，通常占 50%~60%。

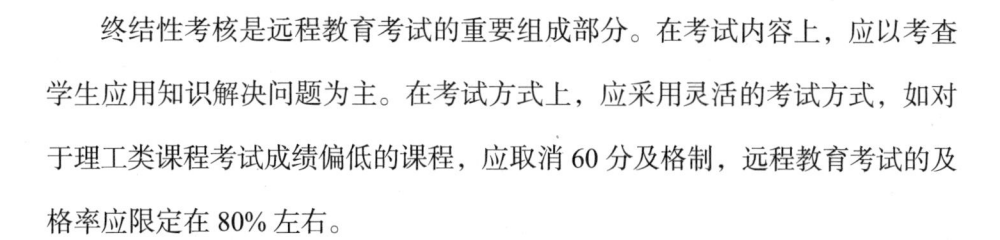

终结性考核是远程教育考试的重要组成部分。在考试内容上，应以考查学生应用知识解决问题为主。在考试方式上，应采用灵活的考试方式，如对于理工类课程考试成绩偏低的课程，应取消60分及格制，远程教育考试的及格率应限定在80%左右。

四、考试资源建设控制

一流的网络教育学院，要求具有一流教师队伍、一流教学内容、一流教学方法、一流资源和教材、一流教学管理和支持服务。建设远程教育题库系统，规范远程教育考试管理，提高教师命题水平及效率，是远程教育资源建设的重要组成部分。

远程教育考试一般一年分四次考试，教师每次命题都要针对远程教育目标根据教学大纲及考试大纲将考试内容重新梳理，命制试卷并试做答案，极大地增加了教师的工作量。远程教育题库系统建设，以教学目标、教学大纲及考试大纲为依据，是以知识点为结构组成的试题组合，其试题包括试题内容、答案、知识点、难度等主要参数。试题题型以填空、单选、多选、判断、问答、论述、计算、编程、设计等题型为主，避免名词解释。试题覆盖面大，覆盖所有重点难点，一般试题数量为一套试卷数量的10倍以上，试题的难度以较易、一般、难三个等级设计。

五、考风考纪控制

考试作弊的出现，会削弱学习的内动力。大面积的作弊，不仅会影响校外学习中心的声誉，也会给远程教育学院的声誉造成不好的影响。远程教育的各项考试制度建设是考风考纪的保证。主要有：试卷保密规定、学院外派巡考教师职责、校外学习中心考场安排要求、监考教师职责、学生考试纪律、考试违规处理办法等。对出现作弊的行为严肃处理。

每次考试，学院应成立由院长组成的考务领导小组，监督考试工作的正常运行，建立考务值班制度，以便应急情况处理。为保证试卷的保密性，学院相关接触试卷人员，试卷印刷单位签署印刷保密规定；按照国家管理规定运送试卷；校外学习中心要有专门文件柜保管试卷；考试前试卷封条保存完好，考后试卷及时密封；考试结束后在投递单位第一有效工作日寄回等。巡考教师代表学院检查校外学习中心考场安排工作和考试组织情况；监督检查校外学习中心教师监考工作和校外学习中心与学生的意见反馈等。

校外学习中心必须认真做好考务工作。监考教师认真履行监考职责，完成各考场的具体监考工作，考试结束，认真填写考场记录。

六、考试结果反馈控制

考试结束后，及时汇总各站学生考场作弊情况，教师阅卷出现的雷同卷情况，以及其他违纪情况。有关部门处理后，及时将处理意见反馈相关校外学习中心。考试及格率，是反映教学质量的一个重要指标，所有校外学习中心的某一门课程的及格率太低或太高，说明试卷命题有问题。某个校外学习中心的考试成绩太低，是校外学习中心组织学生辅导有问题。因此，考试结束后，按课程统计考试总及格率，对同一课程统计各校外学习中心及格率。并将统计结果进行反馈。只有这样，远程教育的教学管理才能步入良性循环，教学质量才能稳步提高。

第八章 计算机技术在教学中的应用

第一节 计算机虚拟仿真技术在教学中的应用

一、计算机虚拟仿真技术及其在教学中的作用

所谓计算机虚拟仿真技术，就是基于计算机、多媒体、虚拟现实以及网络通信等技术，将虚拟现实技术与仿真技术相结合的一种技术，可以说是一种更高级的仿真技术。虚拟仿真技术旨在构建全系统统一、完整的虚拟环境，并以此来集成与控制数量众多的模拟器、其他虚拟仿真系统甚或简单的数学模型等实体。这些实体与虚拟环境通过交互或者它们相互作业，来表达客观世界的真实特征。

（一）虚拟仿真技术的基本特性

1. *沉浸性*

人们可在虚拟仿真系统中获得多种感知，如视觉、听觉、嗅觉、触觉、运动感觉等，从而有身临其境、沉浸其中之感。

2. 交互性

人与虚拟仿真系统能够进行交互，即人能以近乎自然的行为（如语言、动作等）控制虚拟环境，虚拟环境也能够对人的操作进行实时反应。

3. 虚幻性

虚拟仿真系统中的环境是人们通过计算机等工具为实现某一目标或用途而模拟出来的，因此是虚幻的。

4. 逼真性

虚拟仿真系统中的环境与所模拟的客观世界十分相像；同时，虚拟环境对人所做的自然行为能给出符合客观世界规律的反应，因此给人的各种感觉十分逼真。

（二）虚拟仿真技术在教学中的作用

1. 能够促进教学观念的改革

教师要通过学习、研究、使用虚拟仿真技术及平台，在教学中设计合理的教学策略，帮助学生建立互助互学团队，鼓励学生进行自主创新，以培养学生的团队精神、探索精神和创新能力等。

2. 能够促进教学内容的更新

教师可通过虚拟仿真技术及平台，解决教学中由于时空不允许、设备不齐全、地域不合适、资金不充裕等一系列因素所引起的问题，进而有助于完善教师的教学目标、计划，促进教学内容的更新换代，使学生更深入、清晰、形象地理解问题，使整个教学过程更加科学、专业以及更有影响力。

3. 能够节省实验教学的投资

虚拟实验室（或虚拟仿真实验平台）具有集成性与重复性等特点，因此利用虚拟仿真技术软件不但可以使学生获得更好的教育，还能减少建设实验室或购置实验设备的投资。

4.能够激发学生学习的兴趣

教师利用虚拟仿真技术可以将教学中的重难点轻易地化抽象为具体、化晦涩为明晰，并能够充分调动学生的课堂注意力，使学生沉浸其中，还能充分发挥学生的想象力，使课堂极有趣味性。

二、计算机虚拟仿真技术在教学中的应用分析

计算机虚拟仿真技术已广泛应用于各个学科、各个专业的教学之中，如机械加工、医疗实验、汽车设计等，但不论如何细分，计算机虚拟仿真技术在教学中的应用基本都可归入以下三类。

（一）虚拟学校

利用计算机虚拟仿真技术，可以建立各种新型的虚拟学校，如虚拟医务学校、虚拟体育学校、虚拟驾驶学校、虚拟军事学校等。在这些虚拟学校中，学生可通过虚拟环境接受各种传统学校由于时空、设备、资金等限制而难以实现的课程或训练，如医务人员、运动员、驾驶员、交管人员等可通过由虚拟仿真技术所支撑的学习或训练平台，在科学、安全的虚拟环境中获取相关的感性知识与实际的操作经验。

虚拟学校有以下几种特殊的优势与魅力：

（1）虚拟学校的培训系统是对真实的培训设施与平台的仿真，具有相同的操作方法与系统反应。

（2）虚拟学校的培训系统既能模拟过去或现在的客观环境，也能模拟未来可能出现的未来世界，还能模拟仅存在于人们幻想中的奇幻世界，还能对

不同世界中存在的物体或事件进行有机组合或单独呈现，总之表现出超时空性。

（3）虚拟学校的培训系统能通过传感器等设备，对学生用自然技能所做出的操作做出反应。

（4）虚拟学校的培训系统能针对学生的基础知识与潜在能力等各种复杂情况提供个性化学习方案，使教学内容与学生实际一一对应，从而提高教学效果。

（二）虚拟课堂

利用计算机虚拟仿真技术可以建立一个突破时空限制、能够通过网络实时互动的虚拟课堂。在虚拟课堂上，通过音视频等多媒体技术进行授课，不仅能够有效提升学生的学习效果，而且能满足网络上大规模学习的需求，扩大虚拟课堂的受益群体，还能通过网友广泛的互动与交流，逐步完善虚拟课堂系统，建立起先进且具有竞争力的虚拟直播课堂体系。例如，基于虚拟仿真技术建立虚拟网络教室，不但能有效实现对虚拟机的隔离，增强其独立性，进而更好地解决资源分配问题，还能提高计算机系统的运行效率。

（三）虚拟实验

利用计算机虚拟仿真技术，可以将实验相关的数据输入相关程序，做出各种实验物品模型，并基于计算机平台实现组合与集成，进而实现真实的实验中进行实验的效果，即虚拟实验。通过虚拟实验，可以尽可能地规避实际实验操作中的不安全因素，避免实验器材的损耗与浪费，解决实验教学设备缺乏与资金投入的问题。例如，基于虚拟仿真技术构建便携式计算机，则能使学生在任何有物理计算机的环境中,通过安全虚拟仿真软件,可有效模拟真实的实验室环境,为师生打破真实实验室的时空限制,提供了很大便利。

总之,在教学中引入计算机虚拟仿真技术,对进一步提升教学质量,培养社会所需的高素质人才意义重大。对于计算机虚拟仿真技术及其相关设备在教学中的应用,教师要与时俱进,加强学习,对待不同教学内容,要合理、科学地进行应用,使其成为现代化教学的一种重要手段,来实现教学质量、教学效率的提高。

第二节 人工智能在计算机辅助教学中的应用

近些年随着我国科学技术快速发展,在计算机网络教学中开始逐步融入人工智能技术,使计算机现代化网络教育发展速度不断加快。通过人工智能技术有效应用,能够改善计算机辅助教学,突破时空限制,使计算机辅助教学服务领域有效拓宽。随着人工智能技术在计算机辅助教学中的应用范围不断扩大,在未来计算机辅助教学中个性化特征会更加明显,能够推动我国远程教育全面发展。本节对远程人工智能技术在计算机辅助教学中的应用进行探析,分析教学现状,对技术应用内容与教学现状进行分析,更好地促进计算机辅助教学现代化发展。

人工智能是社会发展的新兴学科,实际发展时间较短,但是具有良好的发展前景,当前需要通过计算机系统对人们思维活动进行模拟,促使电脑系统能够具有人类的基本推理与学习能力,对更多语言以及自然学科的知识进行掌握。人工智能学科研究内容较多，综合性较高，其中诸多知识内容具有较大发展空间，将其应用到计算机辅助教学中具有较大应用价值。

一、人工智能与计算机辅助教学基本概述

人工智能属于计算机科学中的重要分支，通过计算机模拟以及人脑功能延伸建立综合性较高的学科。电脑系统具有人类思维与行为，对多项问题能够进行有效判断，分析人类自然语言能力。人工智能产生是对问题以及不同事物的刺激反应，将不同任务解决过程分为不同步骤，在程序设计基础上保障各类问题能够呈现公式化发展，通过对电脑结构进行优化设计解决各项问题。现阶段人工智能在长效发展过程中需要解决以下重点问题，分别是信息处理智能化、问题求解处理智能化、符号处理智能化。

随着我国信息技术快速发展，在现代化教育发展过程中通过计算机辅助教学是教育领域发展的重要方向，通过计算机能够完成较多教学内容，确保教学内容与教学形式能够朝着多样化发展。通过计算机辅助教学，能够让学生结合自身实际现状完成学习活动。教学适用性较强，也能促进资源有效共享，实现交互式学习。确保教学资源能够满足学生多样化学习需求，也能突破传统教学中存在的问题，提升教学成效。通过计算机智能化系统能够更好地掌握学生学习发展情况，有助于多项信息更好传递，对教学内容进行优化调整，实现教学发展目标。但是目前计算机辅助教学中也存在较多问题，需要在后续教学活动中完善。

二、人工智能技术在计算机辅助教学中的应用价值

新时期各类教育教学活动和计算机技术应用之间联系紧密，能够在知识传授基础上，对不同知识结构加强认识。在知识获取过程中，能够促使新旧知识有效连接，对教育教学工作进行引导。教师要对学生学习活动进行引导，从实践过程中逐步探索，完善传统教学模式中存在的不足之处。在计算机辅助教学中融入人工智能技术，能够建立不同模块，各个模块都具有不同的教学功能。比如，通过专家模块，能够帮助学生解答更多专业化的学习问题，解决教学中时空与时间限制，提升教学交流质量，更好地提升学生学习效率。人工智能技术中的学生模块能够对每位学生实际学习成绩进行精确化统计与分析，将不同成绩都存入对应的数据库中，这样能够为教学活动高效化开展提供更多参考数据，教师结合数据对教学内容与教学目标进行调整，突出因材施教教学理念，更好地发挥出人工智能技术的应用价值。

三、计算机辅助教学基本现状分析

从当前计算机辅助教学基本现状来看，教学过程中缺乏开放性是较为重要的不足之处。在学习过程中，参与学习的人员不能根据学习需求对课件相关内容进行更改，只能通过系统对固定知识进行学习，这样会导致学生学习兴趣受到限制。在教学中由于受到预先设定的学习目标限制，在授课过程中针对性不足，如果学生要想开展深入学习活动，便不能利用此类学习资源。在当前计算机辅助教学中将光盘作为信息载体，将不同的教学内容通过多媒体教学形式进行展示，然后在机械化教学流程中为学生讲解相关知识。在此

环节学习过程中,学生处于被动地位,对教学效率影响较大,人机互动能力较差,不能有效提升教学成果。

计算机辅助教学属于学生完成规定学习任务之后,根据自身学习现状自学过程中应用的操作系统,具体学习内容、场地、时间都是由学生自主安排。部分教师不能全面掌握学生实际学习情况,在提出问题过程中,学生如果遇到了困惑,很难和教师展开有效沟通,对师生互动性影响较大,导致教学课件质量难以有效提升。

四、人工智能技术在计算机辅助教学中的应用

(一)智能决策支持系统

此系统的有效应用是将人工智能与决策支持系统进行有效结合,当前在网络教学中应用范围较广。在数字馆中应用智能决策支持系统,能够明确决策目标,对不同问题进行分析识别,然后积极构建较为完善的决策模型。在系统长期运行过程中,能够为学习人员提供不同备选方案,对不同方案进行优化对比,让学生根据实际情况自由选取,能够提升不同决策实效性与准确性。

(二)智能教学专家系统

在过去传统计算机辅助教学中,智能教学专家系统主要体现的是开放式交互教学。在教学过程中应用智能教学专家系统对教学思维进行模拟,实现计算机智能化教学。在智能专家系统应用基础上能为学生提供不同学习知识,让学生开展针对性学习。在学生掌握学习内容基础上为学生提供相应的问题

解决对策。在有效掌握学生实际学习情况基础上，对教学内容以及教学进度进行调整，对教学情况进行分析，整合学生学习中存在的错误，对学生学习行为进行有效判断，从而使教学策略智能化程度更高。

比如，通过计算机辅助教学对不同刑事案件进行区别过程中，智能专家系统作为计算机智能程序系统能够对此类问题进行处理。在发挥计算机技术与人工智能技术基础上，筛选在刑事领域中各个专家提供的知识，能够对不同案件进行分析。在模拟专家的思维过程中，能够有效解答学习人员的不同问题，通过智能教学专家系统能够对多个领域学习问题进行模拟，通过计算机程序进行有效表达。在人工智能技术领域中此类专家系统应用范围较广，促使理论技术能够朝着实践方向发展。在模拟基础上能够依靠专家思维解决多项问题，当前此类系统模块在不断拓宽，开始逐步建立综合知识库、专家协作系统、多个学科解题机制、神经网络知识获取等。

（三）智能导学系统

智能导学系统是现代化计算机辅助教学的重要内容，能够更好地实现计算机网络教学目标。通过智能导学系统能够为学生学习发展提供有效缓解，输送更多学习资源，使教学服务得到有效优化。智能导学系统能够在分析学生实际学习情况基础上，使导学策略与学习情况相互结合，拟定更多高效化教学服务。此类系统运行能够建立有效的问题解决方案，对教学方案与教学进度进行调整，反馈不同教学信息。在现阶段计算机辅助教学中人工智能技术应用范围较广，例如，智能信息检索、仿真技术应用等。通过此类系统的有效应用，能够加快计算机辅助教学智能化程度，推动计算机辅助教学全面发展。

总而言之，当前在计算机辅助教学中应用人工智能技术具有较大应用价值，对提升教学效率具有重要作用。随着人工智能技术快速发展，在未来发展过程中对推动计算机辅助教学具有重要促进作用。在教学中，通过人工智能技术能够建立全新的学习推理工具，突出技术应用价值。当前教育领域中计算机辅助教学占有重要位置，通过不同技术应用，在教学系统中建立不同教学模块，能够满足学生学习需求与教师教学要求，能更好地推动现代化教育全面发展。

第三节 计算机仿真技术在教学中的应用

现阶段计算机仿真技术在很多行业得到应用，尤其是在培训教学中展现出诸多优势。虽然我国很多行业都在应用仿真技术，但教学中应用得还是较少，实践性教学中依然以理论讲解与现场实习为主，这种教学方法效率偏低且成本较高，培训效果不甚理想。因此将计算机仿真技术引入教学中具有现实意义。本节以教学为对象展开论述。

一、计算机仿真技术与教学分析

近些年教学中逐渐开始使用计算机多媒体技术，计算机仿真技术也出现在课堂上，在课堂教学中发挥着越来越重要的作用。

（一）计算机仿真技术

计算机仿真技术基于信息技术产生的综合型技术，通过专业性软件以三维形态或多维形式将图像、声音及动画等模拟出来，再通过数字媒介提供给人们浏览，人们浏览时犹如身临其境，加深记忆与理解。系统仿真中计算机仿真技术作为主要组成部分，在教学中发挥着重要作用。仿真技术应用要求构建一套完整的仿真培训硬件系统，一般由高档主机系统与客户机仿真工作站组成，系统基本可以满足当前装置仿真需求，此外还可以根据日后生产装置优化与改善进一步拓展系统。

（二）教学中的作用

院校建设实训中心需要投入大量资金，耗费较长的时间才能完成，同时还伴有规划难度大、设备更新快及教学效果不明显等情况，对教学产生一定影响。而引入计算机仿真技术后，可以有效解决这些问题，实现资源整合。通常计算机仿真技术在实训过程中可以起到以下作用。

1.激发学生学习兴趣

要圆满完成化学课堂的教学目标，就一定要处理好课堂上的重点和难点，做到"突出重点"和"突破难点"。而随着信息技术的进一步开发和应用，对于突出重点、突破难点上有着其独特的优势和魅力。在实际化学教学中，教师可以利用多媒体信息技术将抽象的内容具体化，将那些学生在理解和认知上存在难度的概念和机理利用多媒体展示出来，快速、充分调动学生注意力，最大程度上挖掘学生潜能，帮助学生在有限的时间内了解更多的知识和信息，将教学的重点和难点充分突出。

例如，在学习烷烃的空间结构时，很多学生都不能理解和想象甲烷的正四面体结构和烷烃中碳原子以锯齿连接形式呈现状态等，这些抽象的知识，这时教师只需用多媒体技术中动画演示的方法为学生直观展示出来即可；再如，苯与氢气进行加成反应时，教师也可以利用多媒体进行动画演示，将反应的现象和分子变化情况详细展示，方便学生观察和理解，如此，那些以前难以理解和想象的知识就会清晰映射在学生脑海里，轻易不会忘记和混淆。

2.培养学生自主学习

在传统的实验教学过程中，因为学校资金和实验条件的限制，需要4~5人一组，共用一套实验器材，而且基本上每一个实验小组独由一个学习较好的同学负责指挥，其他学生分工合作，但这样使一部分学生失去实际动手和思考的机会，在整个实验过程中没有充分地动手操作。仿真实验却完全没有这样的烦恼，在利用仿真技术进行实验室操作时，学生只需要每人准备一台电脑，在规定时间内，顺利完成相应的实验操作，获得准确的实验数据，并认真完成后续数据处理工作，这不仅锻炼了学生的实验操作能力，在很大程度上还锻炼了学生独立工作和分析的能力。

二、计算机教学中仿真技术的具体应用

本部分详细分析计算机仿真技术在各学科中的应用，结合具体案例，为同类研究提供借鉴。分别从机械加工、医学教育、汽车设计及轧钢生产四方面展开论述，现陈述如下。

（一）机械加工应用分析

工程材料类、机械制造类专业学习中机械加工实训是不可缺少的基础课程。现代机械生产中普遍使用数控机床，传统机床加工模式也逐渐被数控机床取代，因此教学中实践教学的比重不断加大，但相比于传统机械加工方式数控机床教学难度更大。第一，数控机床造价普遍较高，大部分院校难以购

买全部设备以满足教学需求；第二，数控机床型号较多且更新较快，院校不能及时更新；第三，数控机床为自动化运行设备，初学者容易造成设备损坏。

因此在机械加工实训中引入计算机仿真技术，可以提高仿真教学质量。计算机仿真模式技术可以将数控机床界面操作模拟出来，学生可以观察到数控机床操作界面，同时完成毛坯/卡具定义、测量零件、编制程序等工作，运行程序后学生可以通过三维演示观看机械加工全过程，直观判断操作是否正确，若是存在问题，及时发现问题成因，给出纠正措施。机械加工实训中引入计算机仿真技术，可以节约成本与规避风险，提高教学质量。

（二）医学教育应用分析

伴随着科学技术的快速发展，虚拟现实技术也得到一定研究和发展，它主要利用计算机技术、图像技术、电子技术、人机接口技术、多媒体技术、传感器技术及仿真技术为一体，帮助人们模拟出集视觉和听觉为一体的虚拟环境，便于人们进行虚拟交互，给人一种身临其境的真实感。众所周知，我国 VR 技术起步较晚，到 20 世纪 90 年代才开始进入医学领域发展。

而 VR 技术在医学领域的发展和使用，能帮助学生进行直观、感性的临床体验，而且能够快速吸引学生学习和探索的兴趣，帮助学生快速充实理论知识。首先，以往实验教学中，经常会因为学校和实验室各种限制因素，导致一些实验无法正常进行，但利用虚拟现实技术，在节约学校资源的基础上，确保师生能够顺利开展实验；其次，一些医学实验存在很大的危险性，例如，病毒细菌的培养、有毒化学品的实验、传染病实验等都存在很大危险性，不能轻易演示，但利用虚拟现实技术能极大程度上降低实验的风险和危险，确保师生人身安全；最后，虚拟现实技术还能帮助学生将一些观察不便、不常见的细节全方位展示出来，便于学生观察、扩展学生视野。而且现阶段，随着虚拟现实技术的不断发展和完善，其硬件设备也得到不同程度的发展，该项技术必将在教学领域得到广泛发展和应用。

（三）汽车设计应用分析

汽车设计领域中应用 CAD 与 Pro-E 等设计软件，仅能做到方便绘图，提高零部件设计的直观性，但本身并不能明显提高汽车设计水平。引入计算机仿真模拟技术，可以提高汽车设计整体水平，还可以解决一些传统方式无法解决的设计问题。

汽车设计中使用 CAE 有限元分析软件，但其建模能力不足，因此多与 Pro-E 协同使用。该技术在汽车制造领域应用广泛，如一汽制造企业，分别采用实际测量与计算机仿真模拟分析某车型车顶的承载能力，计算机仿真模拟仅用实际测量六分之一的时间，提高设计制造效率，降低生产成本。汽车设计领域教学中逐渐引入计算机仿真模拟软件，但受到相关教育机制的影响，效果不是很明显，各类院校应该强化 CAE 等软件的教学工作，培养满足企业实际需求的高素质人才，推动我国汽车产业快速、健康发展。

（四）轧钢生产培训分析

我们都知道轧钢生产复杂且充满危险，大部分在校学生没有去现场学习与实习的机会，而引入轧钢仿真模拟实训系统，可以让学生全面了解与学习轧钢生产过程。

根据工厂生产线具体情况设计轧钢生产仿真实训系统，利用计算机动画技术完成设计开发，进而完成轧制生产流程。轧钢仿真模拟软件系统中本身含有自动控制系统,这和企业操控系统一样,甚至比其更加完善,学生学习过程中可以通过不断操作完成工艺参数调整与优化,最终获得最优的生产参数。轧制仿真模拟系统中具有各种模型,如阀门开度与流量的关系模型、压下量与板坯弹跳关系模型、板坯温度分布模型等,都能使学生更好地去解决轧制过程中存在的各种问题。同时,轧钢仿真模拟系统软件中还配套拥有课件、教案、素材库以及分析评价体系等资源。拥有了这些资源,能让学生更好更方便地掌握实际轧制过程。

综上所述,教学中引入计算机仿真技术,可以改变传统教学方式与模式的不足,进一步优化教学质量。本节中通过分析计算机仿真技术与教学之间的联系,结合各类教学方法,详细分析其在各类教学中的应用,希望通过本节论述,能为推进教学质量提升贡献一份力量。

第四节 计算机仿真技术在电子技术教学中的应用

计算机技术的进步促使电子CAD技术飞速发展,如EWB(Electronic Workbench的简称)、Protel、Pads、Pspice等CAD软件都已经得到了广泛的应用。在电子产品开发中,应用电子CAD技术可以降低开发成本、缩短开发周期,从而大大提高开发效率;对于在校学生来说,做实验时损坏实验器材的事时有发生,因而使得部分学生畏惧做实验,但现在使用电子CAD软件在计算机上先做仿真实验,做好了再用实验器材证实实验结果,即最大程度上去预防损坏实验器材,提高了学生们的学习兴趣,改善了学习效果,由此可见大力推广电子 CAD 技术有着不可估量的经济价值和社会意义。

《电子技术基础》作为一门专业基础课，在电子类专业教学中起承上启下作用，其教学效果直接影响到整个专业教学的质量。传统的电子技术教学，教师一般集中进行理论教学后，再对学生进行技能训练，虽然加强了实践教学，但理论和技能脱节，学生不易真正理解所学内容，知识不能及时得到巩固，达不到良好的教学效果。因此，需在电子技术教学中引进新的理念，促进理论与实践的结合。通常的实验结果是随实验过程中的变化而改变的。存在不可预测的特性。例如，晶体管三极管电路由于其参数的一致性差，实验中的数据可能会出现较大的偏差。不准确的实验结果可能会使学生形成错误的认识。而借助多媒体教学和计算机辅助设计的综合实验教学的方法，可以发挥计算机仿真的数据结果不受实验环境影响的优势，在实验教学中引入电路仿真的方法可以快速得到实验参数及结果。这不仅可满足教学中对于实验观察和分析的要求，还可以培养学生的电路分析设计能力。

将计算机仿真引入实验教学时，如果采用适当的教学方法，效果会更好。在教学过程中，笔者采用了以下教学方法。

一、边讲边练边实践的教学方法

在通常的实验中，实验结果是随实验过程的变化而改变的，存在不可预测的特性。例如，晶体管三极管电路由于其参数的一致性差，实验中的数据可能会出现较大的偏差。采用计算机图形仿真与实验实测数据相结合的方法，不但可以检验误差的大小，还可以观察由于发生速度快而无法有效观察的瞬时电路参数。通过双踪示波器也可以观察频率为 20MHz 以下的周期性波形，

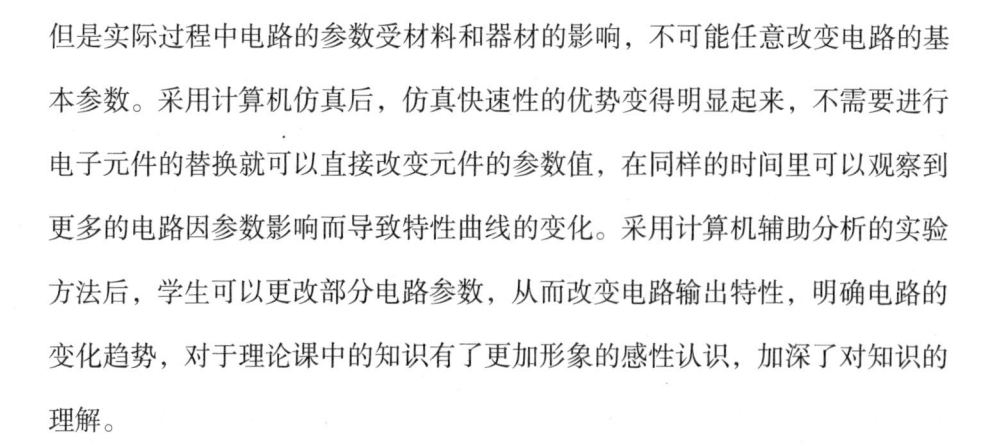

但是实际过程中电路的参数受材料和器材的影响,不可能任意改变电路的基本参数。采用计算机仿真后,仿真快速性的优势变得明显起来,不需要进行电子元件的替换就可以直接改变元件的参数值,在同样的时间里可以观察到更多的电路因参数影响而导致特性曲线的变化。采用计算机辅助分析的实验方法后,学生可以更改部分电路参数,从而改变电路输出特性,明确电路的变化趋势,对于理论课中的知识有了更加形象的感性认识,加深了对知识的理解。

二、趣味引导和实验结合的教学方法

与普通电路的实验课程不同,在进行计算机辅助仿真实验的时候,不仅要求学生能够根据实验电路测试电路的参数,而且要在熟练使用计算机绘图软件的基础上进行分析。这对于中职学生,尤其是对实验电路的理解分析能力还没有建立起来的部分学生来说难度是很大的。这就需要在教学过程中引入一种行之有效的实验教学方法,从而更好地培养学生动手动脑、勤于实践的能力。在教学中,笔者采用以下步骤:

首先,对于实验需要验证的原理和公式做必要的复习,从而引出实验中要验证的问题;

其次,针对实验电路,教师采用启发式教学来演示实验。演示过程中一定要注意提出实验中应当注意的问题和可能会出现的错误,比如,避免电源短路、测量仪表过量使用等,并对实验现象做出必要的分析和讲解。再通过步步引导、层层分析得出实验结论。

最后,对学生分组进行实验。和常规实验不同的是,实验完成后,教师并不立即检查实验数据和结论,而是指导学生在实验完成后将实验线路用计算机进行软件模拟仿真分析。这样不仅可以观察到实验过程中的瞬时过程和电路过渡暂态,而且可以由学生自己动手验证实验数据,并分析误差产生的原因。借助此方法观察显示实验图形,从理论分析和实验结果两个层面加深学生的感性认识,增强学生对结论的印象。

教学实践证明,该方法可以使教师和学生始终处于互动状态。可以充分调动学生的求知欲和学习积极性,对于提高学生的学习兴趣效果明显。

三、因材施教的教学方法

在教学中,结合学生实际逐步建立起具备实验特点的评价体系。由于学生的基础和认知能力不同,可根据学生接受能力和认知速度将其分为甲、乙丙三类。在进行实验成绩评价时,不仅应当充分考虑学生的计算机水平和接受能力等实际情况,而且还应考虑学生的成绩均值。对于高于自己以往均值的学生给予及时鼓励,对于低于自己以往均值的学生给予及时提醒。

对接受和认知能力的情况好的(甲类),教师在引导讲解后让其独自完成实验,根据实验数据准确性对其进行评价;对接受和认知能力的情况一般的(乙类),在教师集中讲解后让其独自完成实验,根据实验过程和结论正确性进行评价;对接受和认知能力的情况差的(丙类),可跟随教师按照步骤实验,根据实验完成情况进行评价。同时鼓励甲类对丙类进行一对一帮带,并把帮带效果纳入评价中去。

在进行软件仿真实验中,容易出现因电路图连接或者操作不当导致的结果错误。还容易出现因误操作或元件识别问题而出现输出结果错误。这些错误往往是因粗心所致。这样的错误也应当被评价体系所考察。鼓励学生自己排查错误，并纳入考核中。采用此评价方法后，学生的成绩上升趋势一目了然。对于以往对实验课程不感兴趣或者惧怕实验的学生的鼓励作用非常明显。建立实验教学评价体系后，教师能充分了解学生的基本学习情况，针对学生的不同情况因材施教。

另外，在实验中，鼓励学生任意设置故障，如电容开路、三极管极间短路或开路、电路连线虚接等。这既避免了拆装实验箱、多次拆卸元器件造成器件和印刷电路板的损坏，又可以观察在不同故障下电路工作状态。学生边修改，边测试，边分析，可以提高其实验兴趣和实验效果，培养他们排除故障的能力。

在教学过程中，实施虚拟仿真软件教学，不仅丰富了教师的教学手段，更有利于激发学生的学习兴趣，变被动学习为主动学习，培养学生获取新知识并应用新知识的能力。因此，掌握并使用现代计算机仿真软件技术，将会对电子专业课教学产生积极的影响。

第五节　计算机语音处理技术在教学中的应用

现在语言教学中，听力与口语的教学已占据非常重要的地位。传统语言教学中，常常使用磁带录音机进行听力与口语的训练与测试，这种模式存在着明显的不足：第一，录音时前期准备工作量大，训练、测试周期长，反馈不及时；第二，技术难度较大。一般要经过材料准备、设备调试、教师朗读、录音、试听、翻录等过程，通常需要电教人员与教师配合完成；第三，录音放音设备的保养与维护工作量大，一般学校录音设备配备又少，会正确使用人员又不多，不能满足教师及时的需要，且有的设备年代较久，设备状态不佳；第四，磁带录音不便于编辑且音质效果不好，还不便于保存；第五，磁带录音一般只用于学生在期中与期末的测试，而平时训练则很少使用。

随着计算机技术的发展，特别是音频处理技术的发展，使计算机用于听力、口语的训练与测试成为可能，目前江苏已采用人机对话的方式进行中考口语听力测试，这就迫切要求学校能适应这种人机对话考试的要求，因此基于计算机人机对话的口语、听力的训练，将以强大的优势取代传统录音教学方式，这种方式的优势主要表现在以下几方面：第一，在设备配置上无须专门的录音设备，只要有中等配置要求的计算机、灵敏度高一点的话筒及耳机，就能实现高质量的录音、放音效果，且易于对语音的编辑处理；第二，既可以方便生成听力所需的语音文件，又可以用于学生人机对话的训练与测试；第三，利用计算机的网络功能方便学生在线学习及师生的交流。

设计思想：要想将计算机在口语及听力教学中广泛应用起来，笔者经过摸索与实践，从以下几方面入手，提出了"人机对话"的设计思想。第一，要采用先进的语音处理技术，保证语音的录放效果；第二，计算机软件的操作要方便，易学易用，这样才能使师生接受与使用；第三，既能单机使用，又要能在网络条件下协同使用，并能支持语音应用功能的扩充，以及共享其成果；第四，既能提供给学生自主学习使用，又能用于在线的测试与评价；第五，采用模块化结构设计，不断扩展与更新软件，做到边开发边试用，边改进，以更好地满足教学要求。

一、朗读编辑模块

实现对英语文本朗读要求的编辑，该模块采用 C# 语言开发，是一个可视化的编辑软件，可对每一单词的朗读要求进行编辑，如重音、音量、语速、语调的编辑，并能够实时试听，支持在线与单机两种编辑模式，可直接输入英语文本，也可导入文本节件进行编辑，最后生成标准的 XML 文件，提供给 Speech SDK 生成 MP3 的语音文件。

二、语音库制作模块

基于 Speech SDK 的语音开发包，除自带现成的 TTS 语音库外，还提供真人发音的语音库，并支持免费下载，如 Neospeech 的 TTS 英语语音库。但在实际应用中，没有针对中小学课本的真人朗读语音库，这大大降低了软件的适用性，因此，在开发时充分考虑这种情况，在此模块中加入了用户自定义录制语音库的功能，用户只需要使用此模块录制好 MP3 格式的语音，以单词或句子名称存盘，存入系统定义的目录下，建立索引文件即可。录制语音时用户可以实现对单词、短语和句子进行录音，也可由网络通过教师间或教师和学生间互相交流进行录音，生成 MP3 文件，这样语音库就可以由教师学生完成，同时还能收集一些常错的发音，以便对学生进行纠正性教学。当然也可以在网上直接下载单词或短语的 MP3 音频文件，如韦氏 142 000 个单词语音库高清版本，朗文现代 2005 语音库。

三、测试评价与反馈模块

测试评价与反馈模块由 C++C# 及 Matlab 软件开发，分为客户端和服务器端，这是用于人机对话教学的最重要的一个模块，教师可以通过该模块将测试练习发到服务器上，并对练习设置好评价标准，学生可以在线学习，并提交作业，由服务器对作业进行自动评价，由教师进行人工评价相结合，及时准确地对学生进行评价与反馈。其中评价模块主要采用语音识别技术 SR 对语音进行识别，过程主要包括语音信号的预处理、特征提取，以及与标准语音的比对等几个部分。预处理包括预滤波、采样和量化、加窗、端点检测、预加重等过程。特征参数提取就是提取出读音中关键特征，并与标准语音特征比对，判定读音的准确性。另外，该模块还要对语句的完整性、流利性进行判断。反馈模块，由计算机根据给出的判定指标，对口语表达中的完整性、准确性、流利性、韵律性等方面进行综合评估，给出评价结果。

四、网络服务模块

该模块负责对网络通信进行管理，实现在线的语音教学互动，以及客户端文件的上传与下载。

五、设备测试模块

该模块负责对耳机及话筒进行测试，对常见问题进行语音提示，方便用户将录音设备调到最佳状态以保证录音效果，减少失真。

六、功能扩展模块

该模块主要扩展一些应用，如单词学习、语法学习、英语学习网站链接及常用工具包。

七、操作语音提示模块

该模块负责在软件使用中，实现语音向导的工作，即使用户无任何计算机操作经验，也能方便地学会操作，以体现易学易用的特性。

八、MP3 生成模块

MP3 生成模块负责对话筒录制的语音进行压缩、存储以及制作语音库，或利用 TTS 合成语音功能生成 MP3 文件，供听力测试使用。

本节利用 Microsoft Speech SDK5.1 开发包基本实现了计算机人机对话功能，及录音与语音识别功能，但在计算机对英语口语的评价方面还存在不足，笔者正致力于评价环境的研究，争取实现计算机在英语口语与听力教学中的广泛应用。

第九章 计算机技术在教学中的具体应用研究

第一节 计算机技术在高校人力资源管理教学中的应用

在各大高校的人力资源管理专业的课程教学中,理论知识与实践操作成为教学的主要方向。根据相关专业的要求,学生不仅仅需要掌握基础的理论知识,还需要通过实践操作来学习怎样运用这些理论知识。各大高校的教师不仅仅是知识的传递者,更需要帮助学生培养通过已学知识来解决未来生活和工作中将会遇到的问题,培养学生的动手能力。在课程教学中引入计算机技术之后,可以通过一些新型的技术如AR、人工智能技术等来让学生亲身体验、亲身操作,通过这种方式来提升学生的动手实践能力,达到人才培养的目的。

一、在高校人力资源管理专业中使用计算机技术的优势

计算机技术在近些年发展非常迅速,尤其是一些计算机所衍生出来的行业,给整个的教学方式带来了极大的改变。在传统的教学模式中,很多高校和教师采用的方式都是以灌输理论为主,然后就是简单地配合一些案例,但

第九章 计算机技术在教学中的具体应用研究

是这种教学方法对于学生而言往往是很枯燥的，不能够有效地调动学生学习的积极性。学生在课堂上的参与感不够强烈，本该是师生互相配合的课堂就变成了教师的"单口相声"。而以计算机技术为支撑，相关高校可以通过多种形式来辅助教学，包括以下几种：建立线上教学平台，让学生随时随地就能够查看课堂的教学内容并与教师交流；利用AR、VR等先进技术，开展体验式教学，丰富课堂教学的乐趣。

利用计算机技术建立线上教学平台能够有效地帮助学生重现课堂教学的实景。任课教师录制好相关的教学视频并将教学过程中所使用到的多媒体课件上传到相关平台上去，这些学生就能够进行有效自主学习。一些在课堂上不能够充分理解的问题，可以在课后通过查看相关的课件以及教学视频来进行重复学习。同时利用互联网平台，教师也能够与学生之间搭建一个良好的交流平台，学生可以向教师提出自己的问题、疑惑，教师也可以有效地给予学生反馈，可以极大地改善双方之间的沟通，有效地提升教学的质量。学生进行自主学习时就不会再受到时间和空间的相关限制，能够通过自身探索来进行自主学习。

时下非常热门的人工智能技术与AR技术在部分高校的教学中也在得到应用。此前的线上教学平台能够有效地解决学生理论知识学习方面的困难，这里基于人工智能技术与AR技术的体验式教学就能够帮助学生更好地培养自己的动手实践能力。因为课堂教学的种种限制，很多学生的动手实践能力非常差，而借用AR等相关技术能够帮助学生进行模拟化的实践活动，帮助他们有效地将理论知识结合起来。教师在进行这种体验式教学时可以让计算机AI扮演相关的角色，来进行一个角色扮演。通过这种教学方式，可以让学生积极地与电脑AI进行交流，在进行交流的过程中就能够用到自己所学到的相应理论知识。这种多元化的教学方式不仅能够有效地使整个理论教学中枯燥的知识变得更加丰富多彩，同时也能够帮助学生在学习的过程中培养自己的创造力以及相关的实践能力。

在人力资源管理课程中引入相关的计算机技术的主要目的就是希望学生能够有效地将理论知识与实践工作进行有效结合。通过这种方法既能够增强学生的理论知识，还能够锻炼学生的学习能力，让他们感受到相关的工作氛围，培养工作中所需要的素质和能力。

二、计算机技术对于人力资源管理教学的必要性

人力资源管理课程是一门理论知识与实践结合非常紧密的课程，这门课程相关的理论知识来源于实践，同时在学习了相关的理论知识之后还需要运用到实践中去。在这门课程中强调理论与实践结合的重要性是非常有必要的，这也是提升学生综合素质的有效方法。人力资源管理课程不仅仅需要学生掌握足够的理论知识，还需要学生能够锻炼出从事人力资源管理工作的相关能力。这是在人力资源管理教学中引入计算机技术的主要目的。

如果只是教师单纯地在课堂上向学生传递相关的知识，那么注定将会难以吸引学生的注意，长时间进行这种知识理论灌输，必然将会使学生丧失相应的学习乐趣，进行自主学习时也将会缺乏主动性。而计算机技术就能够有效地解决这样的一个问题，弱化教师在课堂中的作用，强调学生课堂下自学以及进行实践锻炼的作用。让学生将被动学习转变为主动学习，并积极调动学生的学习热情，使学生的学习内容更加深刻。

人力资源管理现在是一个企业中非常重要的工作之一，随着企业不断地

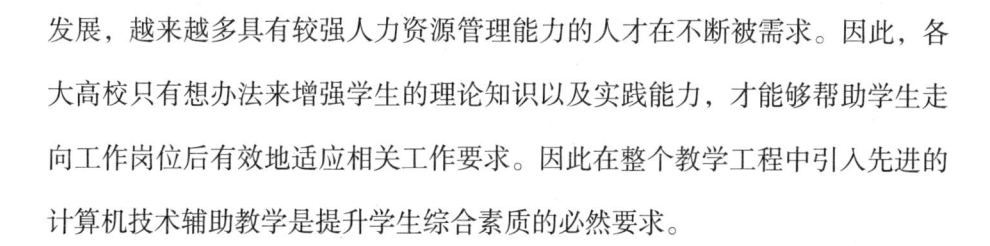

发展，越来越多具有较强人力资源管理能力的人才在不断被需求。因此，各大高校只有想办法来增强学生的理论知识以及实践能力，才能够帮助学生走向工作岗位后有效地适应相关工作要求。因此在整个教学工程中引入先进的计算机技术辅助教学是提升学生综合素质的必然要求。

三、计算机技术在人力资源管理教学中的应用模式

在上文中提到了两种计算机技术运用与高校人力资源管理教学的方法，在此来对这两种方法进行一个更为全面的阐述。

首先是针对线上教学模式这种应用模式的介绍。随着计算机互联网技术的迅速发展，各大高校都选择了使用慕课等形式来进行线上教学。这种模式最大的好处就是能够跨越时间和空间的限制。线上教学能帮助学生来进行有效的自主学习，一些学生在课堂没有理解的知识可以在课后来进行一个自主学习，同时基于互联网的快速通信功能，学生还能够及时与任课教师进行沟通，告知教师自己在课堂上有哪些疑惑以及教学课堂存在着哪些不足。这样也能够帮助深化教学改革，提升整个高校教学的质量。同时教师将教学视频以及课件上传到网络上去，可以让更多的人来进行学习，其中存在的一些教学有关的问题与不足也能够得到及时的纠正，能够帮助教师发现自己在教学过程中存在的相应问题。

第二个方法就是利用现在新型的人工智能技术与AR模拟技术，通过这种技术能够帮助高校有效地模拟出学生将来在工作中可能会遇到的一些问题。利用角色扮演、案例分析等相关方法让学生充分理解人力资源管理在企业中所需要扮演的角色以及承担的责任。利用计算机相关算法所生成的AI技术来与学

生进行一个有效模拟，让学生身临其境地感受相应面试的气氛并做出快速反应，在完成模拟之后再由教师以及学生自己对其行为进行一个较为科学公正的评价。通过这样的教学方式能够让学生充分认识到以后工作中所需要具备的基本素质以及自己在某些地方的欠缺，让学生充分了解到行业的最新进展。

四、计算机技术在高校人力资源管理教学中应用的注意事项

（一）加强基础信息网络建设

要想真正在高校人力资源管理教学中应用计算机技术，首先学校要有强大的基础信息网络，基于目前很多高校缺乏这一意识，因此需要找专业的技术团队，建设或更新现有的基础网络设施，方便日后可以承载更多的人事档案。为此，首先高校领导要重视这一工作，加大资金投入，来改善目前的计算机硬件设备，适当引进先进的硬件设施。另外，对技术和管理团队进行专业的培训与管理，让其了解到更新后的工作环境，同时也要掌握基本的设备操作方法，以便提高日后的管理效率。需要认识到的一点是，这些计算机设备不仅能方便工作人员打字、打印等，更重要的是，需要在建立高校人事档案、进行档案的管理等领域起到关键作用，逐渐推动高校信息化人力资源管理模式的形成。另外，为了能够更大程度利用好更新的计算机设备，高校要大力引进高端技术人才和管理人才，不仅要协助完成初期的数据库建设，还要做好后续教学系统的维护和更新。

（二）高校人力资源管理教学模式创新

在某种程度上来说，计算机还是一种辅助手段，高校人力资源管理教学

模式还是要从本质上做到不断创新，进而推动教学效果的完善。因此，要先研究目前高校人力资源管理教学的现状，发现其中存在的问题，尤其是与计算机不相容的部分。其次，要更新人力资源管理教学，适当加入计算机相关的信息技术内容，让学生了解到前沿的技术。另外，要创新教师与学生之间的关系定位，要强调两者的平等，而非教师一方的单向灌输，让学生在日后的计算机教学中，可以发挥自主学习能力，通过参与到教学过程中，学到专业前沿的知识。

（三）平衡好计算机教学与传统教学之间的关系

虽然说计算机教学是未来的发展趋势，但是高校人力资源管理教学模式还是要先以传统教学为主，逐步过渡，而不是妄想一步到位，进而影响了学生的学习效果。对于教师来说，需要在教学内容中，恰当地选择可以与计算机教学紧密结合的地方。

计算机技术在高校人力资源管理教学中具有非常重要的作用，不仅可以提高学生的理论知识水平，而且可以有效地锻炼学生的实践能力。同时还可以及时纠正教师的一些教学错误。在这个互联网时代高校应该引导学生去主动探索发现问题、分析问题并通过尝试自己努力来解决问题。这样也将使得学生的素质大大提升。除此之外，高校与教师还需要去建立一套完善有效的教学模式及评估方法，这样才能够帮助计算机技术在人力资源管理教学中得到更好的应用和推广。

第二节　计算机互联网技术在高校英语教学中的应用

在各个高校的管理中，教学管理是最重要的组成部分之一，是高校教学管理目标得到实现的重要保障。随着近年计算机互联网技术的快速发展，其在大学英语教学管理中获得了普遍的应用。计算机互联网技术一方面提升了高校教学管理质量，另一方面还提高了各大高校教学管理效率。计算机互联网技术的广泛使用，改变了以往高校的英语教学管理模式，提高了管理效率。本节主要分析高校英语教学管理对互联网技术的应用和优化。

一、计算机互联网技术在高校英语教学中的应用现状

高校教学管理包含大量工作，而这些工作与高校发展和学生的成长有着密切的关系。所以高校英语教学管理中添加了计算机互联网技术，大大提高了工作效率，对高校的教学水平产生着极大的影响。

（一）计算机互联网技术对高校考务管理的应用

计算机互联网技术在高校考务管理中得到了应用，使得高校的考务管理得到了提升。英语教师们可以通过计算机试卷题库随机抽取试卷给考生进行考试；学生们能在计算机互联网中直接参加考试，结束后计算机能够结合教师们分配的答案给出分数。在使用计算机互联网技术的过程中，一方面节省了传统模式的考试试卷，另一方面节约了人力和时间。当考生考完，很快就能查询到分数以及了解困难知识点。这有助于考生们解决疑问，又节省了人

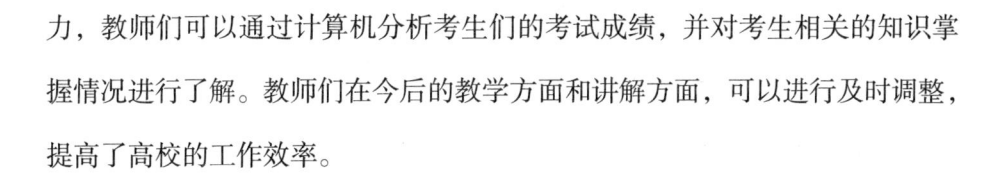

力，教师们可以通过计算机分析考生们的考试成绩，并对考生相关的知识掌握情况进行了解。教师们在今后的教学方面和讲解方面，可以进行及时调整，提高了高校的工作效率。

（二）计算机互联网技术在高校的英语课程安排和教学计划中的应用

在高校制定英语教学计划和课程安排时，可以合理运用计算机互联网技术。高校里有很多专业和课程，采用计算机互联网技术，确保了各个专业课程的安排能及时完成，对现有的课程进行随时的调整。除此之外，在选修课程方面学生们也可以根据自身喜好合理选择，并且在课程方面做到有序进行。计算机互联网技术在教学改革和订购教材的环节也有着极大的影响。

（三）计算机互联网技术在高校英语成绩管理中的应用

高校的专业课程较多，在进行管理的过程中使用传统的人工及储存方法，不仅浪费大量人力与财力，降低了高校的英语教学管理效率，还会存在许多缺点。因此在高校管理教学当中使用计算机互联网技术，可以在高校的成绩管理系统中对学生们的考核成绩进行储存，还会保存平常的表现内容。这样可以让学生们快速查询到自己的各科成绩，还能及时查看到年级的平均水平和平均成绩。使用计算机网络技术，大大提高了学校成绩管理效率，也为工作者们提供了便利。

（四）计算机互联网技术在高校日常英语教学中的应用

日常教学管理是高校的重要环节。现阶段，各大高校日常管理包括教师教学规范的标准化管理。首先，英语教师们在运用计算机互联网技术进行教学时拥有了能够自由利用时间的权利。除了上课时间，下课后学生也可以在日常教学管理系统中搜索课程并安排自身的学习时间。计算机互联网技术能够为教师的教学提供更现代化的交流模式，从而保证教师与学生的距离被逐渐拉近，让教师能够更好地进行课程安排。教师可以在教学中结合计算机互联网技术，在给学生们上课的时候采取更加生动有趣的教学方式，提高学生们的学习积极性。除此以外，计算机互联网技术在高校日常英语教学过程中，能够帮助学生在家里完成相关作业内容，还能够接收课程相关信息，从而使学生与教师保持沟通。这样一来，在避免资源浪费的同时，教师的工作压力会得到一定的缓解。教师根据学生自身的特点，制订适合学生的教学方案或是进行课程调整，对其学习具有一定的促进作用。计算机互联网技术在高校的应用能够进一步提升多媒体教室设备的应用水平，帮助学生从多样化的学习资源中筛选出最为适合的教学方法，从而帮助学生进行知识的内化。如此一来，对于教师而言，基于互联网技术的教学模式可以让英语教学变得更加简单、高效；对于学生而言，互联网技术的应用可以使日常的英语学习变得更加快捷方便，拉近与教师之间的距离，时刻与教师保持沟通。

二、计算机互联网技术在高校英语教学管理中的重要性

随着我国经济社会的发展，对人才的要求也变得更加苛刻。高校要想培养出能够适用激烈市场竞争的优质人才，就需要加大对于人才的培养力度。在这个信息化的时代，高校使用传统的教学管理模式是很难立足的，而且培养出的人才也很难在社会中被用人单位重视。所以应在高校教学改革中不断调整，结合时代特点积极调整教学策略，在满足学生个性化发展需要的同时，

培养出更多适用于现代化的信息人才。计算机互联网技术的应用在很大程度上改变了高校教学方法的形式,帮助我国的高校英语教学迈上了新的台阶。除此之外,计算机互联网技术还可以满足大数据信息搜索和处理的要求。在高校内部教学管理上及时进行了创新,一方面是为了进一步满足高校教学管理的需要,另一方面应用计算机互联网技术不仅提高了高校教学管理质量,还可以缓解教师们的工作压力,对传统教学管理方法中的缺点进行了弥补,促进了高校教育事业的快速发展。

三、计算机互联网技术在高校管理中的优化

(一)对高校英语教育模式进行改革,深度了解计算机技术带来的优势

现阶段计算机互联网技术仍旧存在着一定的提升空间,因此各个高校也在进行教学管理模式上的优化升级。这一教学改革有助于高校在提升教学管理水平过程中,进一步确保管理的准确性以及其工作质量满足时代化发展的需求。不仅如此,这一项重要的改革举措能够对信息数据的处理效率进行大幅度的提升,这也就是为什么计算机互联网技术在各大领域都能够发挥强有力的作用。英语教师们转变以往的传统教学模式,积极探索教学新方式能够更好地发挥学生自身的主观能动性。在结合教学管理和计算机互联网技术的同时,学校的人才培养以及技术管理方面都会得到大幅的改善。管理者需要以身作则,按照高校给予的管理规则融入现代化教育理念,帮助学生打造出更加符合社会需要的英语教学课程,让学生能够在激烈的市场竞争当中发挥出自身的闪光点,得到用人单位的青睐。

（二）改革传统教学手段，优化高校教学模式

随着我国社会经济的不断发展，科学有效的管理模式已经成为每一所高校进行高质量教育的基础。如果高校在教学管理当中能够充分利用计算机互联网技术，那么高校的英语教学也会更符合时代发展的需要，学生在进行学习的同时，也就会了解到更多与社会相接轨的知识与内容，对于学生进一步了解运用英语知识，具有一定的作用。传统的教学模式只对知识点进行讲授，忽略了学生的体验感。如果将计算机互联网技术运用到英语课堂中，就能够满足学生个性化发展的需要，帮助学生进一步理解英语知识的内涵。新型教学模式可以打破时间与空间上的约束，满足学生自主学习的需要。在进一步提高教学质量的同时，新模式的教学能够更具感染力，帮助学生适应社会发展的新要求。

（三）提高英语教师工作者的计算机综合水平

高校的教学管理人员应该积极地学习计算机互联网技术的相关知识，不断提高管理人员的信息化管理能力，提升自身的信息化管理水平。高校在引进教师的同时，也要结合英语教师的计算机专业水平，择优录用。除此之外，为教师们定期安排计算机互联网技术培训课程并开展考试，将考试成绩与工作挂钩，鼓励教师们积极参与到计算机互联网技术应用中。

总而言之，应用计算机互联网技术，极大地改善了高校在以往的教学中存在的缺陷，提高了高校的管理能力，减少了英语教师们的工作量，为教师们提供了便利，进一步改善了高校的教学环境，使高校的教学管理水平和质量得到了极大的提升。希望各高校人士注重计算机互联网技术在教学方面的

应用，培养出更多满足时代发展需要的优质人才。

第三节 计算机技术在高等数学教学中的应用

把计算机技术应用于高等教育是21世纪教育模式的一场变革。计算机技术突飞猛进的发展与应用，使教学手段、教学思路和教学体系乃至整个社会教育观念和教育模式发生了深刻的变革，开创了教学手段的新局面，使教育技术从早期的视听教学发展到目前的计算机辅助教学，教育信息化已成为教育改革的一个大趋势。目前，随着计算机技术的现代信息技术和与其相适应的教学软件开发技术的出现，使计算机辅助教学以其先进的技术、强大的功能，在教学中得到迅速的开发和应用，代表了现代化教学技术的发展方向。目前，计算机辅助教学文学艺术等形象学科已比较成熟，但由于抽象学科的特殊性，如何将计算机辅助教学成功地运用于抽象学科，一直是高等教育亟待解决的课题之一。笔者试从教学实践的角度，就计算机技术应用于高等数学课堂教学所具有的优势进行了初步探讨。

一、在课堂中使用计算机教学辅助软件进行演示，提高数学思维能力

展示高等数学中的几何空间关系，是高等数学计算机教学辅助软件独具魅力之处。如借助于计算机辅助软件模拟现实中较难观察的几何图形，用动画来模拟复杂函数的图形、曲线曲面的形成、空间图形的位置变化以及模拟

空间曲线、曲面、立体图形的生成过程，这种过程的模拟可以实现由点到线，再由线到面，直至生成空间立体图形的全程模拟，使得原本难以捉摸的空间关系变得具体形象，符合学生学习的认知规律，便于其掌握。再如，在讲授二重积分章节求曲顶柱体的体积时，可以借助于课件或数学软件将曲顶柱体从"分割到求和"的过程一步步地细腻、直观、形象地展现出来，使学生得以更好地理解"微元法"的思想，从而收到良好的教学效果。笔者就曾综合运用PowerPoint、Authorware等工具设计了数学课件：曲面的形成和二重积分的概念等，这就突破了传统教学模式，不仅让学生更有效地领悟数学思想和数学方法，还启发学生更积极的思维活动，引导学生自己发现和探索问题。

二、运用多媒体技术使抽象的数学教学过程变得生动活泼

多媒体计算机辅助教学使教学过程具有多媒体信息的显示、友好的交互界面和信息组织非线性结构等特色，这使学习者不仅同时获得多重刺激，而且有利于激发学习兴趣，促进学习者自主地学习。多年来，高等数学的课堂教学被学生认为既抽象，又单调甚至于枯燥。多媒体教学的引入，提供了图文声像并茂、色彩鲜明的教学情境与氛围。还可根据不同的教学内容与环节，适时方便地添加或引入课外知识，开拓学生的知识面。如讲授极限与导数、牛顿-莱布尼茨公式等内容时，通过课件中的超级链接，播放柯西、魏斯特拉斯、牛顿、莱布尼茨等数学大师们的图片与生平，介绍微积分的发现过程等背景知识，不仅使学生受到数学史的教育，还有助于消除学生对于高等数学学习的畏难情绪，激发了学生学习数学的兴趣。

三、改变单一的课堂教学模式，借助计算机辅助教学软件设计数学试验使数学教学过程变得生动

数学实验教学的基本模式是以实验为基础，以学生为中心，以问题为载体，以计算机为手段，以数学软件为工具，以教师为指导，以培养能力为目标组织教学工作。数学实验课程的教学模式与传统的数学课程教学模式有所不同，数学实验的教学模式应以学生独立操作为主，教师辅导为辅。发挥在计算机支持下协同工作的功能，学生主动学习，教师指导监督等各方面的优势。在教学过程中，教师经常提出一些思考题目，甚至一些猜想，鼓励学生独立思考，勇于创新。

数学实验教学要遵循量力性、实用性、开放性和趣味性的原则。量力性原则就是要适合学生的知识水平，在从事数学实验时适当补充一些知识就可入手；实用性原则就是所处理的问题都具有实际生产、生活的背景和较好的应用价值。选取"可移植性"的实际问题，可以使学生从数学建模和求解过程中不仅体会到数学理论与实践之间的相互作用，而且还能从结果的实际意义中看到数学的价值，体会到解决大量生产、生活中的实际问题离不开数学，激发学生学习数学知识的欲望；开放性原则就是在进行实验时，提倡教师与学生、学生与学生相互讨论，提供必要的参考文献，形成解决问题的方案；趣味性原则就是对实际问题，能引起学生思考，引导学生钻研，启迪学生思维，开阔学生眼界，进一步提高学生学习数学的积极性。鼓励并引导学生学习使用 Mathlab、Mathematica 等数学工具软件解决实际问题或模拟课题。实践证明，这样做可以激发学生对数学的学习兴趣，在提高学生的数学素质的同时，也有助于培养学生的创新精神。

数学实验教学要根据不同专业设置相应的数学实验。对于计算机应用、图形图像等专业，选择实用内容。数学实验课的内容除了包括基础部分之外，还有综合部分，即以计算机用高等数学、线性代数、概率与数理统计为中心向边缘学科延伸，可涉及数值方法、C语言、数据结构、程序优化算法等。通过实验使学生了解数学应用的广泛性，培养学生应用数学知识的能力和创新意识。

在高等数学教学中通过对计算机技术的最优化运用，可以为学生营造一个开放的、宽松的、能主动进取的学习环境，引导学生发挥主体作用，激发学习兴趣，培养学生的创新意识、创新精神和实践能力，发展学生的个性品质，提高学生的全面素质。

参考文献

[1] 殷卫莉，宋文斌.基于综合素质与创新能力的高职计算机实验教学[J].职教论坛，2010（8）：41-42.

[2] 尚剑峰.浅谈计算机网络教学中创新能力培养的探索[J].数字化用户，2014（6）：134.

[3] 李禄源.计算机教育教学中创新能力的培养[J].时代教育，2014（8）：40.

[4] 李虎.中职计算机教学过程中学生创新能力的培养[J].华章，2014（15）：195.

[5] 石彬.改革计算机实验教学，提高学生创新能力的研究[J].计算机光盘软件与应用，2013（20）：212.

[6] 回宇.基于创新能力培养的高职计算机教学改革探析[J].科学与财富，2014（8）：360.

[7] 吾拉音木·艾比布.计算机教育教学中创新能力的培养[J].中国化工贸易，2013（12）：450.

[8] 范文学.试析计算机软件开发设计的难点和对策[J].软件，2013（8）：135-136.

[9] 由智尧.计算机软件工程管理初探[J].数字技术与应用，2013（7）.

[10] 初旭.计算机软件工程管理与应用解析[J].中国管理信息化，2013（5）.

[11] 曹为政. 计算机软件安全问题的分析及其防御策略研究[J]. 中国新通信, 2018, 20（17）: 158.

[12] 张伟佳, 张雨, 师依婷, 等. 浅谈计算机软件安全检测的问题研究及检测实现方法[J]. 电脑迷, 2018（8）: 55.

[13] 奇葵. 分析计算机软件安全问题及其防护策略[J]. 计算机光盘软件与应用, 2017（22）: 20-21.

[14] 安宏伟. 高校计算机机房软件维护管理的探索[J]. 无线互联科技, 2012（7）: 125.

[15] 李丹, 刘思维. 浅谈服务器的硬件维护与软件维护[J]. 华章, 2012（33）: 331.

[16] 邱凤英, 李锋. 软件项目维护成本估算模型研究[J]. 计算机应用与软件, 2012（12）: 166-170.

[17]Ian Sommerville. Software Engineering[M]. 第8版. 北京: 机械工业出版社, 2004: 305.